Ulrike Voltmer
GESTALTASTROLOGIE

Die herbstlich gefärbten Blätter erzählen vom Frühlingsanfang
der südlichen Hemisphäre.

Ulrike Voltmer

GESTALTASTROLOGIE

Die 12 Tierkreis-Prinzipien in der Natur

Mit Farben-, Edelstein-, Pflanzen- und anderen Tabellen

AURUM VERLAG · BRAUNSCHWEIG

Mit 9 Farb- und 54 Schwarzweiß-Abbildungen.

Fotos: Manfred Voltmer.

CIP-Titelaufnahme der Deutschen Bibliothek

Voltmer, Ulrike:
Gestaltastrologie: die 12 Tierkreis-Prinzipien in der Natur;
mit Farben-, Edelstein-, Pflanzen- und anderen
Tabellen/Ulrike Voltmer. – 2. Aufl. –
Braunschweig: Aurum Verlag, 1992
ISBN 3-591-08288-0

1. Auflage 1989
2. Auflage 1992
ISBN 3-591-08288-0

Gesamtherstellung: Chemnitzer Verlag und Druck GmbH, Werk Zwickau

Meinem Sohn Sebastian.

Seit seiner Geburt am 1. Dezember 1981 hatte ich begonnen,
meine Gedanken niederzuschreiben.

INHALT

Einleitung 11

I DAS SYSTEM DER ASTROLOGIE

1 Zum Wesen der Astrologie 15
Was ist Astrologie (15) · Die Vielfalt astrologischer Richtungen (17) · Ist Astrologie erklärbar? (19) · Das vertikale Denken (21) · Der Geist in der kosmischen Ordnung (22)

2 Faktoren der astrologischen Deutung 27
Sonne, Mond und Planeten (27) · Planeten-Symbole (30) · Der Tierkreis (31) · Tierkreisbilder (33) · Die Stellung von Sonne, Mond und Planeten im Tierkreis (35)

3 Aufbau und Bedeutung des Tierkreises 39
Sind Tierkreiszeichen erklärbar? (39) · Die Einteilung des Tierkreises in Elemente (45) · Vier Seinsebenen (49) · Die Einteilung des Tierkreises in Bewegungsformen (53) · Die Erde – ein Organismus (56)

II DIE ZWÖLF ASTROLOGISCHEN PRINZIPIEN im Zusammenhang mit verschiedenen Faktoren der Horoskopdeutung 59

1 Das Widder-Prinzip 61
Naturerkenntnis (65) · Das Quadrat (66)

2 Das Krebs-Prinzip 67
Vom Zusammenwirken der Kräfte (72) · Das Trigon (73)

3 Das Löwe-Prinzip 75
Sonne und Mond – Vater und Mutter (82) · Zwei Domizile (84)

4 Das Skorpion-Prinzip 86
Der Tod und die unbelebte Natur (91) · Die Opposition (92)

5 Das Steinbock-Prinzip 94
Nomen est omen (101) · Die Reihenfolge der Elemente im Tierkreis (102)

6 Das Wassermann-Prinzip 105
Die astrologische Zeitalterlehre (110) · Zwei Venuszeichen und die »Domizilachse« (111)

7 Das Stier-Prinzip 113
Venus und Mars – Frau und Mann (116) · Die Aspekte (118)

8 Das Waage-Prinzip 123
»Gute« und »schlechte« Planetenstände (128) · Das variable Kreuz (129)

9 Das Prinzip der Zwillinge 131
Die astrologische Entsprechungslehre (136) · Plus- und Minus-Polarität bei planetaren Paaren (137)

10 Das Jungfrau-Prinzip 139
Merkur, der Planet des Verstandes (145) · Die Halbsummen (147)

11 Das Schütze-Prinzip 149
Jeder hat seinen Jupiter (153) · Das Horoskop (156)

12 Das Fische-Prinzip 158
Stille Betrachtung und Erkenntnis (165) · Der Mensch im Tierkreis (166).

III VERKÖRPERUNGEN UND ENTSPRECHUNGEN DER ASTROLOGISCHEN PRINZIPIEN

1 Die Natur-Prinzipien – ein Überblick 171

2 Das Verhältnis der Planeten zum Tierkreis 172
»Würden« und »Schwächen« der Planeten (173) · Beziehungen der Transsaturnier zum Tierkreis (176) · Wenn Planeten »ohne Schwäche« oder »fremd« sind (182)

3 Licht und Schatten im Tierkreis 185
Die Farben (187) · Der Farbenkreis (191) · Die Lage der Farben im Farbenkreis (194)

4 Die Welt der Minerale 198
Metalle (und andere Substanzen) (199) · Edel- und Schmucksteine (206) · Verzeichnis bekannter Schmucksteine mit Angaben über astrologische Beziehungen (210) · Tierkreis-Prinzipien und einige bekannte Edelsteine (213)

5 Landschaft, Klima, Pflanze, Tier – Analogien zu den zwölf Tierkreis-Prinzipien 215

Widder-Prinzip (215) · Stier-Prinzip (216) · Prinzip der Zwillinge (217) · Krebs-Prinzip (217) · Löwe-Prinzip (218) Jungfrau-Prinzip (219) · Waage-Prinzip (219) · Skorpion-Prinzip (221) · Schütze-Prinzip (222) · Steinbock-Prinzip (222) · Wassermann-Prinzip (223) · Fische-Prinzip (223)

6 Der Mensch 225

Planetenkräfte im Menschen (226) · Analogien der Planeten zu den verschiedenen Ebenen der menschlichen Existenz (237) · Wissenschaften und Künste (240)

Anmerkungen 247

Sachregister 252

EINLEITUNG

»Man sollte nachgerade einmal merken, daß es nichts nützt, das Licht zu preisen und zu predigen, wenn es niemand sehen kann. Vielmehr wäre es notwendig, dem Menschen die Kunst des Sehens beizubringen.«

Carl Gustav Jung in: *Psychologie und Alchemie*, Einleitung in die religionspsychologische Problematik der Alchemie

Das allgemeine Interesse an der Astrologie hat in den letzten Jahren beachtlich zugenommen. Astrologische Lehrbücher gibt es inzwischen in großer Anzahl, mehr oder weniger populär, auch wissenschaftlich, auf verschiedenen Anwendungsmethoden aufbauend, psychologisch oder »esoterisch« ausgerichtet. Weshalb dann überhaupt ein weiteres Buch zu der Vielfalt der bereits vorhandenen Literatur?

Als ich begann, meine Gedanken niederzuschreiben, empfand ich die Flut astrologischer Bücher nicht als Konkurrenz. Astrologie – Gestaltastrologie – hatte mich etwas völlig anderes gelehrt: Auf dem Weg der Wahrnehmung und Naturbeobachtung kann sich astrologisches Wissen vorbereiten, von hier erfährt die Astrologie selbst einen Impuls, der ihre Möglichkeiten entwerfen und ihr Selbstverständnis erklären hilft. Sie mag von empirischen Gegebenheiten ausgehen, ihrem Wesen nach ist sie eine Kunst, denn sie deutet Wirklichkeit, und sie stellt Wirklichkeit dar. Kunst bleibt sie selbst dann, sollte eines Tages die naturwissenschaftliche Basis ihrer Deutung formulierbar sein. Die kreativen Fähigkeiten desjenigen, der deutet, der sieht, wären auch dann noch unersetzbar; und unentbehrlich wäre nach wie vor der Gestaltreichtum einer Welt, die jene Sinne schafft, mit denen sie selbst erkennbar wird. Uns allen sind diese Sinne eigen, ihre Wahrnehmungs-Möglichkeiten schlummern oft nur.

Die Medizin ist eine Wissenschaft, gleichwohl sprechen wir von der »ärztlichen Kunst«. Angewandte Wissenschaft setzt Können voraus; im Begriff *Kunst* steckt dieses Können. Wenn ein Mensch etwas »kann«, verfügt er objektiv über eine Fähigkeit, doch ist er es gleichzeitig selbst, an den sich ein Können bindet. Auch mit

»kund«-tun, »künden« ist der Begriff verwandt; Kunst kann »Kunde geben« – durch den Menschen und vom Menschen, der seinen Erkenntnissen und seinem Wissen mit seinem »Können« Ausdruck verleiht.

Können setzt Wissen voraus. Oft ist es jedoch nur ein erahntes Wissen. Wissen allein beinhaltet nicht unbedingt die Fähigkeit, es in die Tat umsetzen zu können. Im Zurückgreifen auf unser Wissen schöpfen wir aus der Vergangenheit, aus bereits gelernten Inhalten. Die Kunst lebt in der Anwendung, besteht im Tun, im Handeln, entsteht erst im gegenwärtigen Sein. An dieses gegenwärtige Sein des Menschen, an seine lebendige Wahrnehmungs-, Empfindungs- und Ausdrucksfähigkeit, wendet sich das vorliegende Buch. Ich möchte Anregung geben, wie astrologische Deutungs-Kunst zu erwerben möglich ist.

Durch viele Bücher erweitern wir unser Wissen. Wir erfahren bestimmte Fakten, doch finden wir auch das ein oder andere Buch über die Handhabung von Fertigkeiten, über das Malen, den Instrumentenbau, Klavierspielen, Diagnostizieren, Menschenführung oder Beratung; aber erlernen müssen wir es selbst, wir müssen es versuchen, probieren, erüben. Niemand nimmt uns den Weg des eigenen Tuns ab.

So ist es mit den Regeln einer Sterndeutungskunst nicht getan. Was nutzen die Regeln, wenn man den Gegenstand der Deutung – meist den Menschen – nicht betrachten und verstehen gelernt hat. Über die Fähigkeit der Betrachtung und der Einfühlung in außerhalb seiner Selbst liegende Vorgänge und Abläufe gelangt der Mensch erst zu Erkenntnissen. Ohne kreativen Zugang könnte niemand selbst-entdecktes Wissen erreichen. Derjenige, der die Gedanken eines anderen nachvollzieht, kann vielleicht noch auf seine eigenen kreativen Fähigkeiten verzichten, wer aber selbst gar das »Sehen« lernen will, muß den Schulungsweg gehen.

In der gesamten Natur treten die unterschiedlichen astrologischen Prinzipien zutage. Diese verdeutliche ich anhand von Bildern und Schilderungen. Die Astrologie verwendet zur Darstellung der kosmischen Kräfte Symbole, wie etwa Planeten und Tierkreiszeichen. Diese Symbole übersetze ich nicht nur in Begriffe, sondern auch in Bilder. Durch solche Bilder wird das Vorstellungsvermögen angeregt. Das erleichtert es, im Gegensatz zum begrifflichen Denken, die verschiedenen Prinzipien wirklich zu verstehen. Begriffe sind nicht erlebbar, wohl aber deren Inhalte und Bedeutungen, zu denen man ohne begrifflichen Umweg gelangen kann, durch die Kraft des inneren Erfühlens.

Auf diesem Wege können sich Fähigkeiten wie Einfühlung und Vorstellungskraft entwickeln, die dann auf die Selbstbeobachtung und allgemeine Menschenbetrachtung übertragen werden können. Der Leser selbst kann die astrologischen Kräfte im Inneren entdecken. Ein astrologisches Menschenbild muß nicht gelernt werden, es ist erfahrbar.

Wer Astrologie erlernen will, muß auf der einen Seite unermüdlich das Beobachten üben; auf der anderen Seite ist er gefordert, abstrakte Symbole in Vorgänge des Lebens zu übersetzen. Zu beidem gehört ein Vorverständnis dessen, auf das Astrologie bezogen werden kann, und entsprechend Phantasie im Umgang mit den Spielformen des Lebens, den Menschen eingeschlossen.

Im ersten Teil des Buches gehe ich auf astrologische Grundfragen und astronomische Grundlagen ein. Hier steht das Gedankliche im Vordergrund. Dieser Teil I wendet sich eher an das intellektuelle Verstehen.

Im zweiten Teil stelle ich die zwölf Tierkreisprinzipien anhand der Natur dar. Jede Naturbeschreibung, jedes genannte Bild korrespondiert mit bestimmten innerseelischen Abläufen; solche Entsprechungen helfen, ein astrologisches Prinzip in seinem Gehalt zu erfassen. Ich habe versucht, mich in der Darstellungsweise, auch im sprachlichen Ausdruck, der emotionalen Seite eines Prinzips zu nähern. Über das Nacherleben hoffe ich, im Leser kreative Fähigkeiten zu wecken.

Jeder Tierkreiszeichen-Betrachtung, also jedem Kapitel über ein bestimmtes astrologisches Prinzip, folgt eine allgemeinere Betrachtung, die im Zusammenhang mit den dargestellten Zeichen steht. Danach soll ein Abschnitt von eher technischer Natur den Zusammenhang des betreffenden Tierkreiszeichens mit einem anderen herstellen. So soll dem Leser von immer neuen Blickpunkten aus die tiefe Verknüpfung aller Tierkreiszeichen untereinander eingehen; von daher lernt er auch die Planetenverbindungen (Aspekte) besser zu verstehen.

Der dritte Teil handelt von den Verkörperungen und Manifestationen der zwölf Tierkreis-Prinzipien, von den verschiedenen Beziehungen der Planeten zum Tierkreis, von Analogien zu Farben und Mineralien sowie zu den Naturreichen Flora und Fauna – und führt schließlich zum Menschen. Mit Hilfe von eher meditativ wirkenden Texten möchte ich den Leser sensibilisieren, in sich selbst die jeweils angesprochene Planetenkraft zu erspüren. So wird er die einzelnen Prinzipien unterscheiden lernen. Erst Unterscheidung ermöglicht es, das Zusammenspiel aller astrologischen Kräfte zu durchschauen.

Allmählich wird der Leser mehr und mehr Kombinationen von Planeten-Kräften und Tierkreiszeichen in seinem Innern wieder- und nacherleben können. Er wird sich auch in allen natürlichen Vorgängen um ihn herum entdecken – in den verschiedensten Gestaltformen des Organismus Erde.

I

DAS SYSTEM DER ASTROLOGIE

1 ZUM WESEN DER ASTROLOGIE

Was ist Astrologie?

Der Laie stellt sich unter Astrologie häufig in Zeitungen und Zeitschriften verbreitete Horoskope und Charakter-Aussagen vor, die von den Tierkreiszeichen abgeleitet sind. Dabei besteht oft Unkenntnis darüber, was diese Tierkreiszeichen eigentlich sind und worauf solche Deutungen beruhen (siehe Kapitel »Der Tierkreis«, Seite 31). Diese basieren im Grunde lediglich auf dem scheinbaren Jahreslauf der Sonne. Das aber ist noch keine Astrologie.

Astrologie hängt mit den Sternen zusammen, wie der Begriff schon sagt (griechisch *astron* = Stern). Aber in der Astrologie werden nicht alle Sterne betrachtet, sondern nur solche, die ihre Position in Bezug zur Erde relativ schnell verändern, so daß in überschaubaren Zeiträumen unterschiedliche Konstellationen auftreten. Dies ist vor allem bei den Planeten unseres Sonnensystems der Fall. Dazu gehört auch unser Mond, der Erdtrabant. In der Astrologie berücksichtigen wir also hauptsächlich die Sonne, den Mond und die Planeten Merkur, Venus, Mars, Jupiter, Saturn, Uranus, Neptun und Pluto.

Vor Jahrtausenden schon haben Menschen eine Abhängigkeit zwischen der Stellung von Planeten und Abläufen auf der Erde erkannt. Die erste Astrologie, etwa in Babylonien um 3000 vor Christus, war eine mundane Astrologie, das heißt, es wurden Rückschlüsse von Gestirnkonstellationen auf Wetter, Erdbeben und andere schicksalhafte Naturerscheinungen gezogen.

Die individuelle Astrologie entstand später, wahrscheinlich in Griechenland. Unsere abendländische Astrologie geht auf Ptolemäus[1] zurück. Sie beinhaltet vor allem Charakterdeutungen und Prognosen für einen bestimmten Menschen, abgeleitet von der Planetenstellung zur Zeit seiner Geburt, diese wiederum im Vergleich zu den laufenden Stellungen der Planeten.

In früheren Zeiten glaubte man an Kräfte, die von Gestirnen ausgehen. Genaugenommen hatte man physikalische Kräfte, Strahlungen oder Wirkungen nie gemessen, sondern vielmehr empirisch, also durch Erfahrung, einen Zusammenhang zwischen den Vorgängen am Himmel und denen auf der Erde festgestellt.

Ohne eine naturwissenschaftliche Erklärung dafür zu haben, hatte man beobachtet, daß parallel zu bestimmten Sternkonstellationen gewisse Abläufe im menschlichen Leben stattfinden. Diese Parallelität von kosmischen und irdischen Abläufen liegt jeglicher Astrologie zugrunde.

Es drängt sich die Frage auf, ob der dargelegte Zusammenhang zwischen Kosmos und Erde tatsächlich besteht. Oder entspringt er nur der Einbildung mancher Menschen und ist Relikt aus alten mythologischen Überlieferungen? Der astrologisch Interessierte möchte diese Frage vielleicht beantwortet haben, bevor er sich mit diesem Wissensgebiet befaßt. Von naturwissenschaftlicher Seite hört er von der Unbeweisbarkeit der Astrologie oder bestenfalls von bisher unbewiesenem Erfahrungswissen. Astrologen, die selbst oft Skeptiker waren, behaupten und bestätigen dieses alte Wissen; sie berechnen Konstellationen und deuten sie, überzeugt von dem Zusammenhang zwischen Sternen, Natur und Mensch.

Weiterhin gibt es bislang unwiderlegte wissenschaftliche Statistiken, die zumindest einige Planeten-Effekte als signifikant ausweisen, auch wenn sie nicht alle astrologischen Behauptungen bestätigen[2]. Wesen und Vielfalt astrologischer Aussagen können in Statistiken jedoch schwerlich zum Ausdruck kommen. Ist solchen Statistiken überhaupt zu trauen? Wie auf jedem anderen Fachgebiet, so müssen Laien auch in der Astrologie zunächst einmal der Kompetenz eines Fachmannes vertrauen, wenn es darum geht, die Richtigkeit von wissenschaftlichen Untersuchungen zu beurteilen. Ein Lernender lernt üblicherweise so, indem er dem Experten glaubt, daß richtig ist, was dieser sagt. Welches Wissen hat der Lernende schon selbst nachgeprüft? Wir haben niemals selbst in unseren Körper hineingeschaut und nachgesehen, ob das darin enthalten ist, was Biologie und Medizin zufolge angeblich darin sein soll. Wir nehmen dieses Wissen an. Wenn wir aber an erlernten Inhalten Zweifel haben, müssen wir sie in letzter Konsequenz selbst nachprüfen. Zu einer solcher Nachprüfung genügt selten nur Fleiß und »gesunder Menschenverstand«; meist erfordert es eine gehörige Portion Begabung, Eignung und Interesse für das jeweilige Fachgebiet. Dies gilt selbstverständlich auch für Astrologie. Der Zweifler muß entweder den für ihn vertrauenswürdigen astrologischen Fachleuten glauben, sich eventuell von statistischen Untersuchungen überzeugen lassen – oder er lerne und prüfe selber nach! Dabei sollte er etwas nicht außer acht lassen: Um Astrologie betreiben zu können und auf diesem Gebiet Erkenntnisse zu erlangen, müssen Fähigkeiten entwickelt werden.

Die Vielfalt astrologischer Richtungen

Wie in jedem Fachgebiet, so gibt es auch in der Astrologie viele Richtungen und Methoden. Oft unterscheiden sie sich nur in formalen Anwendungstechniken. Der Unterschied kann auch in einer bestimmten philosophischen oder naturwissenschaftlichen Hypothese liegen, die etwas darüber auszusagen versucht, wie Astrologie möglich ist. Eine solche Hypothese kann zur Prämisse werden, von der dann unterschiedliche Deutungsgesetze abgeleitet werden. Dies gilt vor allem für alle Arten der weltanschaulich orientierten Astrologie.

Einige Richtungen gehen zum Beispiel von dem Gedanken der Reinkarnation, also der Wiedergeburt aus und betrachten Gestirnkonstellationen bei der Geburt eines Menschen als Folge eines früheren Lebens. Es wird dann versucht, aus dem Horoskop karmische Verstrickungen herauszudeuten.

Allein aus astrologischen Beobachtungen lassen sich solche Anschauungen keineswegs ableiten. Astrologie kann auf der Basis aller Weltanschauungen betrieben werden, sie ist vereinbar mit den verschiedensten Kulturen und Vorstellungen über Gott und die Welt.

Es gibt eine indische Astrologie, die unserer abendländischen relativ verwandt ist. Die chinesische Astrologie ist nicht das, was unter diesem Namen allgemein bekannt ist. Die populäre Einteilung in Bilder wie »Drache«, »Affe« oder »Schwein«, unter denen ein Mensch geboren sein kann, gibt nur vordergründig die wirkliche chinesische Astrologie wieder, die komplex, differenziert und überdies ganz individuell ausgerichtet ist. Astrologisches Gedankengut liegt auch der jüdischen Kabbala zugrunde.

Unsere abendländische Tradition vereint viele Einflüsse, vor allem aus der klassischen griechischen und römischen Kultur. Nicht von ungefähr tragen Planeten römische Götternamen. Die heutige Astrologie ist auch noch stark von mittelalterlichen fatalistischen Vorstellungen durchzogen, auch wenn sich schon Kepler[3] von der ereignisorientierten Astrologie distanziert hatte. Vor allem in Europa ist sie dem Determinismus noch stärker verhaftet als in Amerika. Die mittelalterliche Astrologie war weniger psychologisch orientiert; man betrachtete damals bestimmte Gestirnstellungen und parallel auftretende äußere Geschehnisse und Ereignisse, die dann auf die Sternkonstellation zurückgeführt wurden. Diese Art von Sterndeutung erwuchs der mundanen Astrologie, die die allgemeinen Abläufe auf der Erde betrachtet. In erdgeschichtlichen Ereignissen schien sich göttliche Vorbestimmung zu spiegeln. Der Schicksalsgedanke durchzog auch die individuellen Horoskop-Deutungen. Diese alte klassische Astrologie betrachtete Konstellation und parallel stattfindendes Ereignis; sie führte das Schicksal eines Menschen auf die Gestirnkonstellation zurück. Die psychologische Veranlagung des Menschen lag weniger im Blickfeld. Diese ist Schwerpunkt der heutigen Astrologie: Die Konstellation der Geburt wird charakterologisch gedeutet.

Es könnten durchaus zur selben Zeit am gleichen Ort unter einer bestimmten Gestirnkonstellation Kinder geboren werden, die ganz unähnlichen Familien angehören, unterschiedlich in Rasse, Milieu und Erbpotential, ganz verschieden im Begabungs-

Niveau. Relativ dazu muß die astrologische Konstellation interpretiert werden. Keineswegs haben solche Kinder das gleiche Schicksal.

Der Arzt Dr. med. Herbert Freiherr von Klöckler[4] hat in seinem astrologischen Lebenswerk versucht, den Fatalismus zu überwinden. Thomas Ring[5] hat schließlich den Begriff der »revidierten Astrologie« geprägt. Er hat astrologische Aussagen auf eine weltanschaulich unvorbelastete Grundlage gestellt. Er spricht von universell wirksamen »kosmischen Bildekräften«, die sämtliche Existenzen, Lebewesen, eigentlich die ganze Schöpfung oder Natur, durchziehen. Diese »kosmischen Bildekräfte« sieht Ring als Prinzipien an, die beim Menschen auch als »psychologische Strukturbildner« auftreten.

Ring unterscheidet zwischen »Prinzip und Konkretum« und zeigt die astrologischen Aussage-Möglichkeiten und Aussage-Grenzen klar auf. In seiner *Astrologischen Menschenkunde* (Band III, S. 15/16) schreibt er: »... darf man aus dem astrologischen Meßbild allein keine Beschreibung des wirklichen, voll entwickelten und in bestimmten sozialen Verhältnissen stehenden Menschen erwarten, sondern nur den Plan, den Entwurf einer individuellen Lebensmanifestation in einer vorausgesetzten Umwelt.«

In allen irdischen Abläufen und Erscheinungsformen des Lebens kommen die »kosmischen Bildekräfte« zum Ausdruck. Sie gelten für die Erde insgesamt ebenso wie für jede Pflanze, Tier oder Mensch. Sie sind immer entsprechend der jeweiligen Betrachtungs-Ebene, aber als gleiche prinzipielle Kräfte aufzufassen. Dieser Gedanke liegt meinem Buch zugrunde; die Natur wird als sichtbare Manifestation der »kosmischen Bildekräfte« gesehen.

Ist Astrologie erklärbar?

Wenn man davon ausgeht, daß die behaupteten Zusammenhänge zwischen Kosmos, Erde und Mensch bestehen, daß »kosmische Bildekräfte« (Thomas Ring) wirksam sind, sogar in der gesamten Natur, der irdischen Schöpfung, dann drängt sich die Frage nach dem »Wie« auf. Wie kann der Zusammenhang gedacht werden? Der physikalische Denkansatz im üblichen Sinne müßte Wirkungen annehmen, die von Planeten ausgehen. Beim Mond könnte man solches bis zu einem gewissen Grade belegen.[5] Aber für die Gesamtheit der astrologischen Aussagemöglichkeiten ist dies bisher naturwissenschaftlich in keiner Weise nachgewiesen. Dem Planeten Pluto, der die größte Umlaufbahn um die Sonne hat, werden astrologisch enorme Kräfte zugeschrieben; physikalisch meßbare Strahlungen aber können wir kaum nachweisen. Die verschiedenen Arten von »kosmischen Bildekräften«, von astrologischen Prinzipien, sind mit der Vorstellung von Gravitationsfeldern und dergleichen nicht zu erklären.

Bestimmte physikalische Einflüsse könnte es dennoch geben. Sie müßten nicht direkt von den Planeten ausgehen, es könnten irgendwelche Energien sein, die aus dem Kosmos auf unser Sonnensystem auftreffen. Dabei sollte man nicht unbedingt nur an elektromagnetische Strahlung denken. Es könnte sich um eine Art formender Kräfte handeln, die auch mitverantwortlich sind für die verschiedenen Formen des Lebens.

Wenn es eine solche »kosmische Energie« geben sollte, dann trifft sie auf unser Sonnensystem als Ganzes auf. Durch die Stellung der Planeten innerhalb dieses Systems könnte die »kosmische Energie« abgelenkt oder modifiziert werden, absorbiert und resorbiert. So wären die Planeten einem Einstellmechanismus vergleichbar: Wie an Radioknöpfen würden durch sie die Frequenzen der auftreffenden Energie eingestellt. Die Planeten würden also nicht selber »wirken«, sondern sie regulierten die spezifische Energie.

Einer anderen Vorstellung zufolge geht Energie, die unsere Erde empfängt, hauptsächlich von der Sonne aus. Die Planeten könnten diese gemäß ihrer Stellung modifizieren. Bekannt sind die Abhängigkeit der Sonnenfleckentätigkeit von der Stellung der Planeten oder die Modifizierung der Magnetfelder, also die Beeinflussung des Sonnenwindes, durch die Planeten. Ob kosmische Energie oder solare Energie – beide Vorstellungen widersprechen sich nicht. Durchaus können mehrere Energieeinflüsse zusammenwirken.

Vielleicht handelt es sich auch um prinzipielle Kräfte, die im gesamten All wirksam sind. Es könnte eine allgemeine Gesetzmäßigkeit geben, die – von wo auch immer ausgehend – den Ablauf aller Vorgänge bestimmt und eine Ordnung im scheinbaren Chaos darstellt. Nach dieser Gesetzmäßigkeit mag das Sonnensystem ebenso funktionieren wie der Lebenslauf im Kleinen; wie im Makrokosmos so im Mikrokosmos. Damit rechtfertigt man das analoge Denken in der Astrologie. Man überträgt bestimmte grundsätzliche Beobachtungen von einer Ebene auf die andere. Der Vorstellung einer allgemeinen Gesetzmäßigkeit widersprechen nicht mögliche direkte Energie-Einflüsse. Prinzipielle Formkräfte könnten durchaus physikalische Wirkungen zeigen.

Das vertikale Denken

Solche prinzipiellen Form- oder Bildekräfte finden in der Mythologie, in alten Götterlehren und anderen religiösen Vorstellungen ihren Niederschlag. Man kann sie heute auch in den »Archetypen« wiedererkennen, wie sie der Schweizer Psychoanalytiker Carl Gustav Jung[6] postulierte. Er suchte diese im »Innern des Menschen«, in der seelischen Grundstruktur, in einem allen Menschen gemeinsamen »kollektiven Unbewußten«. Andere Psychologen sprechen von der Projektion symbolischer Gehalte im Fühlen und Denken an den Himmel oder in Götterlehren hinein. Jedenfalls gibt es Gemeinsamkeiten quer durch die verschiedenen Denk-Ebenen.

Man kann den prinzipiellen astrologischen Formkräften auch in jedem natürlichen Vorgang auf der Erde nachspüren, den Menschen eingeschlossen, der Teil der »Schöpfung« ist, und dessen Verstandesentwicklung, Fühlen und Denken nur im Wechselspiel mit der ihn umgebenden Welt denkbar sind – analog den organischen Abläufen, wie in diesem Buch dargelegt werden soll. Ebenso können die irdischen Abläufe im Hinblick auf die astrologischen Prinzipien untersucht werden.

Das Erkennen der einzelnen prinzipiellen Kräfte in den verschiedenen Daseinsebenen kann als »vertikales« Denken bezeichnet werden, im Unterschied zum »horizontalen« Denken, das bei der Betrachtung einer Kategorie oder Art bleibt. Der heutige Mensch ist Letzteres eher gewöhnt: Er spezialisiert sich meist auf ein Gebiet, zum Beispiel die Botanik, und untersucht dieses nach kausalmechanistischen Gesichtspunkten. Kaum je fragt er danach, wieso gerade eine bestimmte organische Form entsteht (Sheldrake[7]), und noch seltener fallen ihm Parallelen zu geologischen Abläufen oder denen im menschlichen Fühlen auf oder sogar zu kosmischen Abläufen. Dem Problem von gleichzeitigen Vorgängen, die sinnvoll aufeinander bezogen sind, hat sich C. G. Jung unter dem Begriff der Synchronizität gewidmet.

Die Astrologie ist eine Art Gesamtschau, sie wurde von den »Alten« als »königliche Wissenschaft« bezeichnet. Das vertikale Denken ist ihr gemäß, was das Aufsuchen prinzipieller Kräfte durch alle Wissensgebiete hindurch beinhaltet. Das bedeutet, vergleichend zu denken: analog, abgeleitet vom griechischen *analogos* = entsprechend, dem Wort (Grundsatz) entlang. In Entsprechungen denken heißt, für einen Inhalt, für einen Logos, ein Wort, einen Grundsatz, für ein Prinzip unterschiedliche konkrete Erscheinungsformen zu suchen.

Dieses analoge Denken tritt niemals in Widerspruch zu der Vorstellung, daß physikalische Einwirkungen eine Rolle spielen könnten. Denn eine physikalische Kraft kann sich auf verschiedenen Ebenen äußern. Physikalischer Art könnte auch die Informationsübertragung vom Kosmos auf die Natur und damit auch auf den Menschen sein. Wo man bisher keine naturwissenschaftliche Erklärung für die Informationsübertragung einer kosmischen Bildekraft (was immer das auch sein mag) gefunden hat, handelt es sich wahrscheinlich um ein noch nicht erforschtes, unbekanntes System der Informationsübertragung.

Der Geist in der kosmischen Ordnung

Selbst wenn man eines Tages die Informationsübertragung zwischen den verschiedenen Ebenen des Daseins, vom Kosmos bis zur menschlichen Psyche, naturwissenschaftlich begründen könnte, so käme das niemals der Verneinung einer geistigen Kraft oder Ursache gleich. Denn die eigentliche Idee oder der Inhalt, die einem solchen Wirkmechanismus zugrunde liegen könnte, würde von der physikalischen Betrachtungsweise niemals erfaßt werden.

Wir können heute mit wissenschaftlichen Methoden die chemischen Prozesse im Gehirn untersuchen, die einen Denkprozeß begleiten. Niemals aber ist damit erfaßt, warum ein Mensch gerade einen bestimmten Gedanken hatte, warum er jenes will und anderes nicht. Die Art der Informationsübertragung im Nervensystem ist physiologisch zu beschreiben, nicht aber der Inhalt der Information und die Herkunft eines bestimmten Inhalts.

Kann Astrologie über das »Warum« der Dinge Aufschluß geben? Kann sie Erkenntnisse von Weltzusammenhängen liefern? Astrologie, die Deutungslehre der Himmelserscheinungen im Hinblick auf das irdische Geschehen, beinhaltet sinnvolles, nicht zufälliges Weben im Kosmos. Sie berührt die Sinnfrage der gesamten Schöpfung, aber erklärt sie nicht, und sie schließt das mögliche Walten einer geistigen Kraft als Ordnungsprinzip im Kosmos nicht aus. Vom Ansatz her ist Astrologie zwar keine Weltanschauung, postuliert aber ordnende Kräfte, die in den verschiedenen Erscheinungsformen der Materie und der Lebensentwicklung im Laufe der Evolution gewirkt haben und noch wirken.

Wie soll sich die Naturwissenschaft dazu stellen? Wissen wir nicht um Selektion, das natürliche Auslese-Prinzip, und um Mutation, die genetischen Veränderungen, bei der Entwicklung der Arten? Auf Charles Darwin geht unsere Evolutions-Theorie zurück. Er selber distanzierte sich in späteren Jahren von seinen rein materialistischen Vorstellungen, die seinen früheren Forschungen zugrunde lagen. Diese Distanzierung wird von den Verfechtern des dialektischen Materialismus bis heute totgeschwiegen.

Naturwissenschaft studiert meist materielle Vorgänge, sie sucht nach den Gesetzen der Materie, sie betrachtet beispielsweise chemische Reaktionen, die sich in allen körperlichen Abläufen zeigen. Ob bei der Hirn- oder Gen-Forschung, jegliche Biochemie beinhaltet die Erforschung der materiellen Vorgänge in lebenden Körpern. Wir wiegen, messen, analysieren.

Diese Naturwissenschaft geht mit einer ganz bestimmten Fragestellung an die Erforschung der Welt, das heißt: Je nach Disziplin sucht sie nach bestimmten Gesetzen, die in der Materie liegen. So können Naturwissenschaften Erkenntnisse über die verschiedensten materiellen Substanzen und Abläufe liefern.

Geht man mit der Waage an die Welt heran, erhält man Angaben über das Gewicht der Dinge. Die Waage kann nicht die Frage nach dem Wesen des gewichteten Gegenstandes beantworten. Ob auf der einen Waagschale der Mensch, auf der anderen aber ein Klumpen Erde liegt, beeinflußt das Ergebnis nicht. Gehe ich mit dem Metermaß an die verschiedenen Existenzen, erhalte ich Angaben über Größenverhältnisse. Die Marmor-Statue hat dabei gleiche Maße wie die Person, die sie darstellt. Die Antworten, die man von der Welt erhält, hängen von den verwendeten Meßinstrumenten und den dahinter stehenden Fragestellungen ab. Frage ich nach Größenverhältnissen und lege ich die Meßplatte an, erhalte ich keine Gewichte.

Welchen Weg geht die Astrologie? Sie mißt nicht Gestirn-Abstände, sie forscht nicht nach der Dichte von Planeten-Materie. So kann sie keine astronomischen Angaben machen. Sie fragt vielmehr danach, ob durch Gestirnstände Ordnungs-Kriterien in den Erscheinungsformen der Welt sichtbar werden; sie fragt nach einem Ordnungsprinzip im Kosmos. Sie denkt a priori nicht darüber nach, welche naturwissenschaftlichen Konsequenzen sich aus einer Ordnungsidee ergeben würden. Sie kann von daher keine Antworten geben auf die naturwissenschaftlichen Fragen nach Kräfte- und Informationsübertragungen im Kosmos und nach astro-physikalischen Energieverhältnissen. Astrologie kann nicht mit den Naturwissenschaften kollidieren, da sie von vornherein einen ganz anderen Ansatz beinhaltet.

Astrologie beantwortet aber auch nicht von sich aus die Frage nach Gott oder göttlichem Wirken, nach Moral oder moralischem Handeln. Sie erhebt also auch keinen theologischen oder ethischen Anspruch. Sie stellt zunächst nicht die Frage nach dem Geist oder nach dem »Warum« der Weltexistenz, sie hält allerdings das Wirken von Geist im Kosmos für möglich, wenn nicht sogar für wahrscheinlich, weil sie ordnende Kräfte erkennt. So steht Astrologie weder im Gegensatz zur Naturwissenschaft noch zum Glauben, die die beiden Extreme der heutigen Weltbetrachtung darstellen. Diese stehen im Grunde auch nicht gegensätzlich zueinander, weil sie mit einem unterschiedlichen Fragenkomplex an die gleiche Welt herangehen.

Weder Wissenschafts- noch Glaubensersatz kann Astrologie sein, sie kann aber Wissenschaft und Glauben auf weitere Erkenntnismöglichkeiten aufmerksam machen. Ihre Suche nach Ordnungskriterien im Labyrinth der Phänomene kann sogar die Fragen nach Meß- und Wägbarem auf der einen Seite und nach einer darin waltenden geistigen moralischen Instanz auf der anderen Seite versöhnen. Sie richtet den Blick auf den Zusammenhang von kosmischen Abläufen mit der inneren und äußeren Gestalt der Dinge, was Inhalt dieses Buches darstellt. In der heute eher materialistisch ausgerichteten Welt, in der sich der Mensch einer Fülle scheinbarer Sinnlosigkeiten und Zufälligkeiten gegenübergestellt fühlt, kommt allein dieses Anerkennen eines kosmischen Ordnungssystems einer religiösen Anschauung nahe, obwohl Astrologie die Frage nach dem Geistigen im Kosmos eigentlich nicht beantwortet.

Was besagt genau genommen die naturwissenschaftliche Erforschung der Evolution, des Entwicklungsgangs der Natur bis zum heutigen Zeitpunkt? Sie zeigt, daß sich die Materie konsequent verhält, daß sie Möglichkeiten schafft, wie sich eines aus dem anderen entwickeln kann. Doch die Erforschung der Wirkmechanismen in der Materie kann nicht die Frage beantworten, ob Geistiges hinter den Kräftewirkungen steht. Das Rätsel um die letzte Ursache, der »prima causa« aller Dinge, bleibt ungelöst, ein Freiraum für den Glauben.

Warum die Welt existiert, und welche geistige Idee ihr zugrunde liegt, wird von der naturwissenschaftlichen Forschung nicht einmal berührt. Die geistige Idee, auf der wahrscheinlich irgendwelche Energien oder Strahlungen beruhen, kann daher durch physikalische Beobachtungen und Erklärungen niemals in Frage gestellt werden. Es ist durchaus denkbar, daß sich das Zusammenspiel von geistigen Kräften gerade in der Natur, ihren Erscheinungsformen und Vorgängen offenbart.

Da die Naturwissenschaft die Frage nach dem Geist gar nicht stellt – sie erforscht wahrscheinlich »nur« materielle Konsequenzen und Parallelen – treten wir nicht in Widerspruch zu ihr, wenn wir von geistigen Ideen oder Inhalten sprechen, die allem Existierenden zugrunde liegen. Es handelt sich lediglich um verschiedene Ebenen der Betrachtungsweisen, die unterschiedliche Erkenntnisinhalte bedingen. Der ethische oder moralische Standpunkt kommt Religion und Philosophie zu. Naturwissenschaft sucht nach Naturgesetzen. Astrologie erkennt hinter allen Gestalten und Gestaltungen der Materie und des Lebens ordnende Kräfte. Es ist durchaus möglich, daß die Astrologie geistige Prinzipien in den »kosmischen Bildekräften« beobachtet und erfaßt, die das kosmische Ordnungssystem als Einheit zusammenhalten und die das All durchdringen. Dies schließt ein physikalisch faßbares Informations-Übertragungssystem im Kosmos nicht aus, ganz im Gegenteil: Wenn sich die Materie analog zum geistigen Hintergrund verhält, müßte der astrologisch beobachtete Bezug Kosmos/Mensch eines Tages naturwissenschaftlich nachvollziehbar sein.

2 FAKTOREN DER ASTROLOGISCHEN DEUTUNG

Sonne, Mond und Planeten

Die Sonne bildet nach heutigem allgemeinem Verständnis den Mittelpunkt unseres Sonnensystems. Um sie drehen sich die Planeten. Merkur und Venus haben engere Umlaufbahnen als die Erde. Daher werden sie innere Planeten genannt. Es folgt die Erde, um die unser Mond kreist. Die äußeren Planeten sind Mars, Jupiter, Saturn und die Transsaturnier, die erst später entdeckt worden sind: Uranus im Jahre 1781, Neptun 1846 und Pluto 1930. Bedingt durch das damalige geozentrische Weltbild, das die Erde im Mittelpunkt des Universums sah, wurden Sonne und Mond in früheren Zeiten zu den »sieben klassischen Planeten« gerechnet. Die Transsaturnier waren noch unbekannt. Sie sind mit bloßem Auge nicht sichtbar. Möglicherweise handelt es sich bei ihnen um vor langer Zeit eingefangene Kometen.

Das gesamte Sonnensystem ist ebenfalls in Bewegung. Mit großer Geschwindigkeit rast die Sonne um das Zentrum der Milchstraße, und zwar mit 200 – 260 Kilometer pro Sekunde, also rund 800 000 Stundenkilometer. Das bedeutet, daß auch die Erde diesen Weg zurücklegt. Sie bewegt sich nicht nur mit 107 280 km/h um die Sonne, sondern rast auch mit dieser durch das All. Wenn man sich das bildlich vorstellt, kann man erkennen, daß die Erde und die Planeten im Grunde schwingen und nicht kreisen. Wenn wir ein sich während der Fahrt drehendes Rad betrachten, so nehmen wir nur schwer wahr, daß sich ein beliebiger Punkt auf der Radoberfläche fortschlängelt und nicht nur eine Kreisbewegung um die Radachse vollführt.

Rudolf Steiner[8], der Begründer der Anthroposophie, entwickelte ein System, nach dem die Bewegung der Planeten durch das All fortschreitenden Lemniskaten gleicht (ähnlich einer liegenden Acht)[9]. Die Berechnungen der heutigen Astronomie stehen dazu nicht in Widerspruch. Die »lemniskatische« Bewegung läßt die Planeten hintereinander den Kosmos durchlaufen. Dadurch gelangt zum Beispiel die Erde tatsächlich an die Stelle, wo vorher die Sonne war. Sollte sich eine solche Vorstellung beweisen lassen, dann könnte das zu einem neuen Weltbild führen.

Sonne, Mond und die Planeten symbolisieren die eigentlichen »kosmischen Bildekräfte«.

Die Sonne stellt ein aktives, positives (plus-Pol), männliches Prinzip dar, der Mond ein passives, negatives (minus-Pol), weibliches Prinzip. Sie sind dem chinesischen Yin- und Yang-Prinzip vergleichbar. Das Zentralgestirn Sonne ist die Lichtquelle unseres Planetensystems. Unser gesamtes Leben auf der Erde hängt von ihr ab. Die Sonne ist Verkörperung des aktiven Prinzips schlechthin. Der Masse-Schwerpunkt Sonne hält unser Planetensystem zusammen. So ist auch die Astrologie solar ausgerichtet (siehe Kapitel »Der Tierkreis«, Seite 31)

Der Mond ist kein Planet, sondern Trabant der Erde. Könnten wir von den anderen Planeten aus zur Erde schauen, so fänden wir, daß unser Mond immer unmittelbar bei unserer Erde steht. Monde der anderen Planeten, wie zum Beispiel des Jupiter, nehmen für unseren Erdstandort kaum unterschiedliche Positionen wie ihr »Mutter-Planet« ein. Deshalb werden diese in der Astrologie nicht gesondert berücksichtigt.

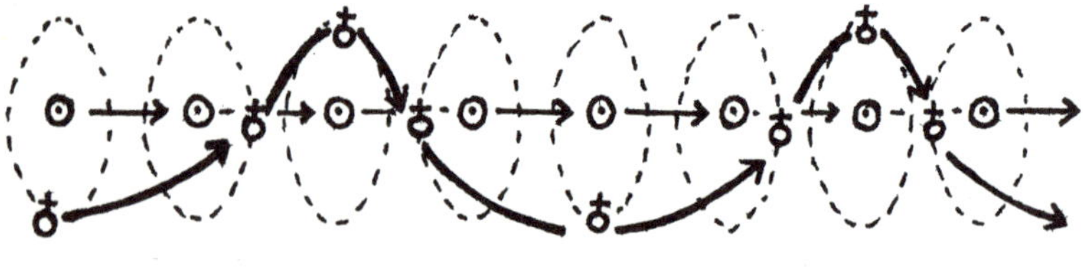

Abb. 1: Die Erde und alle übrigen Planeten laufen genaugenommen nicht auf kreisförmigen Bahnen – sie schwingen räumlich, da sich das gesamte Sonnensystem durch das All fortbewegt.

Der Erd-Trabant Mond ist ganz auf unseren Planeten bezogen, seine Bahn ist nicht auf die Sonne zentriert. Die Erde hält ihn an sich fest. Er ist für uns als ebenso großes Gestirn wie die Sonne zu sehen. Er reflektiert ihr Licht und ist deshalb für uns sichtbar. Der Mond, in anderen Sprachen weiblichen Geschlechts (lat. *luna*, frz. *la lune*), ist für unsere irdische Astrologie die Verkörperung des passiven Prinzips.

Die Planeten leuchten wie der Mond durch das Licht der Sonne; sie reflektieren, was als ein passives Prinzip angesehen werden kann. Die Planeten selbst haben durch ihren Lauf um die Sonne auch aktiven Einfluß auf diese und ihr Magnetfeld. Den Planeten Merkur, Venus, Mars, Jupiter und Saturn wird eine Plus- und eine Minus-Seite zugeschrieben. Mit Sonne und Mond entsprechen sie den sieben fundamentalen Wesenskräften eines Organismus. Die drei Transsaturnier gelten als kollektive, überpersönliche Prinzipien.

Es gibt Autoren – und nicht nur in der Tradition Rudolf Steiners[8] –, die die Planeten als belebt und lebendig auffassen[10]. Steiner selbst spricht von geistigen Wesenheiten, die an der menschlichen Struktur und in der menschlichen Seele wirken. Da er von einem Weiterleben des Geistes nach dem Tode ausgeht, haben für ihn die Planeten nicht nur eine Bedeutung aus »irdischer Sicht«, sondern auch für die nachtodliche Existenz. Insofern muß unterschieden werden zwischen der »erdspezifischen Astrologie«, die immer für Existenzen aus Materie und im Raum gilt, und der »spiritualistischen Astrologie«, die nur auf den Geist zu beziehen ist. Was manchmal »spirituelle« Astrologie genannt wird, ist nicht mit dieser gleichbedeutend.

Dabei bleibt zu bedenken: Selbst ein geistig hochentwickelter, »vergeistigter« Mensch kann sich nicht völlig aus den Gesetzen der Materie entheben. Die Planeten werden daher in der Astrologie allgemein – auch im Hinblick auf die geistigen Kräfte des Menschen – aus Erdensicht dargestellt; rein spirituell gesehen, könnte ihre Wirkung sogar gegensätzlicher Natur sein[8]. Die Anthroposophie betrachtet die materiellen, sichtbaren Planetenkörper nur als einen kleinen Teil ihrer wahren Ausdehnung. Rudolf Steiner spricht von Planetensphären, die sich gegenseitig durchdringen, und die geistiger Natur seien. Die materiellen Planeten stellen für ihn nur die eine Seite einer Wirklichkeit dar, die allerdings für das irdische Gebundensein an Materie nicht unwesentlich ist.

Die zehn genannten Himmelskörper können in ganz verschiedenen Winkelverhältnissen zueinander stehen. Wir untersuchen in der Astrologie die Abstände von Sonne, Mond und den Planeten zueinander aus Erdensicht. Bestimmte Winkelabstände werden Aspekte genannt (lat. *aspicere* = anblicken; Anblick zweier Planeten). Kepler[3] befaßte sich mit den Zahlenverhältnissen der den Aspekten zugrundeliegenden Kreisabschnitte und fand Parallelen zur Musik (Intervalle). Er glaubte, die Seele reagiere auf das Wesen bestimmter Zahlenverhältnisse; daraus leitete er eine philosophische Erklärung für die Wirkung von Aspekten ebenso wie von Musik ab[11].

Planeten-Symbole

Die Astrologie benutzt für alle Planeten, einschließlich Sonne und Mond, symbolische Zeichen. Diese beherbergen ganze Bedeutungs- und Entsprechungsketten. Es erleichtert die Arbeit, sich diese Zeichen einzuprägen. Damit sich der Leser an die richtige Aussprache gewöhnt, kennzeichne ich die betonte Silbe eines Begriffs mit . (kurz) oder _ (lang). Zu den Symbolen gebe ich einige allgemeine Erklärungen. Alle Planetenzeichen sind aus wenigen symbolischen Grundformen zusammengesetzt: ○,), +, ·, ↗.

☉	SỌNNE	○	= Kreis (Ewigkeit) = Lebensgeist;
		·	= Mittelpunkt.
☾	MO̲ND	)	= Sichel = Seele (Wasser)
☿	MERKU̲R	+	= Kreuz = Materie, ○ = Geist in der Mitte, verbindet Materie + und Seele ◡;
♀	VE̲NUS	+	= Materie trägt den Lebensgeist = ○;
♂	MẠRS	↗	= treibender Impuls aus ○ = Geist;
♃	JU̲PITER	)	= Seele, der Materie + vorangestellt und übergeordnet; im Gegensatz dazu:
♄	SATỤRN	+	= Materie, lastet auf der Seele =) (umkehrend);
♅	U̲RANUS	↑	= Impuls, Strahl, der von der Sonne ausgeht oder die Grenzen überschreitet;

♆	NEPTUN	◡	= nach oben geöffnete Sichel (Seele), über der Materie; Dreizack des Gottes Neptun;
♇	PLUTO	(	= Sichel, Seele, Wasser verharrt im ewigen Lebenskreis ○; oder:
⯓		○	= Geist, liegt in der Schale der Seele = ◡.

Der Tierkreis

In der Ebene der Erdumlaufbahn um die Sonne, Ekliptik genannt, liegt der Tierkreis (Zodiak). Man kann sich ihn als feststehenden Gürtel um die Erde vorstellen. Die alten Astrologen dachten sich den Tierkreis um das ganze Sonnensystem herum. Denn auch die anderen Planeten bewegen sich, mit kleinen Abweichungen, in dieser Ebene um die Sonne.

Von der Erde aus gesehen, läuft die Sonne durch diesen Tierkreis, der aus zwölf Tierkreiszeichen besteht. Ein Jahr benötigt sie, diesen Weg zurückzulegen. Unser Kalender ist ein Sonnenkalender (es gab in der Geschichte der Menschheit auch schon andere), denn er richtet sich nach dieser »Sonnenbahn«; genau genommen dauert ein Jahr, also ein Erdumlauf um die Sonne, annähernd 365 ¼ Tage. Wir haben in unserem Kalender jeweils drei hintereinanderliegende Jahre mit 365 Tagen, dann folgt ein Schaltjahr. Denn alle vier Jahre bleibt ein Tag übrig, der als Schalttag, als der 29. Februar, eingefügt wird. Innerhalb von 400 Jahren müssen dennoch drei Schalttage ausfallen, weil ein Jahr eben nur *fast* 365 ¼ Tage dauert.

Ein Tag entsteht durch die Drehung der Erde um sich selbst, Rotation genannt. Die Erdachse steht schräg zur Sonnenumlaufbahn, zur Ekliptik. Dadurch entstehen die Jahreszeiten. Der Winter beginnt, wenn die Sonne senkrecht über dem südlichen Wendekreis steht; dann steht sie bei uns auf der nördlichen Hemisphäre am tiefsten. Der Frühlingsanfang rückt näher, wenn die Sonne wieder höher steigt, die Tage länger werden. Wenn schließlich Tag-Nacht-Gleiche (Äquinox) ist, steht die Sonne senkrecht über dem Äquator. An dieser Stelle der Jahresbahn der Erde tritt die Sonne ins Tierkreiszeichen Widder. Dies wird als Beginn des Tierkreises angesehen, als 0 Grad. Der Tierkreis beginnt hier mit dem Tierkreiszeichen Widder.

Der Tierkreis ist in zwölf gleich große Abschnitte eingeteilt. Da der Kreis 360 Grad besitzt, umfaßt jedes Tierkreiszeichen 30 Grad (360 Grad : 12 = 30 Grad).

Die Tierkreiszeichen dürfen nicht mit Sternbildern verwechselt werden, die aus realen, wirklich vorhandenen Sternen bestehen. Diese wurden schon lange vor Christi Geburt zu Gruppen zusammengefaßt und mit bildhaften Namen bezeichnet. Die Sternbilder, die in der Ebene der Ekliptik liegen, wo sich auch der Tierkreis befindet, tragen die gleichen Namen wie die Tierkreiszeichen, denn letztere sind von ihnen abgeleitet.

Tierkreiszeichen und Sternbilder folgen gegen den Uhrzeigersinn aufeinander: Widder, Stier, Zwillinge, Krebs, Löwe, Jungfrau, Waage, Skorpion, Schütze, Steinbock, Wassermann, Fische. Wo sich heute das Sternbild Fische befindet, liegt das Tierkreiszeichen Widder. Wegen einer Art Kreiselbewegung der Erdachse dreht sich der Tierkreis in etwa 26 000 Jahren einmal durch den Sternbilderkreis. Diese Bewegung heißt *Präzession.* Der Frühlingspunkt, also 0 Grad Widder, trennte sich vor rund 2 000 Jahren vom Beginn des Widder-Sternbildes und lief in den zwei vergangenen Jahrtausenden rückwärts durch das Sternbild Fische. In Astrologenkreisen nennt man diesen Zeitraum häufig das »Fischezeitalter«. Heute steht 0° Widder im Übergang zum Sternbild Wassermann.

Die Sternbilder sind ungleich groß und überlappen sich etwas. So kann der Eintritt des Widderpunktes in ein neues Sternbild nicht genau datiert werden. Jedes Tierkreiszeichen ist exakt 30° groß und hat relativ klare Grenzen. Die astrologische Erfahrung hat gezeigt, daß tatsächlich die »Wirkung« eines Tierkreiszeichens mit 0° beginnt. Es gibt keine »Mischwirkungen« in den Übergängen. Lediglich die letzten 30 Bogenminuten (1 Grad = 60 Bogenminuten), das letzte halbe Grad eines Tierkreiszeichens, bezeichnet man als Vakuum.

Die Präzession, also das Zurückschreiten des Frühlingspunkts im Sternbilderkreis am Himmel, war erstaunlicherweise schon in früheren Menschheitsepochen vor Christi Geburt bekannt, wie verschiedene kultische Handlungen belegen[12]. Man kannte jedoch keinen separaten Tierkreis, der im Frühlingspunkt beginnt.

Die Astrologie war ursprünglich auf reale Sternbilder hin ausgerichtet. Erst kurz vor der Zeitenwende, als der Frühlingspunkt in 0° des Sternbildes Widder stand, sonderte sich ein Tierkreis, der in gleich große Zeichen eingeteilt ist, von dem Sternbilderkreis ab. Als der Frühlingspunkt in die Fische eintrat, blieb dieser Tierkreis bestehen, dessen Beginn mit 0° Widder im Frühlingspunkt liegt. In denselben Zeitraum fällt auch die Entwicklung der individuellen Astrologie, die auf den Einzelnen bezogen ist.

Die von der Anthroposophie beeinflußte »Astrosophie«[13] sucht diese Tierkreiszeichen-Astrologie wieder zu erweitern, indem sie auch die Beziehung der Planeten zu dem realen Sternbildkreis mitberücksichtigt. Dadurch erhofft man sich, den Bezug eines Menschen zu seiner Zeit herauszufinden, wobei es sich allerdings um sehr vage Vorstellungen handelt. Die anthroposophische Medizin, die astrologische Zusammenhänge einbezieht, geht von den Tierkreiszeichen aus.

In der auf anthroposophischer Grundlage betriebenen biodynamischen Landwirtschaft kennt man den Pflanz- und Erntekalender, der den Mond mit seinen Phasen auf seinem Lauf durch den realen Sternbilderkreis berücksichtigt; die Bedeutung des realen Sternbilderkreises scheint sich für die Pflanzen zu bestätigen. Dem liegt die Annahme zugrunde, daß die Pflanzenwelt nicht auf den »erd-individuellen« Tierkreis reagiert (der auf dem Erde-Sonne-Verhältnis beruht: Frühlingspunkt = 0° Widder), sondern auf den allgemeinen kosmischen Sternenkreis. Vielleicht steht nur das Einzelwesen, das Individuum, in einer Analogie zu dem der Erde eigenen Tierkreis, dem erdspezifischen Zodiak.

Tierkreisbilder

Zwölf Tierkreiszeichen bilden den Zodiak (griech./lat. *zodiakus* = Tierkreis). Sie tragen bildhafte Namen. Einige tragen Bezeichnungen von Tieren, deren Lebensraum und Eigenart etwas über den Charakter eines Tierkreiszeichens ausdrücken sollen, zum Beispiel des Widders, nach einem Tier benannt, das keine Revier- und Rangkämpfe scheut. Andere tragen menschliche Namen wie etwa die Zwillinge, die eine Zweiseitigkeit und Ambivalenz in sich tragen. Jungfrau, Schütze, Wassermann sind die anderen »menschlichen« Zeichen, was die Geistesnähe betonen soll. Waage ist das einzige Zeichen, das einen symbolischen Sach-Namen trägt. Tiernamen heben mehr den körperlich-organischen Bezug eines Zeichens hervor, mehr die Lebens- und Naturnähe.

Die astrologischen Symbole für die Tierkreiszeichen besagen etwas über ihren Inhalt und beziehen sich auch auf ihre bildhaften Bezeichnungen. Damit sich der Leser die Zeichen leichter merken kann, biete ich im folgenden einige Hilfen an. In spezieller Literatur[14] kann der Interessierte mehr über den esoterischen Gehalt und mythologischen Ursprung der Symbole erfahren.

♈ = Hörner des Widders, des männlichen Schafs; Kopf von vorne

♉ = Stier: fälschlich so genannt, denn in Wahrheit ist die Kuh gemeint, dieses friedliche weibliche Weidetier; Kopf von vorne

♊ = Zwillinge: Zwei gleiche Striche, die verbunden sind, stehen für die zwei Seiten des sogenannten »variablen« Zeichens.

♋ = Krebs: ein Wassertier, vor- und rückwärtsgewandte Schere; das erinnert an die Gangarten des Krebses, an das langsame Vorwärtskommen – auf Umwegen. Außerdem ähnelt das Zeichen dem verschlungenen chinesischen Yin & Yang-Symbol: ☯

♌ = Löwe: Kopf des Königs der Tiere, Löwenmähne

♍ = Jungfrau: drei reife Ähren (m), die mit der Sichel ♍ zerschnitten werden. Ähre = Symbol für Jungfrau

♎ = Waage: Gleichgewichtssymbol

♏ = Skorpion: Er besitzt drei Körperabschnitte, hinten einen Giftstachel

♐ = Schütze: Pfeil = Symbol für Expansion

♑ = Steinbock: Das Symbol ähnelt den in sich gedrehten Hörnern dieses zähen Klettertiers der Hochgebirge. Es ist das rätselhafteste des gesamten Tierkreises. Es könnte eine Art Inkarnations-Symbol sein: Die obere Linie ‿ zeigt eine Seele, die an der Erdensphäre vorbeizieht. Sie wird von rückwärts in das Erdenrund hineingesogen ᴛ und wird nach einer Schleife, in der man sich die Erde vorstellen muß und die das Erdenleben bedeutet, wieder entlassen. Die gewundene Linie 6 muß räumlich gedacht werden; sie schneidet sich nicht.

♒ = Wassermann: Zwei Wellen, die eigentlich elektromagnetische Wellen sind, was den Alten noch unbekannt war, als sie dem Tierkreisbild dieses Zeichen gaben. Gemeint ist der himmlische Wassermann, der Engel des blauen himmlischen Meeres, der Herr des Firmaments.

♓ = Fische: Symbolgestalten des »unendlichen« Meeres, auch Symbol der Wassertaufe bei den Christen. Das Symbol ähnelt zwei verbundenen Fischen, ist aber wahrscheinlich vom griechischen Buchstaben χ (chi) abgeleitet, Anfangsbuchstabe von Christos. Der Fisch war das Symbol der Christen, auf griechisch: ἰχϑυς (ichthus) = Fisch. Die Buchstaben dieses Wortes bedeuten:

i	= ἰ –	Ιησοῦς	=	Jesus
ch	= χ –	Χριστὸς	=	Christus
th	= ϑ –	ϑεοῦ	=	des Gottes
u	= υ –	ὑιὸς	=	Sohn
s	= ς –	σωτῆρ	=	Retter

Die Anfänge des Christentums fallen mit dem Beginn des Fischezeitalters zusammen.

Die Stellung von Sonne, Mond und Planeten im Tierkreis

Den Tierkreis verwendet die Astrologie zum einen als Meßkreis für die Positionen der einzelnen Planeten. So kann zum Beispiel die Sonne in 12° Stier stehen oder der Mond in 20° Krebs. Den Tierkreiszeichen werden aber auch bestimmte Ausdrucksarten nachgesagt, die die verschiedenen Planetenkräfte unterstützen oder modifizieren, je nach Kombination. Alle Planeten korrespondieren mit bestimmten Tierkreiszeichen, die die jeweilige Planetenkraft besonders stärken können und in ihrer typischen Eigenart unterstreichen. Das Zeichen, das einem Planeten im Ausdruck am nächsten kommt, gilt als dessen Herrschaftsbezirk.

Steht ein Planet beispielsweise in 29°40′ (29 Grad, 40 Bogenminuten) eines Zeichens, dann steht er im sogenannten Vakuum. Dort zieht das darauffolgende Zeichen den Planeten schon in seinen Ausdrucksbereich hinein. Der Planet erhält dann keine klare »Farbe«, er ist in einem schwankenden Zustand, von beiden Zeichen gefärbt und hin- und hergerissen. Ein Mensch, bei dessen Geburt die Sonne im »Vakuum« steht, wird sich schwertun, seinen wahren Kern zu finden.

Die Sonne

Auf der seelisch-geistigen Ebene steht die Sonne für das Ich, die Lebenskraft und den Selbstbehauptungswillen. Das Tierkreiszeichen, das die Sonne in ihrer Vitalität am typischsten unterstützt, ist der Löwe. (Siehe »Das Löwe-Prinzip«, Seite 75.) In anderen

Tierkreiszeichen kann die solare Wesenskraft auch atypisch gefärbt werden.

Wir wissen, welch besondere Bedeutung die Sonne für unser Leben hat. Astrologisch wird das allein schon dadurch deutlich, daß der Tierkreis aus dem Verhältnis Erde/Sonne abzuleiten ist. Der Frühlingsanfang bestimmt, wo 0° Widder liegt, Sommeranfang bedeutet 0° Krebs, Herbstanfang 0° Waage, Winteranfang 0° Steinbock. Auf diesen solaren Meßkreis werden alle Planeten bezogen. Diese Tatsache läßt es bis zu einem gewissen Grade gerechtfertigt erscheinen, daß allein schon aus dem Sonnenstand gewisse Deutungen abgeleitet werden.

Da sich unser Kalender nach der Sonne richtet, können wir ungefähr den Zeitraum angeben, in dem sich die Sonne in einem der zwölf Tierkreisabschnitte befindet. Die meisten Menschen kennen »ihr« Sonnenzeichen, das heißt, sie wissen, in welchem Tierkreiszeichen die Sonne bei ihrer Geburt stand. Aber sie wissen damit noch nichts über den Standort des Mondes und die Stellungen der anderen Planeten Merkur, Venus, Mars, Jupiter, Saturn, Uranus, Neptun, Pluto.

Die Bahn des Mondes

Auf die Umläufe des Mondes um die Erde gehen die Monate zurück. Der Begriff Monat entstand aus dem indogermanischen menot = Mond, Mondwechsel, Monat. Ein Tierkreisumlauf des Mondes dauert 27,33 Tage. Das ist der siderische Monat. Aber die Erde schreitet währenddessen auf ihrer Bahn um die Sonne weiter, so daß die Zeiträume zwischen zwei Voll- oder Neumonden länger sind, und zwar 29,5 Tage. Dieser Zeitraum wird synodischer Monat genannt; auf ihm fußte der germanische Kalender.

Bei Vollmond steht der Mond auf der der Sonne entgegengesetzten Seite der Erde. Die Erde steht zwischen Sonne und Mond. Wir sehen die von der Sonne beschienene Mondseite.

Die Mondbahn um die Erde liegt nicht genau in der Ekliptik. Sie ist bis 5° zu ihr geneigt. Dadurch entstehen zwei Schnittpunkte zwischen Mondbahn und Tierkreis. Diese werden aufsteigender und absteigender Mondknoten genannt: »Drachenkopf« und »Drachenschwanz«. Sie wandern in rund 18,6 Jahren einmal rückwärts durch den Tierkreis. Die Abweichung von der Ekliptik bezeichnet man als Breite. Das gilt auch für die anderen Planeten, deren Umlaufbahnen etwas zur Ekliptik geneigt sind, deren Stellungen aber immer auf den Tierkreis projiziert werden.

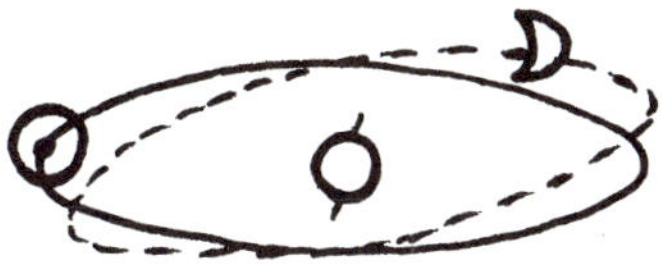

Abb. 2: Die Mondbahn um die Erde liegt nicht genau in der Ekliptik, sie ist etwa fünf Grad zu ihr geneigt und schneidet sich mit ihr in den »Mondknoten«.

Findet ein Vollmond auf der Ekliptik statt, also (fast) ohne Breite und damit direkt auf oder nahe den Mondknoten, dann erleben wir eine Mondfinsternis. Dann stehen Mond, Erde und Sonne exakt auf einer Linie, und die Erde wirft ihren Schatten auf den Mond.

Bei Neumond bescheint die Sonne die Mondseite, welche der Erde abgewandt ist. Findet dieser auf einem Mondknoten oder bis ungefähr 20° von ihm entfernt statt, dann steht der Mond, von der Erde aus gesehen, direkt vor der Sonne. Dies sind die selten zu beobachtenden Sonnenfinsternisse.

Finsternisse oder sogenannte Eklipsen gelten in der Mundanastrologie als wichtige himmlische Ereignisse, die in der Stellung zu den anderen Planeten gedeutet werden.

Die Mondknoten für sich allein werden in der individuellen Astrologie als sensitive Punkte berücksichtigt. Sie sind keine Kräfte wie die Planeten, sondern sensible Stellen, die Einflüsse sammeln, oder denen eine esoterische Bedeutung zugeschrieben wird.

Es ist auch wichtig zu wissen, ob sich der Mond von der Vollmondposition aus der Sonne nähert oder ob er auf den Vollmond zuläuft; das sind der abnehmende und zunehmende Mond, auf den viele alte Volksregeln über Pflanzenaussaat, Erntezeiten und dergleichen zurückgehen.

Die Planeten

Die Stände von Sonne, Mond sowie der Planeten im Tierkreis können sogenannten Ephemeriden (= Gestirnstandstabellen) entnommen werden; heutzutage lassen sie sich auch per Computer berechnen. Jeder Planet symbolisiert eine bestimmte Wesenskraft, jede Wesenskraft ist Bestandteil eines Gesamtorganismus.

Von der Erde aus gesehen, stehen Merkur und Venus immer relativ nahe bei der Sonne, denn sie haben engere Umlaufbahnen als unsere Erde. Anders der Mars und die übrigen Planeten: Sie können aus Erdsicht von der Sonne weglaufen, uns entgegen und um die Erde herum.

Aufgrund unserer Erdposition erscheinen uns die Umlaufbahnen aller Planeten nicht geradlinig und gleichmäßig. Wir erkennen sogenannte Rückläufigkeiten von Planeten, sie laufen dann rückwärts in der Tierkreiszeichenfolge (die entgegen dem Uhrzeigersinn verläuft). Auch können Planeten scheinbar langsamer und schneller laufen, je nachdem, ob sie von der Erde aus gesehen hinter der Sonne vorbeilaufen oder auf die Erde zulaufen. Der langsame Lauf bis zum scheinbaren Stillstand soll eine Nachhaltigkeit und Betonung dieser Kraft beinhalten, Rückläufigkeit eine Verzögerung oder gewisse Umkehrung der Kraftentfaltung. In den Stellungen der Planeten zueinander, überhaupt in der gesamten Konstellation, drückt sich das »kosmische Energiespektrum« zu einer bestimmten Zeit aus. Berücksichtigt werden die Positionen im Tierkreis sowie die Winkelabstände der Planeten voneinander.

3 AUFBAU UND BEDEUTUNG DES TIERKREISES

Sind Tierkreiszeichen erklärbar?

Die Ekliptik, in der sich der Tierkreis befindet, ist eine Realität. Wieso es aber zwölf verschiedene, gleich große Tierkreisabschnitte geben soll, die die Planeten unterschiedlich färben, ist kaum einzusehen. Werden sie durch die Sonne bedingte jahreszeitliche Besonderheiten charakterisiert? Durchbrechende Frühlingskraft analog dem feurigen Widder? Trotz solcher Parallelen ist der Tierkreis für die südliche Hemisphäre ebenso gültig wie für unsere nördliche. Bestimmte »Natur-Prinzipien« vertreten die Tierkreiszeichen durchaus, was Thema dieses Buches ist, jedoch beschränken sich diese Prinzipien nicht auf jahreszeitliche Besonderheiten in den natürlichen Abläufen.

Die Anfänge der vier Jahreszeiten sind gleichbedeutend mit dem Eintritt der Sonne in eines der vier sogenannten kardinalen Zeichen: Widder, Krebs, Waage und Steinbock. »Kardinal« ist abgeleitet von dem lateinischen cardo: Türangel, Dreh-, Angelpunkt. Die kardinalen Tierkreiszeichen können als markante Abschnitte auf der Sonnenumlaufbahn erkannt werden. Denn es sind Wendepunkte: Zu diesen Zeiten ändert jeder Ort auf der Erde seine Bewegungsrichtung – durch die Rotation – im Verhältnis zur Sonne. Zum besseren Verständnis sollte man sich folgende Gegebenheit bildlich vorstellen: Mit 1 674,432 km/h rotiert die Erde am Äquator. Die Erdachse steht schräg zur Ekliptik. In dieser Ebene läuft die Erde mit 107 280 km/h um die Sonne. Steht die Sonne senkrecht über dem Äquator – bei Frühlings- und Herbstanfang – so pendeln praktisch die Erdorte schräg vor der Sonne hin und her in einer Ebene (siehe Abb. 3). Nähert sich die

Sonne dem nördlichen Wendekreis (Sommeranfang), dann rotieren die Erdorte von der Sonne aus gesehen in einem Oval. Dieses Oval wird kleiner bis zum Herbstanfang. Einmal laufen die Orte auf der zur Sonne zugewandten Seite nach unten und auf der Nachtseite der Erde wieder nach oben; das andere Mal (Sommer) laufen die auf der Tagseite liegenden Orte nach oben und die auf der Sonne abgewandten Erdseite nach unten. Es ergibt sich ein »Hin- und Herpendeln« der Erdorte vor der Sonne – in verschiedenen Schräglagen. Siehe dazu die in Abb. 3 skizzierte Abfolge.

Eine weitere Beobachtung kann aus dieser Darstellung gewonnen werden. Die Erde rotiert von West nach Ost. Doch die Erdachse beschreibt innerhalb eines Jahres in Bezug zur Sonne einen Kreis in entgegengesetzter Richtung (siehe Abb. 4).

Steht der Nordpol zur Sonne hin, haben wir 0 Grad Krebs, steht er westlich, ist unser Frühlingsanfang mit der Sonne in 0 Grad Widder. Steht der Nordpol der Sonne abgeneigt und weist der Südpol zur Sonne, beginnt der Steinbock; bei 0 Grad Waage ist die Achse nach Osten geneigt.

Im Verhältnis zu den verschiedenen Ekliptikpositionen zeigt die Achsenbewegung wirklich »Dreh- und Angelpunkte« (kardinale Zeichen; lat. *cardo* = Dreh- und Angelpunkt), vor allem im Vergleich zur Rotationsbewegung: Ab 0 Grad Widder läuft der Nordpol in Gegenrichtung zur Rotation nach vorne hin, ab Krebs schwenkt er um nach hinten, ebenfalls gegen die Rotationsrichtung. In 0 Grad Waage findet ein gewisser »Ruck« statt. Dann läuft der Nordpol scheinbar in gleicher Richtung wie die Rotation nach hinten, der Südpol tritt in Gegenrichtung den Weg nach vorne zur Sonne hin an. In 0 Grad Steinbock kommt der Nordpol wieder hinter der Erde langsam nach vorne zur Sonne, der Südpol weicht nach hinten bis zum Wendepunkt in 0 Grad Widder. Je nachdem von welchem Punkt der Ekliptik aus man die Erde betrachtet, erkennt man unterschiedliche Bewegungsverhältnisse. Von oben auf die Erde geschaut, auf den Nordpol der Ekliptik, sieht die Bewegung des Erdachsennordpols kreisförmig aus (vergleiche Abb. 5).

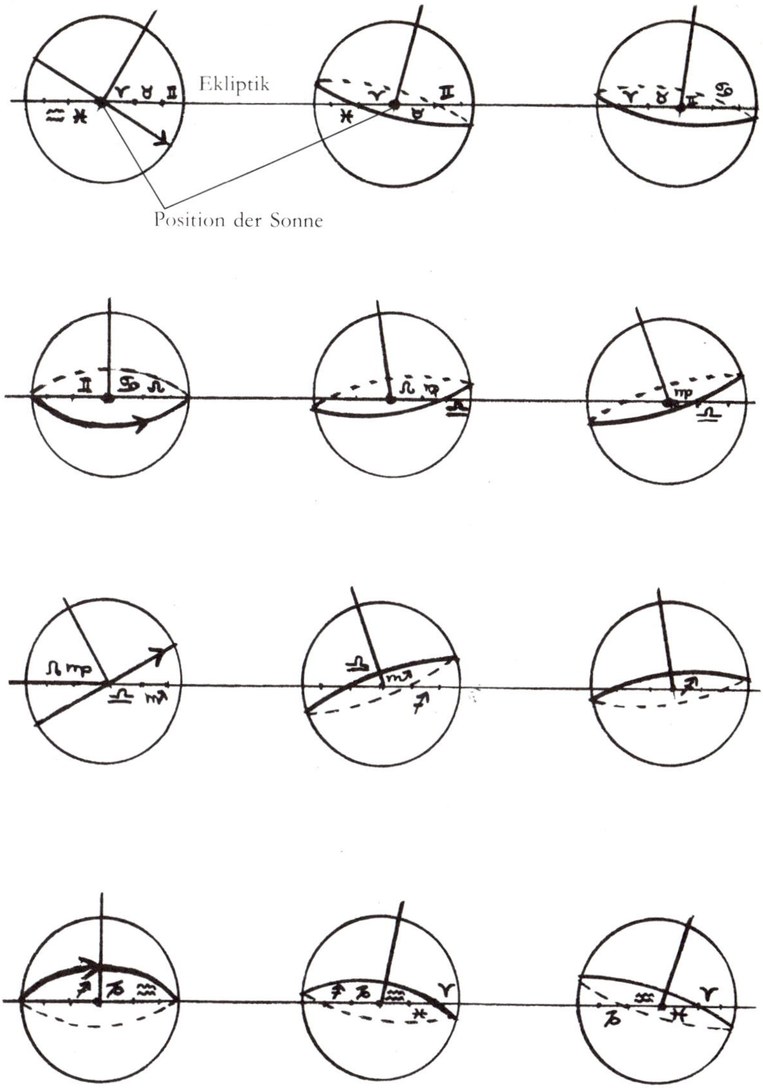

Abb. 3: Das Verhältnis der Rotationsbewegung der Erde zur Ebene der Ekliptik ändert sich je nach Ekliptik-Position (hier von der Sonne aus gesehen). Die Erdorte können in einer Schräglage »pendeln« oder auf einer ovalen Bahn laufen.

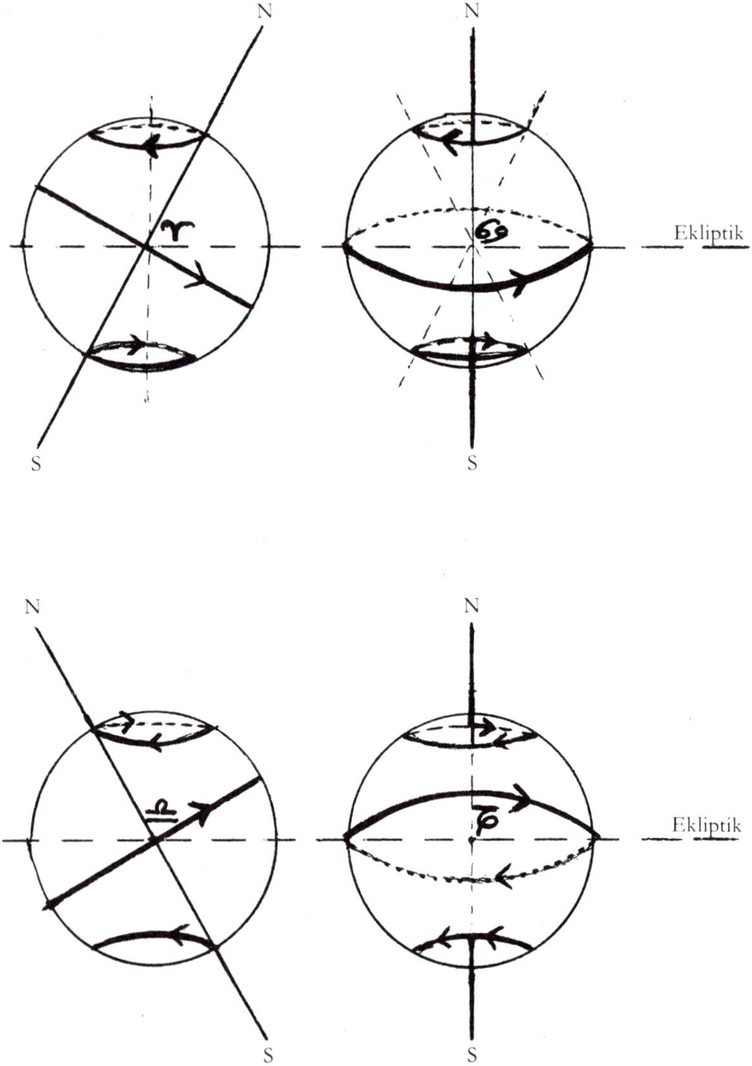

Abb. 4: Die Erdachse beschreibt scheinbar einen Kreis in entgegengesetzter Richtung zur Rotation, während die Erde in einem Jahr um die Sonne läuft.

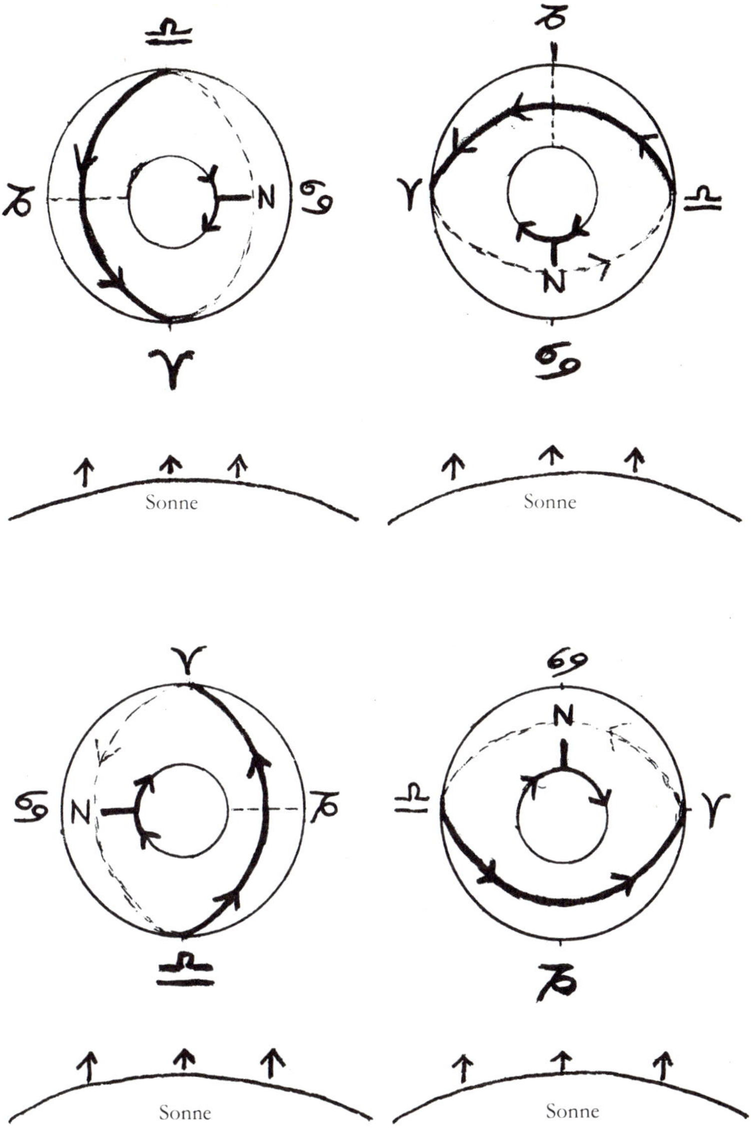

Abb. 5: Von »oben« auf die Erde geschaut, also bei einem Blick auf den Ekliptik-Nordpol, beschreibt der Nordpol der Erdachse im Laufe eines Jahres einen Kreis.

An den vier Richtungsänderungs-Punkten des Tierkreises Widder, Krebs, Waage und Steinbock gibt es sicher eine gewisse Aufbruchsphase; es folgt dann nach einem kardinalen Zeichen eine Beruhigungszone, in der sich die Bewegungsrichtungen eingependelt haben. Dann laufen Rotation und Erdachse einem neuen Änderungspunkt entgegen; in diesem Sektor könnte man sich eine Irritation, ein Ungleichgewicht, vorstellen. Eine Dreiteilung der Quadranten von Wendepunkt zu Wendepunkt wäre daraus ableitbar. Astrologen sprechen von »kardinalen«, »fixen« und »variablen« Zeichen. Jeden Punkt auf der Ekliptik, dem Tierkreis, kennzeichnen bestimmte Bewegungs- und Richtungsverhältnisse. Dies könnte verständlich machen, warum »Planetenkräfte« je nach Position im Tierkreis unterschiedlich empfangen werden. Kosmische Schwingungen, Rhythmen, Bewegungen könnten durch die der Erde eigenen Bewegungen moduliert werden. Der Vergleich mit musikalischen Schwingungen, Tonfrequenzen, den Cousto in seinem Buch »Die kosmische Oktave« ausgeführt hat[11], könnte hier eine Verständnishilfe sein.

Doch die klare Abgrenzung der zwölf verschiedenen Tierkreiszeichen voneinander, wie sie die Astrologie lehrt, kann damit nicht völlig erklärt werden. Wir bewegen uns bei astrologischen Erklärungsversuchen im Gebiet der Hypothesen, wir sprechen in Vergleichen, Bildern, weil wir bis heute noch keine wirklichen Lösungen der Rätsel um die Verbindung Mensch – Kosmos gefunden haben. So sei es erlaubt, der Existenz und dem Wesen der zwölf empirisch erkannten Tierkreiszeichen durch eine bildliche Vorstellung nahezukommen.

Tierkreis-Farben

Irgendwo in einem Meer von Sternen liegt unsere kleine Erde, durch ihre Beschaffenheit und Lage im Kosmos derart begünstigt, daß auf ihr Leben, sogar hochspezialisiertes, möglich ist. »Kosmische Energien« scheinen wirksam zu sein, die lebendige Organismen begünstigen. Vergleichen wir einmal die angenommene kosmische Energie mit dem Licht.

Das Licht wird unter bestimmten Voraussetzungen gebrochen. Wir alle kennen den Regenbogen, in Farben gebrochenes Licht, die Spektralfarben (siehe Kapitel »Licht und Schatten im Tierkreis«, Seite 185). Könnte nicht theoretisch »kosmische Energie« gebrochen werden, wenn sie durch das Sonnensystem dringt und auf die Erde trifft? Denn das Sonnensystem ist eine Einheit, in sich zusammenhaltend durch die Balance von Schwerkraft und Fliehkraft, eine Art »Kräftekristall«. Von diesem könnte die »kosmische Energie« wie durch ein Prisma gebrochen werden. Vielleicht werden durch die Planeten gewisse Energien absorbiert, die dann nicht vollständig die Erde erreichen.

Oft werden Tierkreiszeichen mit Farben verglichen. Das Zeichen, in dem ein Planet steht, »färbt« ihn, gibt ihm seinen Ausdruck, so heißt es. Vielleicht werden sogar eines Tages irgendwelche unterschiedlichen physikalischen Eigenschaften im Bereich der einzelnen Tierkreiszeichen entdeckt. Die Qualität, also der Bedeutungsinhalt, den eine bestimmte Energiebrechung (Tierkreis-Prinzip) für das Leben oder auch die Materie hat, kann aber durch die Physik nicht erfaßt, geschweige denn erklärt werden.

Die Astrologie hat zwölf unterschiedliche »Farben« oder Qualitäten (Tierkreis-Abschnitte) in jahrtausendelanger Tradition empirisch erkannt. Sicher sind diese Qualitäten ganz auf die irdischen Bedingungen bezogen, insofern »erdspezifisch«. Theoretisch könnten an anderen Stellen im Kosmos, vielleicht in anderen Sonnensystemen, weitere »Energie-Brechungen« und damit Qualitäten möglich sein, die für uns unvorstellbar sind. Unseren erdspezifischen Tierkreis kennzeichnen die vier sog. Elemente und drei »Bewegungsformen«, die miteinander in Kombination treten.

Die Einteilung des Tierkreises in Elemente

Die Namen der Tierkreisbilder sind Bezeichnungen für intuitiv erfaßte Inhalte. Sie symbolisieren etwas sehr Typisches für unsere Erde. In den zwölf Zeichen spiegeln sich durch die Kombination von Element und Bewegungsform alle denkbaren irdischen Gestaltbildungen und Abläufe; die Reihenfolge der Tierkreiszeichen ist wohlgeordnet, der Aufbau des Tierkreises ist ganz symmetrisch.

Zum einen ist der Tierkreis in die vier Elemente eingeteilt: Es sind dies keine chemischen Elemente, sondern chemische Zustände oder Lebenselemente: Feuer, Erde, Luft, und Wasser[15]. Der feste Zustand wird mit »Erde« bezeichnet. »Wasser« bedeutet flüssig; der am häufigsten in flüssiger Form vorkommende Stoff ist auf unserer Erde das Wasser. »Luft« ist der gasförmige Zustand. »Feuer« meint den Zustand, in dem sich etwas während eines Verbrennungsprozesses befindet, den Zustand einer chemischen Reaktion, Wärme- oder Lichtbildung.

Der Widder gehört dem Element Feuer an, ebenso wie Löwe und Schütze. Sie liegen in einem Dreiecksverhältnis zueinander. Sie werden als das Feuerdreieck oder Feuertrigon bezeichnet.

Abb. 6: Die Tierkreiszeichen desselben Elements liegen trigonal zueinander. Die Feuer- und Luftzeichen werden »positiv« genannt, die Erd- und Wasserzeichen »negativ« oder »passiv«. Auf ein Plus-Zeichen folgt im Tierkreis ein Minus-Zeichen und umgekehrt. Gegenüberliegende Zeichen haben gleiche Polarität.

Daneben liegt das Erdtrigon, aus Stier, Jungfrau und Steinbock bestehend. Die drei Zeichen Zwillinge, Waage und Wassermann, von denen keines einen Tiernamen trägt, gehören zum Lufttrigon. Krebs, Skorpion und Fische bilden das Wassertrigon.

Der Tierkreis ist außerdem in negative und positive Zeichen eingeteilt, in Minus- und Plus-, weibliche und männliche, passive und aktive Zeichen. Einem Plus-Zeichen folgt ein Minus-Zeichen. Widder ist positiv, Stier negativ »gepolt«, Zwillinge positiv, Krebs negativ usw. Daraus ergibt sich, daß alle Feuer- und Luftzeichen aktiven, alle Erd- und Wasserzeichen passiven Charakter haben. Bewegend sind die Elemente Feuer und Luft. Interessanterweise sind gegenüberliegende Zeichen nicht gegensätzlich in der Polarität. Sie gehören verwandten Elementen an: Luft- und Feuer- oder Erd- und Wasserzeichen liegen einander gegenüber.

Die Annahme von vier Elementen entspringt Beobachtungen aus der Natur. Dies weist schon auf den engen Zusammenhang zwischen astrologischen Prinzipien und natürlichen Formen hin. Um diese vier Existenzformen von Materie zu verstehen, müssen wir ganz tief in ihr Wesen eindringen. Denn nur so lernen wir die Entsprechungen in anderen Bereichen einzusehen. Wir können dann vielleicht auch erahnen, was die Alchemie wollte, die in chemischen Prozessen von Stoffen die dahinterwaltenden Gesetze zu ergründen suchte.

Zum Wesen der Elemente

Mit dem Wesen der Elemente setzte sich bereits vor fünf Jahrhunderten der große deutsche Arzt und Philosoph Agrippa von Nettesheim (1486–1535) auseinander[16]. Aus seinem fünfbändigen Lebenswerk *Magische Werke* zitiere ich das dritte Kapitel »Von den vier Elementen, ihren Eigenschaften und ihren gegenseitigen Vermischungen«:

»Es gibt vier Elemente und ursprüngliche Grundlagen aller körperlichen Dinge: nemlich Feuer, Erde, Wasser und Luft. Aus diesen sind alle Naturgegenstände unserer Welt zusammengesetzt, jedoch nicht auf dem Wege der Zusammenhäufung, sondern durch Verwandlung und enge Verbindung. Wenn sie zerstört werden, so lösen sie sich wieder in die Elemente auf. Keines der sinnlichen Elemente ist übrigens rein, sondern sie sind mehr oder weniger gemischt und untereinander versetzbar, wie z. B. aufgelöster Koth Wasser gibt, während er verdichtet Erde ist, durch die Wärme aber verdampft in Luft übergeht, solche Luft bei übergroßer Erhitzung zu Feuer, und dieses, wenn es erloschen, wieder zu Luft wird; der erkaltete Niederschlag aus der Verbrennung wird wieder zu Erde oder zu einem Stein oder zu Schwefel, wie sich dieß bei dem Blitze zeigt. Plato ist der Meinung, die Erde sei durchaus unwandelbar, die übrigen Elemente hingegen lassen sich in diese und gegenseitig unter sich verwandeln. Jedes Element hat zwei spezifische Eigenschaften, wovon es die erste für sich ausschließlich besitzt, durch die zweite aber wie durch ein Medium mit dem folgenden Elemente zusammenhängt. Das Feuer ist warm und trocken, die Erde trocken und kalt, das Wasser kalt und feucht, die Luft feucht und warm. Nach den zwei entgegengesetzten Eigenschaften sind auch die Elemente einander entgegengesetzt, wie das Feuer dem Wasser und die Erde der Luft. Noch in anderer Weise stehen die Elemente einander entgegen: die einen sind schwer wie die Erde und das Wasser; die andern leicht, wie die Luft und das Feuer; deßhalb wurden die ersteren von den Stoikern passive (leidende), die andern aber active genannt. Plato unterscheidet die Elemente noch nach einer weiteren Art, indem er einem jeden drei Eigenschaften zuschreibt: Dem Feuer Schärfe (Agrippa von Nettesheim meint damit durchdringende Helligkeit), Dünnheit und Bewegung, der Erde Dunkelheit, Dichtheit und Ruhe. Diesen Eigenschaften gemäß sind die beiden Elemente Feuer und Erde einander entgegengesetzt. Die übrigen Elemente borgen ihre Eigenschaften von diesen. Die Luft hat mit dem Feuer die Dünnheit und Bewegung, mit der Erde aber die Dunkelheit gemein. Das Wasser hat zwei Eigenschaften von der Erde: die Dunkelheit und Dichtheit und eine vom Feuer, die Bewegung. Das Feuer aber ist um das Doppelte dünner, um das Dreifache beweglicher und um das Vierfache schärfer als die Luft. Die Luft ist um das Doppelte schärfer, um das Dreifache dünner und um das Vierfache beweglicher als das Wasser. Das Wasser sodann ist um das Doppelte schärfer, um das Dreifache dünner und um das Vierfache beweglicher als die Erde. Wie sich also das Feuer zur Luft verhält, so verhält sich die Luft zum Wasser, und das Wasser zur Erde; und umgekehrt, wie sich die Erde zum Wasser verhält, so verhält sich das Wasser zur Luft und die Luft zum Feuer. Dieß ist die Wurzel und Grundlage aller Körper, Naturen, Kräfte und wunderbaren Werke; wer diese Eigenschaften der Elemente und ihre Mischungen kennt, der wird ohne Schwierigkeit wunderbare und erstaunliche Dinge vollbringen und ein vollendeter Meister der natürlichen Magie sein.«

Vier Seinsebenen

Den vier Elementen entsprechen die vier Zustände der Materie: fest, flüssig, gasförmig und in der Reaktion befindlich. Es sind Materieformen, die in der belebten organischen Natur ebenso vorhanden sind wie in der unbelebten anorganischen. Jeder lebende Organismus, ob Pflanze, Tier oder Mensch, besteht aus festen, flüssigen und gasförmigen Stoffen. Das Leben wird von ständigen chemischen Prozessen, vor allem Verbrennungsprozessen, begleitet; sobald sie aufhören, stirbt der Organismus. Dann reagiert der Körper nach den Gesetzen der anorganischen Chemie und zerfällt.

So gesehen hat das Element Feuer einen unmittelbaren Bezug zum Leben, also zur organischen Ebene. Feuer symbolisiert das lebensspendende Prinzip, das mit dem ständigen Verbrennungsprozeß im lebenden Körper einhergeht. Vor allem der warme »Leben-tragende« Körpersaft, das Blut, hat diese Analogie zum Feuer. An sich sind die Säfte im Körper, die Leben ermöglichen, mit Wasser verwandt; doch der Lebensträger der Warmblüter ist das »Feuer«, das an den Körpersaft gebunden ist. Pflanzliches Leben ist »wäßriger«.

Wasser steht im Grunde in Analogie zur instinktiven Ebene. Eine Pflanze lebt – wenn man so will – völlig »instinktiv«. Auch alle Tiere werden von ihren Instinkten gelenkt, dies kommt zum Ausdruck beim Nestbau, bei der Brutpflege und im Vogelflug. Das Zusammenleben der Tiere, ihr kollektives Verhalten, wird durch eine Art Gruppeninstinkt geregelt. Beim jährlichen Vogelflug beispielsweise ist das offenkundig: angefangen vom Zusammenfinden der Vögel, auch der Jungvögel, über die Flugformation in der Luft bis hin zur Flugroute. Da scheint etwas seelisch Instinktives zu lenken. Beim Tier spielen auch Triebe, die tief in den Organismus eingreifen, eine entscheidende Rolle. Diese beinhalten viel »Feuer«, das mit ihrer Leiblichkeit verknüpft ist.

Das Element Erde ist das Element der Stofflichkeit, der Materialität der Dinge. Das Feste, Erde, bedingt Existenz im Raum, die das Kennzeichen jeder Materie ist, einschließlich der lebenden Körper. Ohne »Erde« hätte ein Organismus keine sichtbare Form.

Das Element Luft steht für die geistige, verstandesmäßige Ebene, der der Mensch als einziges Lebewesen angehört. In der Erdferne der Luft drückt sich das Bewegliche und Abstrakte des Denkvorgangs aus. Intelligenzhaftes kann bis zu einem gewissen Grade auch ein Tier besitzen, jedoch ohne Bewußtsein davon zu haben (siehe dazu das Kapitel: Das Löwe-Prinzip, Seite 75).

Damit sind die vier Elemente zu den vier Seinsebenen in Analogie gesetzt. Diese können auch auf den Menschen allein übertragen werden. Beim Menschen lassen sich die Planetenkräfte auf allen vier Ebenen deuten.

Vier Ebenen der menschlichen Existenz

Die vier Elemente verweisen auf vier verschiedene Ebenen der menschlichen Existenz. Planeten haben in diesen vier Ebenen ihre spezifischen Bedeutungen.

Das Element Erde hat eine Analogie zu der materiellen Zusammensetzung des menschlichen Körpers. In dieser Ebene entsprechen den Planeten die verschiedenen Substanzen und Zustandsformen der einzelnen Stoffe im Körper.

Feuer meint die warme lebendige Existenz des Menschen, seinen Einzelorganismus und sein Bewußtsein vom eigenen Leben. Auf dieser Ebene stellen die Planeten Triebkräfte dar, die das Leben regulieren, und die sich unbewußt in den Willensbereich fortsetzen.

Wasser bezeichnet das seelisch Belebende, die Gefühlsebene; diese steht in enger Wechselbeziehung zu allen anderen Ebenen. Emotionen und auch Triebe können mit dem wäßrigen Element in Verbindung gebracht werden.

Luft steht in Analogie zum Denkvermögen. Auf dieser Ebene sind die Planeten auf die Verstandestätigkeit des Menschen zu beziehen.

Allerdings gelten diese Zuordnungen keineswegs starr. Denn alle Ebenen durchdringen sich gegenseitig.

Innerhalb jeder einzelnen Ebene lassen sich die vier Elemente auch wieder bestimmten Bereichen zuordnen. Ausgehend von den menschlichen Existenzebenen, können die folgenden Zuordnungen getroffen werden:

Der grobstoffliche Körper besteht aus festen (Erde), flüssigen (Wasser), gasförmigen (Luft) und reagierenden Stoffen (Feuer). Insgesamt steht er in Analogie zum Element Erde.

Das den Menschen Belebende, die organische Ebene, entspricht dem Feuer (Warmblüter), das vom Wasser (Feuchtigkeitshaushalt des Körpers) getragen wird. Innerhalb dieser Ebene sind die körperliche Formbildung erdhaft, der Gasaustausch (Atmung) luftig, Körperflüssigkeiten wäßrig, der Wärmehaushalt und die Organisation als Einzelwesen feurig (im Gegensatz zur verwurzelten Pflanze, deren Leben »wäßrig« ist).

Die emotionale Ebene ist geprägt von Wechselwirkungen, die zwischen organischen Abläufen (Feuer) und den Gefühlen (Wasser) entstehen. Alle vier Elemente können wiederum innerhalb dieser Ebene betrachtet werden: Triebe sind feurig, Instinkte wäßrig. Erde bezieht sich auf »erdnahe« Gefühle, die teilweise als Empfindungen durch die Sinne erlebt werden. Erdnähe zeigen auch meist unsere vielfältigen Bedürfnisse und Gefühle, die sich an der Lebensrealität orientieren wie das Ordnungsbedürfnis, die Treue oder das Gefühl der Sorge. Luftig sind Gefühle mit wenig Körperanteil, wie zum Beispiel das Orientierungsgefühl, die Neugier oder auch das Sprachgefühl.

Die vierte Seinsebene (Luft) bezieht alle Elemente auf die Verstandesebene. Erde betont die Sachlichkeit im Denken, Feuer mischt Begeisterung hinein, Wasser Phantasie, Luft gibt Abstraktion.

Die Grenzen der einzelnen Ebenen müssen fließend gedacht werden. So beinhaltet die Lebensimpuls-gebende feurige Ebene auch das unbewußte Wollen, das sich als Begierden und Wünsche in der seelischen Ebene zeigt. Auf der Verstandesebene (Luft) können die unbewußten feurigen Trieb- und Willenskräfte auch Motive beeinflussen, aus denen heraus der Verstand Entschlüsse faßt.

Die geistige oder Verstandes-Ebene ist nicht zu verwechseln mit der spirituellen Existenz des Menschen. Kein Materialist leugnet die Verstandestätigkeit, er bestreitet aber die Existenz des Geistes als einer dahinterstehenden immateriellen Wesenheit. Der Spiritualist sieht im Denken das Wirken des Geistes durch die Materie.

Die Astrologie geht davon aus, daß Aussagen über grundlegende Merkmale der Verstandes- bzw. Geistestätigkeit eines Menschen getroffen werden können. Damit erfaßt sie aber nicht das Wesen des möglichen geistig-spirituellen Ichs, sondern umschreibt es höchstens in seiner irdischen Ausprägung oder »Tätigkeit«, der »Geistes-Tätigkeit«. Wir können dieses spirituelle Ich oder das Geistige im Kosmos – wenn wir seine Existenz bejahen – in irdischen Auswirkungen erfahren, nicht aber in seinem eigentlichen Sein.

Die Einteilung des Tierkreises in Bewegungsformen

Der Tierkreis ist nicht nur in die vier Elemente eingeteilt, sondern auch in sogenannte kardinale, fixe und variable Zeichen. Damit wird im Grunde etwas über »Bewegungsformen« ausgesagt, wie ich im weiteren zeigen werde.

Viele Autoren bezeichnen die drei Begriffe kardinal, fix, variabel als »Dynamik«. »Meyers Enzyklopädisches Lexikon« definiert »Dynamik« folgendermaßen: »... Teilgebiet der Mechanik, das die Bewegungs-Vorgänge von Körpern auf den Einfluß von Kräften zurückführt...«.

In der Astrologie ist aber eher die Bewegungs-Form gemeint als die Kraft, die sie verursacht. Insofern kann der Begriff »Dynamik« irreführend sein. Ich habe mich für den Begriff »Bewegungsform« entschlossen, weil ich ihn für aussagekräftig und zudem anschaulich halte.

Jedes Ding ist in Bewegung, auch das scheinbar statische; dafür sorgt allein schon die Rotation der Erde. Aber es gibt den relativ statischen Zustand oder die relativ zielgerichtete Bewegung. Alles auf der Erde ist also nicht nur in einem bestimmten Aggregatzustand oder in der Reaktion befindlich – und gehört damit einem der vier Elemente an –, sondern bewegt sich auch in einer gewissen Form.

Mit »kardinal« wird eine Bewegung bezeichnet, die in eine bestimmte Richtung geht; es ist die eindeutige zielgerichtete und relativ gerade Bewegung (→). Ein Stoff bewegt sich vom Ausgangspunkt weg zu einem anderen Ort hin.

Fix meint die kreisförmige Bewegung oder den relativen Ruhezustand (○); dieser Begriff bezieht sich auf Dinge, die an der Stelle bleiben, wo sie sind.

Variabel ist eine Bewegung, die in verschiedenen Richtungen geht (⤳). Es ist Materie, die sich zu unterschiedlichen Orten hinbewegt.

Jeweils drei Tierkreiszeichen, zum Beispiel Widder, Löwe und Schütze, gehören einem Element an; jedes dieser drei ist entweder kardinal (wie Widder), fix (Löwe) oder variabel (Schütze). Daraus folgt: Es gibt vier kardinale Zeichen, wobei jedes einem anderen

Element angehört: der feurige Widder, der wässrige Krebs, die luftige Waage und der erdene Steinbock.

Abb. 7: Kardinale, fixe und variable Zeichen bilden im Tierkreis jeweils die Eckpunkte eines Quadrats: Sie liegen »quadratisch« zueinander.

Fix sind Stier (Erde), Löwe (Feuer), Skorpion (Wasser) und Wassermann (Luft).

Variabel sind die Zwillinge (Luft), Jungfrau (Erde), Schütze (Feuer), Fische (Wasser).

Zum Wesen der Bewegungsformen

Die vier Elemente Feuer, Erde, Luft und Wasser sind Zustandsformen von Materie. Die Bewegungsformen kardinal, fix, variabel sind Begriffe, die an die Zeit gekoppelt sind, denn Bewegung verläuft in der Zeit, sie braucht Zeit und sie scheint sogar das

Zeitempfinden zu bestimmen. Nach der Relativitätstheorie ist Zeit vom Bewegungszustand des zeitmessenden Beobachters abhängig.

Man kann zwischen sogenannter objektiver Zeit und subjektiver Zeit, die mit dem Zeitbewußtsein zu tun hat, unterscheiden. Wir auf der Erde erleben Zeit als Vergangenheit, Gegenwart und Zukunft. Die Gegenwart ist ganz punktuell, sie stellt die Grenze zwischen noch-nicht und nicht-mehr dar. Die Zeit strebt gleichsam weg und führt zu etwas hin. Vergangenheit können wir erinnern, Gegenwart ist vom momentanen Denken und Handeln bestimmt, Zukunft von Planung und Erwartung.

Bewegungen laufen in der Zeit ab. Verschiedene Formen von Bewegungen können wir als zeitloser oder zeitgebundener empfinden. Die kardinale Form (→) beinhaltet eine starke Zeitlichkeit; sie betont die Zeitstrecke. Wenn sich etwas in einer zielgerichteten Bewegung befindet, so bedeutet das, daß schon eine vergangene Strecke zurückgelegt wurde und daß es weitergeht. In der Vergangenheit liegt bereits die zielstrebig angegangene Zukunft. Dabei können wir den Blick mehr auf das Vergangene, Gegenwärtige oder Zukünftige richten.

Bei der fixen Bewegungsform (○) sind diese verschiedenen Blickrichtungen nicht möglich, da sie etwas Gleichbleibendes, Beständiges oder Kreisläufiges ausdrückt. Wir sehen gleichzeitig gleichbleibende Vorgänge. Eine gewisse Zeitlosigkeit – Ewigkeit – ist darin enthalten.

Variabel (⤳) bedeutet Wechselhaftigkeit, Hin und Her. Diese Form der Bewegung ist einmal gegenwärtig, dann wieder pendelt sie zwischen Vorher und Nachher, geht von irgendwo aus und kehrt wieder zurück. Eine Wolke wird zu Wasser, Wasser verdunstet wieder. Ein Stück Erde zerfällt und klumpt wieder zusammen.

Die stärkste Zeitbetonung liegt in der kardinalen Bewegungsform. Damit kommt etwas Irdisches zum Ausdruck. Das kardinale Erdzeichen (Erde = Materie) muß also – mehr als alle anderen Zeichen – Symbol für die irdische Verstrickung in Raum und Zeit sein; es ist der Steinbock, dessen »Farbe« mit dem Planeten Saturn korrespondiert. Fix bedeutet immanent, allgegenwärtig, ewig. Für unsere irdische Existenz muß das fixe Luftzeichen

(Wassermann) und auch das fixe Feuerzeichen (Löwe) viel Geistigkeit beinhalten. Die variable Form steht zwischen kardinal und fix; sie pendelt gleichsam zwischen Zeitlosem (Göttlichem) und Zeitgebundenem (Irdischem); zurück scheint dasselbe wie vorwärts zu sein. Der Planet Merkur (der römische Götterbote) findet im variablen Luftzeichen (Zwillinge) und im variablen Erdzeichen (Jungfrau) seine ihm gemäßen Tierkreiszeichen. Man kann variabel in Analogie zu vermittelnd setzen, fix gewissermaßen zu göttlich, kardinal zu irdisch. Dies ist eine Einteilung, die wir von unserem irdischen Standpunkt aus vornehmen; das Dauernde, Kreisende empfinden wir als weniger irdisch, weil das Vorher und Nachher dabei unbedeutend wird. Zeitlichkeit gehört zum Wesen jeglichen Erdenlebens.

Die Erde – ein Organismus

Die vier Elemente in Kombination mit den drei Bewegungsformen ergeben den Tierkreis, der aus zwölf prinzipiellen »Energiebrechungen« oder »Farben« besteht.

Die Erde läßt sich als Manifestation dieser zwölfteiligen Energie ansehen. Sie ist ein lebender Planet. Dem Wechselspiel aller Kräfte auf ihr liegt eine innere Ordnung zugrunde. Alle Energien und Vorgänge stehen in einem inneren Zusammenhang, so daß man von einer Einheit Erde sprechen kann, von einem Organismus.

Der Tierkreis ist Ausdruck des »Energie-Feldes« oder des »geistigen Feldes«, das sich um die Erde aufgebaut hat. Die Erde erscheint »von der Sonne umfangen«. Die Erde dreht sich um die Sonne auf fester Bahn, in einem ständigen Zeitkontinuum, in idealer Lage, um die solaren Kräfte aufzuschließen, deren Inhalt zu entschlüsseln – über das quantitativ Meßbare hinaus. Die Natur ist das sichtbare lebendige Äußere der Erde: ein Einzelorganismus, der seinerseits wieder aus unzählbaren Organismen besteht. In dem Organismus Erde erkennen wir das Muster, nach dem jeder andere Organismus gestaltet ist. Die zwölf astrologischen Prinzipien spiegeln sich im Zusammenspiel der natürlichen

Abläufe auf der Erde ebenso wider wie in jeder Pflanze, jedem Tier und jedem Menschen.

Der Tierkreis ähnelt einem Entschlüsselungs-Feld, durch das die Planetenstände für die Erde ausgewertet werden können. Die Planeten bedeuten die Kräfte; die Tierkreiszeichen bestimmen deren Ausdruck[5], indem sie die planetaren Kräfte unterschiedlich filtern. Das eine Tierkreiszeichen entschlüsselt mehr die dynamische Seite einer Kraft und hält anderes zurück, modifiziert also damit den planetaren Informationsgehalt. Jedes Tierkreiszeichen korrespondiert eng mit einem bestimmten Planeten; dieser gilt als »Herr« des entsprechenden Zeichens.

Der Mensch, der unter einer bestimmten Planeten-Konstellation »das Licht der Welt erblickt«, wird durch diese rhythmisiert. Sein Organismus verhält sich analog der kosmischen Information. Der menschliche Organismus ist weitgehend auch von seelisch-geistigen Impulsen wie Wille, Bewußtsein, Interessen bestimmt. Diese geistigen Äußerungen korrespondieren ebenso mit den kosmischen Energien und Inhalten. So haben alle seelisch-geistigen Vorgänge auch ihre Entsprechungen im Organismus. Sogar zu den natürlichen Vorgängen auf der Erde kann man Seelisches in Analogie setzen. Es scheint, als spiegele die Natur das Innere des Menschen. So kann Naturerkenntnis das Menschenverständnis fördern. Wir kommen zu einer Art »Natur-Psychologie«, die letzten Endes nichts anderes ist als eine astrologische Menschenkunde; denn alles ist nur Offenbarung von denselben astrologischen Grundprinzipien.

Erdspezifische Astrologie

Alles Irdische unterliegt den Gesetzen von Raum und Zeit; das nenne ich »erdspezifisch«. Dies gilt für die Astrologie, sie ist »geozentrisch« mit allen Konsequenzen. Insofern ist es unwesentlich, ob der Tierkreis nur um die Erde herum gedacht werden kann oder auch in der Erdbahn um die Sonne oder um das Sonnensystem herum. In einer uns Erdenmenschen gemäßen Art erleben wir den Tierkreis, die Planeten und ihre Winkel zueinander.

Das spirituelle Leben eines Menschen, sein Entwicklungs- und Bewußtseins-Niveau, also der gesamte geistige Hintergrund einer bestimmten Existenz oder Inkarnation, kann nicht durch die Astrologie beurteilt werden. Selbst wenn manche Autoren von »spiritueller« Astrologie sprechen, meinen sie dennoch eine »erdspezifische«. Denn das Geistesleben des Menschen läßt sich nicht völlig losgelöst von den irdischen Gesetzen betrachten.

Vom spiritualistischen Standpunkt aus gesehen, wirkt im Denken etwas Geistiges durch die Materie. So gesehen würde zum Beispiel eine geistige Unfähigkeit eines Menschen keine Rückschlüsse auf sein »spirituelles Ich« zulassen, sondern lediglich etwas über behinderte Funktionen aussagen, wodurch sich das »Ich« nicht seines Verstandes bedienen kann.

Über das wahre spirituelle Ich kann man also mit unserer Astrologie nichts aussagen, lediglich über die geistigen Ausdrucksformen in einem bestimmten Leben. Sicherlich ist nicht auszuschließen, daß die Menschen mit fortschreitender Bewußtseins-Entwicklung die irdischen Gesetze bis zu einem gewissen Grade werden überwinden können; das aber setzt voraus, daß die Menschheit sich dieser Gesetze bewußt ist. Irdische Verstrickungen können nicht überwunden werden, solange diese noch nicht ins menschliche Bewußtsein gedrungen sind. Umso wichtiger erscheint es mir, die Erde, deren Teil auch wir sind, als Organismus verstehen zu lernen. So erkennen wir, wie stark sogar unser Denken durch erdspezifische Eindrücke von Raum und Zeit und davon abhängigen Sinneswahrnehmungen durchsetzt ist.

II

DIE ZWÖLF ASTROLOGISCHEN PRINZIPIEN

im Zusammenhang mit verschiedenen Faktoren der Horoskopdeutung

Astrologie ist eine Symbolsprache. Insofern gehört zu ihr eine eigene Sprachlehre, die sich nicht einfach nach formallogischen Regeln erlernen läßt. Zunächst einmal muß Sinn für das der Astrologie eigene Wesen geweckt werden, denn die Sprache der Astrologie ist sehr unähnlich unseren menschlichen Sprachen. Sie ist kosmischer Natur und drückt somit keine konkreten irdischen Verhältnisse aus.

Die Astrologie bedient sich der sieben klassischen und der drei transsaturnischen Planeten, die die eigentlichen Kräfte darstellen. Die Tierkreiszeichen sind gleichsam Spiegelungen der kosmischen Kräfte in der Sonnensphäre um die Erde. Diese Tierkreiszeichen sprechen durch die Natur relativ verständlich zu uns.

Darüber hinaus verwendet die Astrologie sogenannte »Häuser«, die ich hier nicht behandeln werde. Durch sie werden die zwölf astrologischen Prinzipien räumlich, das heißt bezogen auf die Umwelt, gedeutet. Häuser gelten immer für einen einzelnen Organismus, der an einem bestimmten Ort der Erde lebt und als solcher seine irdische Umwelt besitzt.

Die »energetische Eigenart« der zwölf astrologischen Prinzipien mache ich im Folgenden durch Bilder verständlich, ebenso durch das Herausarbeiten von Gegensätzen, Abgrenzungen und Analogien. Dies stellt den ersten und zugleich zentralen Lernschritt in der Astrologie dar.

Aus den Verhältnissen und Spannungen der einzelnen Tierkreiszeichen zueinander lassen sich die Bedeutungen der Winkel zwischen den Planeten untereinander ableiten, Aspekte werden sie genannt. Den einzelnen Abständen im 360°-Kreis liegt eine bestimmte Spannung zugrunde, die sich unter anderem darin ausdrückt, daß Zeichen nebeneinander, gegenüber, im rechten Winkel usw. stehen. Durch den Tierkreis können spezifische Verhältnisse erfaßt werden, was die Deutung der Planetenaspekte erleichtert. So folgt jedem Tierkreisprinzip die Darstellung bestimmter Zusammenhänge, Spannungs- und Harmonieverhältnisse der einzelnen Zeichen untereinander.

Der 90°-Winkel beispielsweise, das Quadrat, stellt eine starke Spannung dar, die sich im Verhältnis zweier Zeichen von gleicher Bewegungsform, aber unterschiedlicher Polarität ausdrückt. Dies kennzeichnet die Beziehung vom Widder zum Krebs, weshalb zwischen den Kapiteln über diese beiden Prinzipien die Erläuterung des Quadrats erfolgt. Harmonisch liegen die Zeichen des gleichen Elements zueinander, wie Widder und Löwe oder Krebs und Skorpion. Das passive Nebendomizil des Mars, der Skorpion, steht zum aktiven Löwen im Spannungsaspekt; beide sind Zeichen mit fixer Bewegungsform. Das Verhältnis zweier Domizile eines Planeten zu den Domizilen der »Lichter« Sonne und Mond zeige ich in einem Kapitel zwischen dem Löwe- und Skorpion-Prinzip auf. Später führe ich anhand der Venuszeichen die »Domizilachse« ein. So versuche ich, die abstrakten, komplizierten Winkelverhältnisse im Kreis durch konkrete Beispiele von Tierkreiszeichen zu veranschaulichen. Die Zusammenfassung aller Aspekte (nach dem Stier-Prinzip) muß nicht mehr nur »gelernt«, sondern kann schon nacherlebt werden.

Nachdem der Leser mit dem Schütze-Prinzip vertraut geworden ist, von geistigem Überblick und Synthese gehört hat, erfährt er etwas über das Horoskop, das die Gesamtheit der Himmelsverhältnisse zu einem bestimmten Zeitpunkt abbildet. Damit ist ein erster Überblick über astrologisches Gedankengut erreicht. Die Fische runden das Bild ab. »Der Mensch im Tierkreis« ist das letzte Kapitel des nun folgenden Hauptteils dieses Buchs.

1 DAS WIDDER-PRINZIP

Das Tierkreiszeichen Widder ist ein »Feuerzeichen« und ist »kardinal«, was in der Astrologie soviel wie »vordrängend« bedeutet. Feuer heißt Verbrennung und trägt den Lebensfunken in sich. Wärme entfesselt die Triebe der Pflanzen. Sie weckt in der zur Erde gefallenen Kokosnuß das sprießende Leben. Dem Licht entgegen! (*Abb. 8*)

Feuer, kardinal – das sind die Stichworte.

Als »kardinal« wird eine gerade, zielgerichtete Bewegung bezeichnet, im Gegensatz zu den beiden anderen Bewegungsformen »fix« und »variabel«.

Vorwärtstreibend ist die Bewegung des Widders; feurig, also in der Reaktion befindlich, ist der Zustand von allem, was unter dieses Prinzip fällt. Eine Flamme, eine vorwärtstreibende Energie, ist ein Bild dafür aus dem anorganischen Bereich der Natur. Die Flamme ist immer nach oben gerichtet. Sie erhitzt die Luft um sich und treibt sie nach oben, sie entzündet und versetzt damit anderes in eine Verbrennungsreaktion. Sie kann neues Feuer zeugen.

Auch die gebündelten Sonnenstrahlen haben Widder-Charakter. Ein Stückchen Glas oder Kristall kann wie ein Brennglas wirken. Feuer entzündet sich; ein trockenes Blatt oder ein Papierfetzen beginnen zu brennen. Gebündelte Energie – auch so etwas Profanes wie ein Schweißgerät nutzt dieses Prinzip. Die gezielte Flamme durchschneidet das Blech.

Aber das Feuer-Element, die Verbrennungsreaktion, ist auch ein Kennzeichen der organischen Ebene. Was lebt, befindet sich in einem ständigen Verbrennungsprozeß. Das Lebendige aber hat seine eigenen organischen Gesetze. Es sind nicht die der anorganischen Chemie, es tritt etwas hinzu. Ein unsichtbares Licht, ein belebend Feuriges ist darin enthalten.

Auch Pflanzen haben einen feurigen Keim. Sie streben zum Licht, ihrem Lebenselixier. In der Photosynthese wandeln sie dieses in artgemäße Energie um. Nicht von ungefähr heißt es in der traditionellen Astrologie, die Sonne sei im Widder »erhöht«, werde also auf besondere Weise in ihrer Kraftentfaltung unterstützt.

Die kardinale Energie wird im Pflanzenreich in den Trieben deutlich, den austreibenden Sprößlingen. In ihrem treibenden Zustand sind die pflanzlichen Organismen voller vorwärtstreibender Kraft. Ihre Triebe durchstoßen die härteste Erde, sogar Asphalt. Wärme begleitet sie; Schnee schmilzt, wenn ihn die jungen Triebe der Pflanzen durchdringen.

Der Planet Mars ist das Symbol für die Kraft, die dem Widderzeichen entspricht. Steht Mars im Widder, so wird er in seiner Kraft, seiner treibenden Energie voll unterstützt; steht aber beispielsweise der Mond darin, so wird dieser widdermäßig gefärbt. Das Mond-Prinzip erhält dann ein dynamisierendes Moment.

Widder »färbt« antreibend, ihn versinnbildlicht das sprießende Leben. Jeder Betrachter kann erfühlen, wie sich die Kraft des Mars hier offenbart. Auf der seelischen Ebene zeigt sich der Widder-Mars als emotionaler Antrieb schlechthin. Aggression ist eine seiner Ausdrucksformen. Das animalische Triebleben, der Sexualtrieb gehören der seelischen und organischen Ebene an. Das marsianische Widder-Prinzip zeigt sich im seelisch-geistigen Bereich mit einem starken organischen, körperhaften Anteil. Denn das Element Feuer hat ganz allgemein diese Analogie. Die Verbrennungsreaktion des Körpers, das Blut und alle Muskelfunktionen sind marsianisch.

Auf geistiger Ebene entspricht dem Mars die Entschluß-, Tat- und Durchsetzungskraft, die Energie zum Handeln; das beinhaltet einen deutlichen Gegenwartsbezug mit zukunftsorientierter Blickrichtung (siehe Seite 53).

Alles auf eine Karte gesetzt!

Es treibt! Wärme hat die Triebkräfte geweckt. Eine einmal entfesselte Triebkraft drängt vorwärts. Weiter, immer weiter – wo ist das Ziel? Liegt es im Austreiben selbst? Um ihrer selbst willen scheinen Kräfte zu drängen.

Nur äußere Bedingungen können noch bremsen, kann auch der Boden kaum Energie liefern, Triebkräfte treiben voran.

Wurzeln treiben und suchen. Eigenreserven werden bis zum letzten verbraucht. Sind da nicht Würzelchen, die nähren und dienen?

Danach fragen die Triebkräfte nicht. Unaufhörlich erschließen sie Energie. Nach den Fundamenten sehen sie nicht. Dem Licht entgegen! – ein hochgestecktes, niemals erreichtes Ziel.

Konkurrenzkampf

Es treibt! Viele Pflanzen treiben – nebeneinander; jede nimmt, was sie braucht. Und sie nehmen es sich einander weg – das Licht und die Lebensgrundlagen. Der Stärkere, Schnellere, Widerstandsfähigere setzt sich durch.

Mancher verkümmert. Mancher treibt sich tot. Es ist ein Wagnis, in die Ungewißheit vorzustoßen, einzutreten in den Überlebenskampf des hervorsprießenden Lebens.

Gerade geht der Weg – ohne Rück-Sicht, ohne Blick nach rechts oder links, auf in den Kampf!

Eroberung

Es treibt! Wo ein Lebensfünkchen, ein Samenkörnchen Möglichkeiten »sieht«, überall wird vorwärtsdrängende Lebenskraft entfacht. Neue, unbelebte Räume gilt es zu erobern. Pionierpflanzen werden die Ersten sein.

Ohne Warten, ohne Bedenken, ungeduldig geht es voran. »Denken« denn die Triebe nur daran durchzukommen? Unbekümmert, mutig erobern sie neues Terrain. Gefahren lauern überall. Und doch: Sie scheuen kein Risiko.

Sieg oder Niederlage

Es treibt! Das stellt Anforderungen! Hindernisse sind zu überwinden. Doch der Trieb kämpft sich durch. Was sich ihm entgegenstellt, versucht er zu spalten, zu durchbrechen, zu durchstoßen; kompromißlos. Es gibt kein Arrangieren. Er zerstört, was ihm in den Weg kommt.

Vielleicht macht solch ein Trieb gerade noch eine Biegung, um das Licht zu erhaschen. Aber es geht zielstrebig voran, hinaus zum Licht.

Erfolgsaussichten bestimmen den Energieaufwand nicht. Der Mut scheint unerschütterlich, die Gefahren sind groß. Manch eine Wunde wird in Kauf genommen – abgefressen, zertreten, überfahren. Verkümmert, erfroren, ertrunken, vom Sturm geknickt, durch Hitze versengt. Die Umwelt fordert. Verwundungen werden überwunden. Hart ist der Kampf: Untergang oder Durchkommen!

Was nicht völlig zerstört ist, richtet sich wieder auf. Es treibt weiter, weiter. Die Triebe machen vor dem Tod nicht halt. Nur die Vernichtung kann diese Kraft letztendlich brechen. Sieg oder Niederlage? – Tot oder lebendig.

*

Naturerkenntnis

Alles, was wir in der Natur sehen, spiegelt die zwölf astrologischen Prinzipien wider; jedes Existierende findet in der astrologischen Betrachtungsweise seinen Platz. Das Tierkreis-System ist wahrhaft ein vollständiges System, denn erdgebundene Daseinsformen, die sich astrologisch nicht einordnen lassen, sind gar nicht denkbar. Die zwölf Tierkreiszeichen beinhalten alle möglichen natürlichen Vorgänge. Selten tritt ein Prinzip für sich alleine deutlich in Erscheinung, meist handelt es sich um Mischformen. Durch die Natur treten die erkannten prinzipiellen Kräfte in Verbindung zueinander – ähnlich wie in einer menschlichen Persönlichkeit.

In jedem natürlichen Vorgang können wir das Zusammenspiel der qualitativ unterschiedlichen Kräfte erkennen. Also brauchen wir nicht nur die Entsprechungen der zwölf Prinzipien zu suchen; wir können auch umgekehrt die verschiedenen Naturerscheinungen auf ihre astrologischen Analogien hin untersuchen. So kann Astrologie auch Naturerkenntnis sein.

Man sollte sich zunächst in die möglichst »reinen« Prinzipien vertiefen; dann aber wird es interessant sein, Mischformen zu entdecken. Es sind die besten Übungen, das Kombinationsvermögen zu trainieren, das Erkennen des Zusammenwirkens der Kräfte. Gerade dies wird ja benötigt, um die Stellung der Planeten in den verschiedenen Tierkreiszeichen zu verstehen.

Ich möchte den Leser dazu anregen, sich das Beschriebene bildlich vorzustellen und auch die Natur selbst zu beobachten. Er sollte versuchen, ganz in den betrachteten Vorgang einzudringen. So wird er mit dem »geistigen Auge« sehen lernen und wird die verschiedenen Kräfte in der menschlichen Persönlichkeit wiederfinden können – somit auch in sich selbst.

Das Quadrat

Die Zeichen mit gleicher Bewegungsform liegen im Tierkreis in Winkeln von 90 Grad zueinander. Quadratisch liegt der kardinale Krebs zum kardinalen Widder. Stehen zwei Planeten in den gleichen Graden von Widder und Krebs – zum Beispiel der eine in 10° Widder, der andere in 10° Krebs –, dann stehen sie im »Quadrat«. Diese Beziehung ist dissonant: Beide Planeten werden von unterschiedlichen Elementen gefärbt, die sich wie Feuer und Wasser zueinander verhalten. Feuer verzehrt Wasser, aber Wasser löscht das Feuer. Es entsteht eine Spannung, die gelöst werden muß. Das Zeichen □ symbolisiert die erdhafte, materielle Verwicklung. Das Quadrat steht für eine Aufforderung an das Leben, Äußerungsmöglichkeiten für diese Konflikt zu finden.

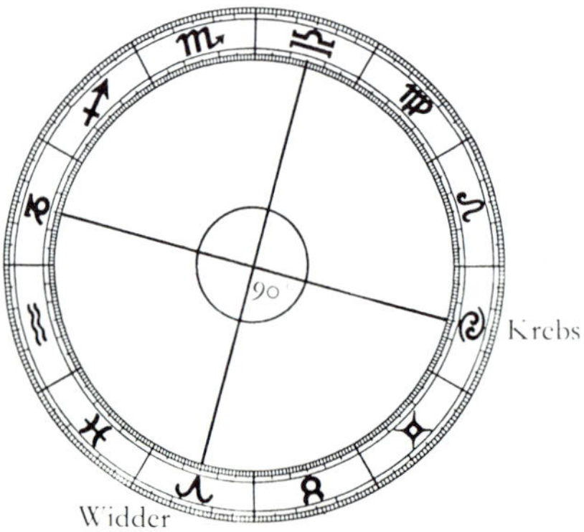

Abb. 9: Die Zeichen der gleichen Bewegungsform sind im Tierkreis kreuzförmig angeordnet. Sie bilden die Eckpunkte eines »großen Quadrats«. In diesem Verhältnis stehen beispielsweise Krebs und Widder zueinander.

2 DAS KREBS-PRINZIP

Fließend schlängeln sich die mondhaften, Helligkeit empfangenden Ströme durch das Grün der Erde. Ihre Ufer saugen die nährende Feuchtigkeit auf, ihre Wasserspiegel reflektieren Licht und Schatten, Stimmungen aus der Umgebung. Der Weg führt zum tiefergelegenen Ozean, unaufhaltsam, zielstrebig. »Kardinal« wird die fließende Bewegungsform genannt, wäßrig ist das Element, das dem Krebs untersteht. (Abb. 10)

Das Tierkreiszeichen Krebs ist kardinal und gehört zum Element Wasser. Aber es ist auch ein negatives, passives Zeichen, vergleichbar dem Minus-Pol im Gegensatz zum Plus-Pol. Alle Wasserzeichen gehören wie die Erdzeichen zu den Minus-Zeichen. Feuer- und Luft-Zeichen sind dem Plus-Pol vergleichbar.

Im flüssigen Zustand befindet sich auf unserer Erde hauptsächlich das Wasser. In gefrorener Form entspricht es dem festen Aggregatzustand und damit dem gegenüberliegenden Erdzeichen Steinbock. Das Krebsprinzip meint das passive, flüssige Wasser in kardinaler, vorwärtsdrängender, also fließender Bewegung. Ausgehend von einer Quelle endet ein Fluß als Strom; das steht in Analogie zum Krebs. Als kleines Rinnsal nimmt diese starke, zielstrebige Kraft ihren Ausgang. Bäche münden ineinander, in Kurven schlängeln sie sich dahin. Jedes Hindernis müssen sie umfließen. Und doch: Gibt es etwas Zielstrebigeres? In Windungen und auf Umwegen strebt der Fluß der Tiefe zu, passiv muß er folgen. Er bahnt sich den Weg und folgt seinem Bett. Er gewinnt an Kraft und Stärke – und findet seinen Ozean. Die eigenartige Kombination von passiv und kardinal (vorwärtstreibend), von formbar und formend färbt den Planeten, die Kraft, die im Krebs steht. Die eigentliche Kraft des Krebses ist aber der Mond.

Das Element Wasser entspricht im großen der seelischen Ebene. Alle zwölf Tierkreisprinzipien haben aber auch wiederum ihre Analogien in jeder der vier Ebenen; so auch der Krebs, aber unter einem seelischen Vorzeichen. Der Mond gilt oft als Symbol für das, was wir undifferenziert als »Seele« bezeichnen; dabei meinen wir das Gemüts- und Gefühlsleben, das diesem Prinzip untersteht. Stimmungen werden häufig von kleinsten Eindrücken beeinflußt und können doch übermächtig stark sein; auch Launen gehören zum Krebsprinzip.

Instinkte, vor allem der mütterliche, werden durch den Mond symbolisiert. Der Mond zieht Seelenhaftes in die Materie hinein, er »beseelt«; das kann auch umgekehrt bedeuten, daß Seele »vermaterialisiert« wird, daß sich eine Seele inkarniert. Die Begriffe Materie und mater (lat. Mutter) haben nicht von ungefähr dieselbe Wurzel!

Mond-Analogie haben auf der organischen Ebene neben der weiblichen Gebärfunktion auch das Lymphsystem und allgemein der Feuchtigkeitshaushalt eines Organismus, der sich unter anderem in den zahlreichen Schleimhäuten des Körpers ausdrückt. Der Mensch besteht zu rund 70 Prozent aus Wasser.

Auf geistiger Ebene haben der leichte Gedankenfluß, die Assoziationsketten, mit dem Mond zu tun. Bei allen Denkprozessen spielt der Mond eine nicht zu unterschätzende Rolle. Freies Assoziieren läuft manchmal recht irrational ab, abhängig von verschiedenen vergangenen Eindrücken, Erinnerungen. Die Phantasie nimmt ihren Lauf.

Immer im Fluß

Von seiner Geburt an, mit dem aus der Erde quellenden Wasser, ist der Fluß in fortwährender Bewegung; er fließt. Ein sanftes Ziehen wird ihn die Tiefe hinab den Weg finden lassen, in Windungen, Kurven, auf Umwegen, in immer wieder neuer Gestalt. Er wird einmünden und sich mit anderen Wassern verbinden. So wird ein Bach den anderen verschlingen, wird sich der eine im anderen verlieren. Der neue Fluß ist aus seinen Ahnen, seiner Vergangenheit, zusammengesetzt und wird aus diesen gespeist. Weiterfließen bedeutet, diese fortzusetzen. Langsam und zäh kann sein Fließen sein, und doch wird auch der mächtigste Strom unaufhörlich seinem Ziel und Ende entgegengeführt. Darin liegt das einzige Beständige an ihm: das Fließen zum vorbestimmten Ziel. Er muß sich der Neigung seines Weges, seines Lebensweges, anpassen, seinem Flußbett.

Sein Bett

Das Zuhause des Flusses ist sein Bett. So, wie es gestaltet ist, wird es das Wasser führen. Der Fluß muß seinem Lauf folgen. Sein Horizont bleibt beschränkt. Es gibt kein Hinausspringen. Viel Wasser ist in vergangenen Zeiten hinabgeflossen, bis dieses Bett so vorbereitet war. Das Wasser hat sich diesen Weg gebahnt, einen Weg gesucht, langsam, an Hindernissen nagend. Und so geht es weiter. Ein neues Hindernis wird den Fluß aufhalten. Doch er sucht, drückt, schwillt an, läuft über die Ufer und findet einen neuen Weg. Solange er kann, wird er in seinem Bett verharren. Er paßt und lehnt sich an.

Doch lehnt er sich im Stillen nicht dagegen auf? Denn unaufhörlich setzt er sein Nagen fort. Er begradigt, vergrößert, vertieft, rundet ab, paßt damit seine Umgebung sich selbst an. Er schafft sich sein Zuhause. Formbar formt er selbst. Für ihn gibt es nur diese eine Aufgabe: ein Bett für seine Wasser zu erschaffen. Haltlos wäre er ohne dieses Zuhause. Er würde verlaufen, versikkern, verdunsten.

Viele Gesichter

Mal lebendig, leicht und sprudelnd, mal dumpf, monoton und träge – vielfältig sind die Gesichter des dahinziehenden Stroms. Reflektiertes Licht, jedes Ding, auf das er trifft, das Land um ihn herum – all das prägt sein Erscheinungsbild. In seinen fließenden Wassern spiegelt er seine Umgebung. Unablässig wandelt sich sein Aussehen; keine zwei Male ist es gleich. Schwankend und beeinflußbar ist das Äußere. Wellen und Spritzer, glitzernde Oberfläche, Spiegelbilder – eine nie endende Neuschöpfung. Jedes Steinchen zieht seine Kreise. Alles nimmt das Wasser an und setzt es fort: Licht und Gefälle, kleinste Hindernisse und die Form des Bettes. Viele Rollen spielt es – und manche Tiefe läßt es nur erahnen.

Geheimnisvolle Tiefe

Von einer zarten Haut wird das Wasser bedeckt, gebildet durch die Spannung seiner Oberfläche. Doch darunter tut sich eine dunkle Tiefe auf. Nur langsam erwärmt sich diese im Licht der Sonne, weniger Licht gelangt hinein. Gelöste Stoffe und kleinste

Partikel treiben im Wasser. Fische leben hier, Kaltblüter zwar, doch voller Leben. Und auf dem Untergrund reiben die dahinströmenden Wassermassen, wühlen immerfort Grund und Steine auf. Unaufhörlich bewegen die Wasser das, was sie berühren – eine ständige Erosion. Aus der Tiefe setzen sich Formationen nach oben fort. Es scheint, als sei hier die Quelle der neuerschaffenen Formen und der Phantasie. In ständigen Kettenreaktionen kommen noch nie gewesene Erscheinungsbilder zustande. Man schaue einmal der Bewegung am Ufer zu und überlasse sich stiller Betrachtung. Kreativ ist die Natur.

Abb. 11: In seiner Tiefe undurchsichtig, spiegelt das Wasser auf seiner Oberfläche die Stimmung seiner Umgebung wider. Fast unmerklich setzt es seinen Weg fort.

Verschlingende Kraft – nährendes Wasser
(Der Mond mit dem Ausdruck des Widders)

Mitreißen können Wassermassen. Die Ufer geben ihre befestigenden Pflanzen her. Stark und tödlich reißt der übervolle Fluß alles in sich hinein. Das überschwemmte Land opfert dem verschlingenden Wasser manches lebendige Wesen. Doch auch befruchtend und nährend ist das feuchte Element. Kraft spenden die Wasser den sprießenden Pflanzen. Fruchtbare Nahrung hat der Fluß auf dem überschwemmten Land abgelegt. Aus seiner Vergangenheit, dem zurückgelegten Weg, führt er vieles in sich mit.

Lebensenergie – getragen vom Strom des Lebens
(Der Mars mit dem Ausdruck des Krebses)

Die feurigen Kräfte des Mars werden im Zeichen des Krebses »wäßriger«, also anpassungsfähiger, beeinflußbarer, schwankender, gleichwohl mit einem Ziel »vor Augen«. In der Natur entsprechen dem die Triebe der Wasserpflanzen. Sie durchbrechen keinen Asphalt, kein Gestein. Im Wasser sind sie zwar nach oben zum Licht gerichtet, gehen aber mit der Fließbewegung hin und her, passen sich dem Umfeld an; hier wirkt keine »durchbrechende Kraft«, sondern eine zarte, der Umwelt angepaßte Energie. Schwach sind die Triebe der Wasserpflanzen, nimmt man sie aus ihrem Umfeld heraus. Doch im Wasser werden sie von strömender Kraft getragen. In stark fließenden Bächen gibt es keine Pflanzen, die über die Oberfläche des Wassers herausragen. Sie bleiben unter dem Wasserspiegel in ihrer vertrauten Umgebung; dort treiben sie aus, angepaßt an die Formen des Fließens, Stimmungsbilder der Seele. Der Krebs ist ein verflüssigendes Prinzip. Und dennoch: In ihrem gewohnten Umfeld kann die mondgeprägte Marskraft bestehen, kann den reißenden Wassern trotzen, geht nicht in den stimmungsreichen Schwankungen unter, sondern lebt von dem Schwung der fließenden Phantasie.

*

Vom Zusammenwirken der Kräfte

In jedem Ding oder Vorgang der Natur kommen sämtliche astrologischen Prinzipien zum Ausdruck, auch wenn man einen Vorgang deutlich einem übergeordneten Tierkreisprinzip zuordnen kann. Wir haben gesehen, daß alles Fließende, vom Rinnsal bis zum Strom, das Krebs-Prinzip versinnbildlicht. Die Vorgänge in der Natur als ganzer, der Erde also, verstanden als ein Organismus, lassen sich den Tierkreisprinzipien zuordnen. In diesem Sinne untersteht der Fließvorgang, das Fließen der Bäche, dem mondhaften Krebsprinzip. Ein Fluß trägt aber natürlich alle zwölf Prinzipien in sich. Jedes Seiende in der Natur, bis ins Kleinste, ist eine Offenbarung sämtlicher Kräfte. Alles ist in Jedem. So kommt in den Bächen unserer Erde nicht nur das flüssige Element Wasser vor; darin enthalten sind »Luft«, Sauerstoff und andere Gase. »Fest« sind Sand und Mineralien, im flüssigen Element schwimmend. Licht und Wärme, ein feuriges Prinzip, durchdringen die kühle wäßrige Welt. Aus dem Zusammenwirken aller Kräfte entstehen Reaktionen. Organismen haben sich angesiedelt. Fruchtbar ist das wäßrige Element: Leben ist das Kennzeichen unseres Planeten. Als sichtbare Form trägt der Fluß das flüssige Gewand (Wasser), fließend (kardinal) ist seine Bewegung. So existiert ein Jedes mit einer vorherrschenden äußeren Erscheinung.

Das Trigon

»Trigon« nennt man den 120°-Winkel. Es ist der jeweilige Abstand der gleichen Grade der drei Zeichen eines Elements voneinander. Astrologen beurteilen ihn als harmonisch. Die Planeten, die 120° voneinander wegstehen, verbinden sich gegenseitig förderlich. Sie stehen ja auch (meist) im selben Element, zum Beispiel in den Feuerzeichen Widder und Löwe, und haben damit ähnlichen Ausdruck. Feuer macht dynamisch. So könnte beispielsweise der Mond in 10° Widder stehen und Mars in 12° Löwe. Mond läuft dann als schneller »Planet« in das exakte Trigon hinein, das ist ein applikatives (annäherndes) Trigon. Steht Mars in 10° Widder und Mond in 12° Löwe, dann läuft Mond aus dem Trigon heraus, was man »separativ« (trennend) nennt. Ein applikativer Aspekt ist stärker: Die fließenden Stimmungen (Mond) drängen nach draußen (Mond im Widder). Eruptiv suchen sie das energische Handeln (Mars im Löwen). Sie ergänzen einander. Mond stimuliert Mars (Mond Trigon Mars). Jedes Treibende erhält eine stimmungsabhängige Förderung. Energiereserven (Mars im Löwen) werden mit Temperament (Feuerzeichen) und persönlichem Engagement (Mond im Widder) in Aktion (Mars) umgesetzt.

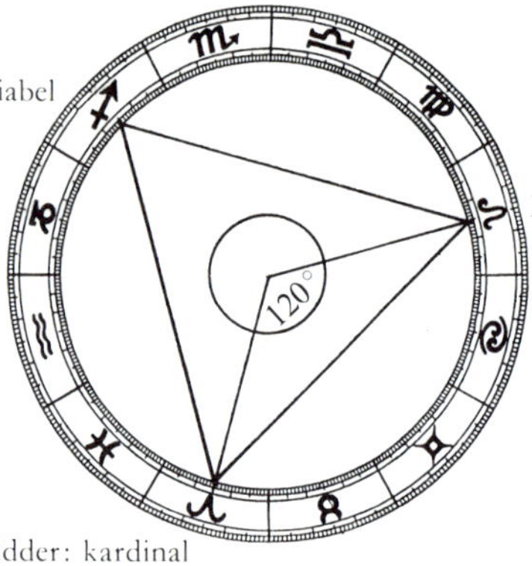

Abb. 12: Die drei Zeichen eines Elements bilden ein Dreieck, wie hier die Feuerzeichen. Dem kardinalen Widder folgt nach 120° Winkelabstand der fixe Löwe.

3 DAS LÖWE-PRINZIP

Lebensspender, zentrales Gestirn unseres Sonnensystems!
O Helios, Phoebus, Sonnengott!
Welch eine Geistigkeit verbirgt sich hinter Deiner Gestalt!
Strahlende, wärmende Mitte eines jeden Erdenbewohners,
laß Deinen Glanz auch in unserem Bewußtsein aufleuchten!
Beständig und feurig ist Dein Gesicht,
im Tierkreis-Abschnitt des Löwen findet es einen irdischen Widerschein! (*Abb. 13*)

Das fixe, feurige Löwe-Zeichen steht für den dauernden Verbrennungsprozeß. Unter den Bewegungsformen kardinal, fix, variabel bezeichnet »fix« den relativ statischen oder kreisförmigen Bewegungszustand, auch das in Ruhe Befindliche.

Fix beinhaltet aber auch Dauer, denn das Kreisförmige endet nie. Etwas Ewiges ruht darin. So bedeutet das Löwe-Prinzip konstantes, ständiges, kreis- oder kugelförmiges Brennen. Die Gestalt der Sonne erscheint tatsächlich als das natürliche Bild oder Symbol des Löwe-Prinzips. Sie ist die anorganische Analogie des fixen Feuerprinzips. Natürlich trägt auch die Sonne alle Elemente in sich. Feste, flüssige, gasförmige Bestandteile sind vorhanden, wenn auch alles miteinander reagiert und in »Feuer« aufgeht. Die Sonne trägt das Kleid des Feuerballs. Im Kleinen entspricht die Glut dem Löwen.

Auf der organischen Ebene hat der lebende Organismus an sich eine Analogie zur Sonne. In jedem Organismus läuft eine ständige chemische Verbrennungsreaktion ab. In seinem wohlorganisierten Funktionieren, dem lebendigen Kreislaufsystem, hat ein Organismus einen Bezug zur Sonne, zum Löwe-Prinzip.

Die Entsprechung des Löwe-Prinzips in den vier Naturreichen

Es gibt den mineralischen, stofflichen, materiellen Bereich, die »unbelebte« Natur, analog dem Erdelement; es gibt das Pflanzenreich, das Tierreich und das Menschengeschlecht. Was dem Löwen im anorganischen Bereich entspricht, haben wir gesehen: Es ist das Glühen. Die Sonne stellt die eigentliche Verkörperung dieses Prinzips dar. Ihr ständiges Brennen und die thermonuklearen Reaktionen in ihrer Hülle sowie das dadurch ausgelöste Licht und die Wärme haben zum fixen Feuer-Prinzip engste Beziehung.

Nicht nur Menschen und Tiere, auch Pflanzen sind lebendige Organismen. Sie alle tragen einen feurigen Lebensfunken in sich und haben insofern eine gewisse Analogie zum Feuer. Doch dieses Element kommt in der Pflanze noch nicht voll zur Geltung. Feuer hat wohl Analogie zur höchsten Geistigkeit, die das Leben in sich trägt. Aber Bewußtsein im Sinne eines reflektierenden Wachbewußtseins kann die Pflanze nicht davon erhalten, da ihr ein tätiger Verstand völlig fehlt. Auch ist die Pflanze festgewachsen und von daher kein regelrechter Einzelorganismus. Sie kann sich nicht von der Stelle bewegen. Ihr Leben ist gekennzeichnet von einem durch sie hindurchziehenden Säftestrom und hat somit Analogie zum Wasser. Die Pflanze befindet sich in einer Art Schlafzustand. Sie lebt sozusagen »völlig instinktiv«.

Gefühle und Triebe kommen beim Tier zustande, weil das Tier in noch höherem Maße als die Pflanze das Lebendige, das Feuerelement, die Sonne, in sich trägt. Ein Tier existiert deutlich als Einzelwesen, es kann sich von Ort zu Ort bewegen. So potenziert sich regelrecht das Lebendige, das Löwe-Sonne-Prinzip, im Anteil des Seelischen. Emotionen und Triebe entstehen im Zusammenspiel von organischer und seelischer Ebene; das Feuerelement erscheint zusammen mit dem Seelischen, dem wässrigen Element, als Emotion und Trieb. Den großen seelisch-emotionalen Bereich, die Instinkte, Gefühle, Emotionen und Triebe, hat der Mensch mit dem Tier gemeinsam. Aber auch in diesem Sinne bedeutet Seele für den Menschen etwas anderes als für das Tier.

Zusammen mit dem Wasser- und dem Luftelement, dem seelischen Erleben und der Verstandestätigkeit, gewinnt das Löwe-Prinzip, der »Lebensgeist«, im Menschen noch viel größere Bedeutung. Die Erkenntnis der eigenen Existenz, des eigenen Lebens und die Reflexion darüber werden möglich. Die feurig-wässrige, aus dem Organismus entstehende Emotion kann durch die Verstandestätigkeit erkannt, gelenkt und auf etwas gerichtet werden. Der Mensch kann bewußte Liebe (im Gegensatz zum Tier) empfinden, oder er kann in einer geistigen Arbeit glücklich aufgehen. Aber er kann auch den Verstand auf ausgeklügelte Methoden zur Befriedigung der eigenen Wünsche und Triebe richten. Indem er sein eigenes Ich erkennt, kann er ihm Vorrang geben vor den Bedürfnissen der Umwelt.

Bewußtsein läßt unbewußte Instinkte zurücktreten, die sonst das Zusammenleben von Wesen in einer Umwelt regulieren. Und da beginnt und entscheidet die moralische Entwicklung und die Gewissensbildung eines Menschen. Das lebendige fix-feurige Löwe-Sonne-Prinzip erfährt durch die seelisch-geistige Komponente im Menschen ein Höchstmaß an Bedeutung, anders als bei Tieren und Pflanzen.

Auch der Organismus Erde weist eine Analogie zum Löwen auf. Ein Organismus ist ein kreisläufiges System und untersteht damit diesem Prinzip. Jeder pflanzliche, tierische oder menschliche Einzelorganismus entspricht als solcher dem Löwe-Prinzip. In jedem einzelnen Organismus werden aber wiederum alle zwölf Prinzipien wirksam. Darauf beruht schließlich die individuelle Astrologie. Auch das Löwe-Prinzip hat wieder seine deutlichen Entsprechungen in jeder Kategorie des Betrachtens. In stofflicher, organischer, seelischer und geistiger Hinsicht kann jede Kraft aufgespürt werden. Das Löwe-Prinzip entspricht dem mit dem Leben einhergehenden Verbrennungsprozeß im Körper, organisch sind es Herz und Blutkreislauf, aber auch, wie dargelegt, die Erfahrung des eigenen Lebens, das »Ich-Bewußtsein«. Seelisch sind es Emotionen, die mit der Lebensnähe zu tun haben, mit der Freude an der eigenen Existenz und ihren Möglichkeiten, als da sind Begeisterungsfähigkeit, Daseinsfreude, seelisch-geistige Liebe zum Hohen und Edlen; Selbstbewußtsein, Selbstvertrauen und alle psychologischen Begriffe, die mit »Selbst« beginnen, haben mit dem geistigen Sonne-Löwe-Prinzip zu tun. Aber auch Selbstüberschätzung, Stolz und Egozentrik können aus übertriebener Selbstbezogenheit entstehen; die Löwe-Sonnenkraft kann auch lange Schatten werfen.

Ein Planet, der im Löwen steht, erhält einen Schuß Lebenskraft und Lebensnähe, er wird »begeistert« und »vitalisiert«. Der Löwe orientiert sich am Lebenszuträglichen; Lebensbejahung kennzeichnet »seine Farbe.«.

Die Sonne in uns

Mit der »Sonne« eines Menschen meinen wir dessen Vitalität, den »Gesamtlebensantrieb«. So nennt der Astrologe Thomas Ring das Sonnenprinzip. Dieses Prinzip ist von herausragender Bedeutung. Es tritt in der Persönlichkeit so deutlich hervor, daß immerhin die gesamte »Vulgärastrologie« oder »Sonnenstandsastrologie« darauf aufbaut. Daß daran etwas »Wahres« ist, spüren viele Menschen. Aber Pauschaldeutungen dieser Art »Sonnenorakel« (ich nenne es absichtlich nicht Astrologie) können die individuelle Bedeutung der Sonne nicht beschreiben. Zwar läßt der Sonnenstand alleine gewisse Rückschlüsse zu, aber er ist verknüpft mit den anderen Horoskopfaktoren.

In ihrer typischen Art zeigt sich die Sonne am reinsten im Löwen. Aber nicht jeder »Löwe« (zwischen dem 23. Juli und 22. August geboren) hat unbedingt eine individuelle Horoskopstruktur, in der die Sonne dominant ist und ohne Einschränkung ihr Wesen voll entfaltet. So könnte zum Beispiel ein Mond dominieren und zu ihr dissonant stehen. Steht die Sonne in einem anderen Tierkreiszeichen, so wird sie von diesem »gefärbt«, das heißt, sie wird in ihrer Wirkung modifiziert. Die Vitalität und die Lebenskraft, der Lebenswille und der Selbstbehauptungswille werden folglich so sein, wie es das entsprechende Zeichen »ausmalt«.

Kraftquelle

Unsere Sonne ist die scheinbar immerwährende Kraftquelle unseres Organismus Erde. Sie »brennt und brennt«, in sich ruhend. Wie selbstverständlich nehmen wir Licht und Wärme von ihr an. Kaum erkennen wir die dramatischen inneren Abläufe, die Explosionen und Eruptionen. Kaum können wir die wahre Größe ihres Energiereservoirs erfassen. Unaufhörlich, schier unerschöpflich erscheint ihre eigene Lebenskraft. Immer wieder wird ihr Brennen aus ihrem Inneren, von ihrem Mittelpunkt aus genährt. Doch bei näherem Hinsehen erkennen wir scheinbar dunkle Stellen ohne Leuchtkraft, ihre Sonnenflecken. Ein inneres, dramatisches Ringen scheint stattzufinden, um gleichmäßig in hellem Glanze erstrahlen zu können. Ist diese Gleichmäßigkeit ihre erstrebte Perfektion? Das Feuer drinnen kämpft darum! Wirkt unsere Sonne von weitem, von außen, nicht unerschütterlich hell und strahlend?

Mittelpunkt

Sie brennt und brennt. Sie muß brennen, will sie leben. Doch eines Tages wird auch ihre Lebensenergie erschöpft sein, sie wird erkalten, wenn ihrer Existenz nicht schon früher von außen ein Ende gesetzt worden ist. Doch bis dahin wird sie ihre Umgebung mit Licht und Wärme versorgen. Zu übersehen ist sie nicht. Brennend heiß und gleißend hell kann ihr feuriges Angesicht für uns sein, und es kann verzehren, was sich nicht vor ihm abschottet in der Sonnennähe. In ihrer Nähe ist es schwer, selbst zu bestehen. Distanzzonen benötigt jedes Wesen zu diesem hellen Mittelpunkt. Das Behauptenwollen neben ihr bedeutet Tod. Ihr Glanz wird alles überstrahlen.

Strahlendes Licht

Doch unter ihr zu leben bedeutet, teilzuhaben an ihrem Glanze. Ihr Licht erschafft die Farben und gibt dem Einzelnen, dem Kleinen, Schönheit. Doch auch sie, die große Sonne, braucht eine Welt, eine Umgebung, die ihr Licht zum Leuchten bringt und es in Farben bricht. In der Reflexion ihres Lichts erlebt sie sich selbst. Ihre ganze Kraft kann sie nur im anderen entfalten, außerhalb ihrer selbst. Die Umwelt resorbiert und absorbiert. Die Sonne selbst kann in ihrer Umgebung nicht aufgehen. Nur ihr Licht und ihre Wärme durchdringen alle Existenzen, die unter ihr leben.

Farbenspiel

Wo Sonnenstrahlen auftreffen, erwachen die Dinge zum Leben. Sie antworten mit ihren Farben. Alle Nuancen fangen ihr individuelles Dasein an, Reflexionen beginnen ihr Eigenleben. Bewegte Licht- und Schattenwirkungen, lebendige Palette aller Farben, spielen auf dem Saiten-Instrument von Sonnenstrahlen ihr lebensfrohes Lied.

Wärme

Pulsierend, bewegend, erwärmend wirkt das Sonne-Löwe-Prinzip. Als fixes Element bewegt es immerfort. Wo wärmende Feuerkraft ihr Wesen zur Wirkung bringt, rührt sich das Leben. Doch ein Jedes braucht auch sein Gegenteil. Was würden wir ohne Kälte und Erstarrung tun? Ginge nicht alles in Flammen auf im Übermaß erwärmender Hitze? Würde nicht alles sich selbst verzehren? – Erschöpfung! Seien wir auch dankbar der Nacht, unserer Schöpfungspause!

Abb. 14: Unter der Sonne Kraft spielt sich das Leben ab. Das Licht selbst taucht ein in die irdischen Sphären. In seiner Reflexion erlebt es sich in den Wesen der Welt.

Sonne im Widder

Aufflammend sind hier ihre Feuer, voller Dynamik und Explosivkraft. Hitzig richtet sie ihre Kräfte zur Erde, als wolle sie ein Feuer entfachen. Und die Wesen da unten verausgaben sich im Kampf des Lebens.

Mars im Löwen

Es geht um die Tat, um Handlungsbereitschaft, am Leben orientiert. »Wo ein Wille ist, ist auch ein Weg« ist Lebensmotto dieser »Marsianer«.

Sonne im Krebs

Unter der Herrschaft des Mondes steht sie hier; ihre ganze Kraft erscheint reflektiert. Von Phasen ist ihre Helligkeit abhängig. Rhythmisch wechseln Gezeiten von Höhe und Tiefe, von Stärke und Schwäche. Fließend und tiefsinnig ist ihr Ja zum Leben.

Mond im Löwen

Das Nachtlicht erstrahlt unter dem vollen Schein der Sonne. Dynamisch scheint es auf ihren Stolz zu antworten, selbst beginnt es zu leuchten. Doch abhängig bleibt es von der Sonne Gunst; es ringt um seinen Eigenwert, und es kann ihn finden.

*

Sonne und Mond – Vater und Mutter

Sonne, Lebensspenderin, und Mond, »Fruchtwasser«, werden auch in Analogie zu Vater und Mutter gesetzt. Nicht die Geschlechtszugehörigkeit steht dabei im Vordergrund, sondern die Funktion als Eltern.

Feuer zeugt, Wasser nährt. Beides sind Lebenssymbole. Das Vatersymbol Sonne ist Herr eines fixen Zeichens, eines beharrlichen Prinzips; das Muttersymbol Mond steht für den kardinalen Krebs, der ein zielgerichtetes, formendes, weiches und passives Zeichen ist.

Interessanterweise spricht Rudolf Steiner davon, daß der männliche Körper einen weiblichen Lebensleib besitze, der weibliche einen männlichen. Das äußert sich zum Beispiel in der Fortpflanzung; denn die Samenflüssigkeit hat eine Analogie zum Mond, und die weibliche Eizelle hat sogar das Aussehen einer strahlenden Sonne. Bemerkenswert ist auch, daß die deutsche Sprache Sonne und Mond ein anderes Geschlecht zuweist als die meisten übrigen Sprachen: die Sonne, der Mond (lat. ist *sol* männlich, *luna* weiblich). In allen germanischen Sprachen ist Sonne neben einigen Nebenformen weiblichen Geschlechts. Vielleicht kommt darin die Beharrlichkeit und Wärme des Weiblichen zum Ausdruck, während im männlichen Wesen eine gewisse drängende Unruhe liegt. Welche Seite von Mann und Frau stärker gesehen wird, ist kulturabhängig. Deutlich werden die zwei Seiten des Mondes auch in dem Symbol seines Tierkreiszeichens, dem Krebs ♋, in dem das verschlungene Yin & Yang enthalten ist.

Jeder Mensch braucht beide Eltern zu seiner Existenz und trägt also beide Prinzipien in sich. In unserer Kultur projizieren Frauen »ihre« Sonne nicht selten auf den männlichen Partner, der dann praktisch ihre Sonne auslebt, ihren Selbstwert, ihr Wollen, ihre Vorstellung von aktiver Selbstbehauptung. Männer neigen dazu, »ihren« Mond in der Frau zu suchen. Die Mutter prägte das Frauenbild. Sie ist die erste Frau im Leben eines Mannes. Sie kann als große Verständnisvolle empfunden worden sein, kann verschlingend erlebt worden sein wie ein über die Ufer tretender Fluß. Sie kann idealisiert, geliebt und abgelehnt werden.

In Partnerschaften übernehmen Mann und Frau gegenseitig auch Elternfunktionen, sei es noch so unbeabsichtigt und unbewußt. Im Laufe der Zeit wird diese Seite der Partner häufig noch stärker. Das unbewußte Vater- und Mutterbild ist dabei nicht unwesentlich.

Mit »väterlich« und »mütterlich« werden im allgemeinen Sprachgebrauch häufig edle Eigenschaften verbunden. »Väterlich« erinnert uns an gütig, ehrbar, unumstößlich und gerecht. Die Vaterfiguren der Märchen kommen wahren Sonnenanalogien gleich. »Mütterlich« heißt soviel wie umsorgend, verständnisvoll, zärtlich. In dieser Eigenschaft tritt die sinnliche Seite der Frau als

»Weib« zurück. »Mütterlich« ist auch Schneewittchen oder sind die guten Großmütter.

Die Sonne steht für die Leitlinie, der Mond für das Urvertrauen. Sie sind das seelisch-geistige Vater- und Mutter-Prinzip des Menschen und von zentraler Bedeutung für seine Einstellung zum Leben.

Das Verhältnis der Stellungen von Sonne und Mond bestimmt die Mondphasen. Ein zunehmender Mond ist voller Lebenskraft, seine seelische Stärke wächst an der Vitalität der Sonne. Der Vollmond beinhaltet Hochspannung. Die Sensibilität ist überstark. Der Lebenselan gibt den Emotionen anstachelnde Impulse. Die Säfte steigen zu stimmungsgeladenen Reaktionen.

Während der Mond abnimmt, wendet er sich von den Sonnenstrahlen ab. Das Fließen kommt zur Ruhe, weniger Lichtreflexe auf der wäßrigen Oberfläche, dumpf und still fühlt sich der dahinfließende Bach. Ins Dunkel des Neumondes fließt er hinein. Die Seele versteckt sich vor den Blicken der Menschen. »Laßt mich gehen«, scheint sie zu sagen, »ich finde meinen Weg allein«, den neuen Weg nach dem Neumond; neuer Aufbruch, mit vollem Vertrauen ins Leben.

Lebensleitlinie – Sonne: Ihre Bahn ist der Tierkreis. Urvertrauen – Mond: Sein Weg windet sich um die Erde. Sonne- und Mondbahn, das urelterliche Paar, schneiden sich in den Mondknoten. Diese gelten in der esoterischen Astrologie als Zeichen des kosmischen, karmischen Ursprungs des Menschen, Symbol alter menschlicher Bindungen. Planetenkräfte fallen hinein, vielleicht durch Quadrat oder Trigon. Die Mondknoten reflektieren die geheimen, unbewußten Lebensanliegen – »Wozu bin ich da?« – »Warum seid ihr meine Eltern?«.

Zwei Domizile

Die Sonne hat ein Domizil, eine Wohnung, ein Zuhause, einen Herrschaftsbereich. Das Tierkreiszeichen, das ihrem Prinzip in der Farbe entspricht, ist der Löwe. Die Sonne ist die eigentliche Verkörperung des aktiven, positiven Prinzips.

Das zweite Licht – denn Sonne und Mond werden Lichter genannt – ist der Mond. Der Erdtrabant, der mit dem Planeten Erde zusammen um die Sonne kreist, hat ebenfalls ein einziges Domizil, nämlich den Krebs. Er verkörpert den negativen Pol. Den Planeten aber wurden in der klassischen Astrologie zwei Domizile zugeordnet.

So steht es auch mit dem Planeten Mars, dem Herrn des Widder. Sein zweites Domizil liegt trigonal zum Krebs: der Skorpion, ein Wasserzeichen. Wie die Ecken eines gleichseitigen Dreiecks, so liegen die Zeichen desselben Elements zueinander, hier die drei negativ gepolten Wasserzeichen.

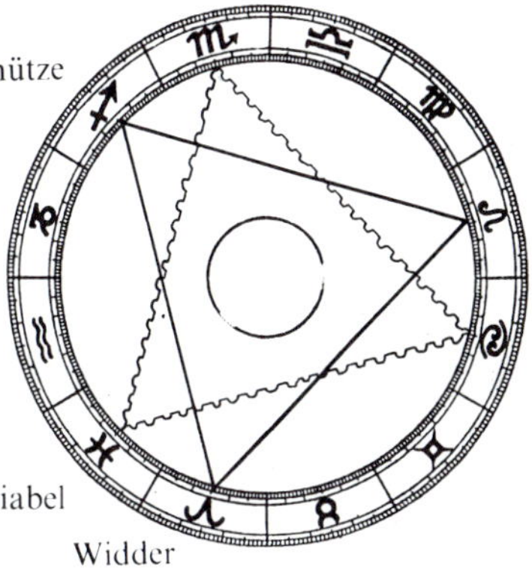

Abb. 15: Der Skorpion liegt quadratisch zum Löwen, ebenso wie der Krebs zum Widder; Krebs und Skorpion gehören dem Wassertrigon an.

4 DAS SKORPION-PRINZIP

In der uns umgebenden Natur zeigt sich das Skorpion-Prinzip als stehende Feuchtigkeit, wo Prozesse der Fäulnis ablaufen. Von Kleinstorganismen wird Abgestorbenes zersetzt. Doch Verwesung des einen bedeutet Lebensgrundlage für das Neue. Wie lange noch dauert es, bis die dunklen, fauligen Reste des Alten vergessen sind? Niemals läßt es sich verleugnen, daß die Wurzeln der jungen, neuen Lebenstriebe ihre Kraft aus Vorangegangenem, Zerfallenem gezogen haben. Umwandlung zum neuen Leben – das Alte ist überwunden! (*Abb. 16*)

Der Skorpion ist ein fixes Zeichen wie der Löwe; sein Element aber ist das Wasser, Wasser in Ruhe, stilles Wasser, kein Fließen. Stehendes Wasser, wie wir es in Teichen, Tümpeln und Sümpfen finden. Verwesung und Fäulnis. Zersetzend, doch fruchtbar ist das Prinzip des Skorpions. Denn dort, wo Organismen dem Zerfall anheimfallen, entsteht neues Leben. Umgewandelt werden verweste Zellen, neue Existenzen bauen sich auf.

Als Ausgangspunkt der Nahrungskette in der Natur nehmen die Sumpflandschaften der Erde eine ganz besondere Stellung ein. Neues Leben entsteht durch Umwandlung der gestorbenen Organismen. Tod und Leben – das scheint ein immerwährender Kreislauf zu sein. Auch der Mensch ernährt sich von organischer Substanz, von Tieren und Pflanzen.

Fruchtbare Zeichen sind Krebs und Löwe, ebenso wie Widder, das Symbol für treibende Lebenskraft; fruchtbar ist aber auch Skorpion, der Tod und Verwesung symbolisiert.

Hier, im Skorpion, ist die Marskraft eine andere als im Widder: nicht geradlinig feurig, vielmehr auf der Stelle wirkend, zersetzend, umwandelnd. Transformation, Metamorphose, Gestaltwandel sind die Begriffe, die dafür stehen. Der Planet, der dies eigentlich symbolisiert, ist Pluto, erst 1930 entdeckt. Er findet im Skorpion seine typische Wirkungsstätte; überall, wo chemische Vorgänge das Leben verändern, da wandelt »Pluto«.

Das Pluto-Skorpion-Prinzip ist keines, das Altes, Unbrauchbares zur Seite schiebt und Neues an seine Stelle setzt; es verwandelt das Alte ins Neue, bis in die letzte, kleinste Substanz hinein. Ungeheure Kräfte sind hier wirksam. Das sollten wir erkennen, wenn wir verstehen wollen, was in der Natur durch Metamorphose vor sich geht. Denken wir auch an den Schmetterling, der aus der Raupe entstand, oder – um bei stehenden Wassern zu bleiben – an alle Tiere, Insekten, Fliegen, die aus im Wasser lebenden Larven entschlüpft sind. Überall ist umwandelnde Kraft am Werk. Die vier Elemente scheinen sich hier zu durchmischen: zu Staub zerfallende Wesen (Erde); Gase (Luft), die den gärenden Stoffen entsteigen; Wärme, die dabei erzeugt wird; zersetzende Kleinstorganismen (Feuer) all dies ist nicht denkbar ohne den feuchten Lebensraum (Wasser).

In keinem anderen Zeichen wird die Durchmischung der Elemente so deutlich. Tiefgründig sind die Zusammenhänge des chemisch-alchemistischen Laboratoriums der Natur. Doch auch die anorganische Chemie bis hin zur Atomkernspaltung ist Werk des skopionisch-plutonischen Prinzips. Mächtiger als die Feuerkraft des Mars empfinden wir die umgestaltende Kraft, die Energiemengen im Höchstmaß freisetzt.

Auch auf der seelischen Ebene finden wir ähnliche Entsprechungen: Gärungsprozesse, undurchsichtige Emotionen und Triebe – und Leidenschaft, »Leiden-schaft«, im ursprünglichen Sinne des Wortes. Prozesse der Metamorphose, des Gestaltwandels, laufen auch in unserem Körper ab; denken wir an die Funktion der Darmflora und die inneren Vorgänge der Sexualorgane.

Mit zweifelnd, sezierend, tiefgründig, bohrend sind die skorpionischen Facetten des menschlichen Geistes zu umschreiben. Auch der Wille zur Wandlung, zur Weiterentwicklung ist damit angesprochen.

Feuchtes Milieu

Trockenheit würde das Ende der skorpionischen Prozesse bedeuten. Doch sogar ausgetrocknete Tümpel bergen noch Leben, verkapselte Organismen. Sumpflandschaften können nach langer Dürre wiedererwachen. Moore liegen schier reglos da, finster, undurchsichtig in der unergründlichen Tiefe. Und wen sie anlokken, der wird angezogen, hineingesogen, begraben. Untiefen scheinen vor uns zu liegen, getarnt durch verführerische Stille und Irrlichter.

Verräterische Stille

Kaum ein Kräuseln der Oberfläche, vielleicht ein kleines, müdes Blatt, das fast unmerklich, unbeweglich auf dem undurchsichtigen Wasser den Tod erwartet. Das Negativbild der Umwelt erscheint im erbarmungslosen Spiegel der stillen skorpionischen Wasserfläche. Er verrät, was sonst keiner sähe.

Gefährlicher Kampf um die Balance

Doch skorpionische Lebensräume können kippen ins stinkende Dunkel der vernichtenden Triebkräfte. Der »Fäulnisbringer« scheint mit Lust darin zu verharren. Zersetzungsprodukte des einen zerstören das andere. Es kann nichts werden. Behalten destruktive Mächte die Oberhand? Untergang von vielem! Es scheint der Kampf des Lebens schon verloren. Doch zeugende Kräfte versuchen sich, das Leben rührt sich. Fruchtbar wird, was aus Leichen von Pflanzen und Tieren besteht. Zeugende, marsianische Kräfte verwandeln plutonisch gestorbene Kreaturen in neue lebendige Keime.

Das Lebensrätsel

Wer bewirkt dieses Vergehen und Werden, wer kann den Tod wandeln ins neue Leben? Es sind nicht die gerade wirkenden Triebkräfte des Mars, es ist das auf der Stelle wirkende skorpionisch-plutonische Prinzip der Natur. Es beinhaltet das Geheimnis des immerwährenden Kreislaufs von Zerfall und Aufbau, von Tod und Neugeburt. Es berührt die Metaphysik des Lebens. Gibt es das individuelle Weiterleben nach dem Tod, gibt es die Wiedergeburt? Bedeutet Tod des einen Lebensboden des anderen? O erlaubter Zweifel! Selbstzerstörerische Prozesse scheinen auf Erden abzulaufen, Selbstaufgabe zugunsten des anderen – das Lebensrätsel!

Die Neugeburt

Was ging nicht alles einer neuen Geburt, einem neuen Aufwachen voraus? Bis hin zur betörend schönen Blüte. Prozesse des fortwährenden Gestaltwandels.

In edler Schönheit und Zartheit ersteht das Neue. Zur höchsten Vollendung hat »Skorpion« gewandelt, was vormals gestorben war.

Abb. 17: Dem darunterliegenden Wasser ist die dunkle Larve entstiegen. Ihr ist die neugeborene Libelle entschlüpft, die grazile, verwandelte Wasserjungfer.

Die Sonne im Skorpion

Mutet es nicht unheimlich an, wenn das Sonnenlicht eintaucht in ein Gemisch aus Fäulnis und Leben, in die Unterwelt der Seele? Seltsam, daß darüber eine Haut gespannt scheint, die die Umgebung schattenhaft spiegelt. Das Bild der wärmenden Sonne erzittert auf der Oberfläche durch die aufsteigenden Blasen der Gärung, die sie selbst entfacht hat.

Der Mond im Skorpion

Ein Fluß strömt ahnungslos in das skorpionisch dunkle Wasser hinein. Er will es durchfließen, doch seine Wasser verlieren sich und mischen sich mit den schon dagewesenen, stehenden. Sie können nicht weiter. Lange müssen sie warten, alle Prozesse müssen sie teilen. Erst später gelingt es vielleicht einem kleinen Teil der umgewandelten, gemischten Wasser, sich zu lösen und weiterzufließen.

*

Der Tod und die unbelebte Natur

Sterben, Vergehen, Zerfallen finden ihre Entsprechung im Skorpion-Prinzip. Viele persönliche Tode sind notwendig, damit anderes Leben fortbestehen kann. Tod ist nicht Endpunkt, sondern Zwischenstation. Denn das neue Leben baut darauf auf. Es ist der unabwendbare, überpersönliche Gang durch den Tod der gesamten belebten Natur, an deren Ende immer wieder Leben steht.

Anders erscheint uns der Tod im Hinblick auf eine bestimmte individuelle körperliche Existenz. Sie wird durch den Tod unwiederbringlich vernichtet.

In der astrologischen Überlieferung gilt der Planet Saturn als der lebensverneinende Planet, »Der große Übeltäter« ward er genannt, mit dem persönlichen Tod wurde er verglichen: Schnitter, Knochenmann, der Lebenskraft hinderlich, dem Glück abhold; Schwere, Mühsal, Krankheit und Not. Zwei Tierkreiszeichen waren ihm zugeteilt: der Steinbock und der Wassermann, die im Tierkreis nebeneinander liegen. Der Steinbock liegt dem Krebs gegenüber, der Wassermann dem Löwen. Saturn, ihr beider Herr, erscheint so als Gegenspieler der beiden Lichter Sonne und Mond.

Doch Steinbock und Wassermann sind gänzlich verschieden: Der Steinbock ist ein Erdzeichen, der Wassermann aber ein Luftzeichen. Und doch bezeichnen beide innerhalb der gesamten Natur, des Organismus Erde, Bereiche, in denen Leben nicht möglich ist. Sie haben zwar auch ihre Funktion in lebenden Organismen, sind aber an sich lebensfremde Prinzipien. Steinbock und Wassermann repräsentieren die unbelebte Natur.

Im Jahre 1781 wurde Uranus, der erste Transsaturnier entdeckt, der Planet, der nach dem Saturn die nächst größere Umlaufbahn um die Sonne hat. Bis dahin bildete Saturn die Grenze unseres Sonnensystems. Der Wassermann ist das Tierkreiszeichen, das dem Uranus in Farbe und Wesen am meisten entspricht. Saturn korrespondiert am stärksten mit dem Steinbock. Dieser muß als das eigentliche Domizil des Saturn angesehen werden.

Die Opposition

Dieser Begriff bedeutet soviel wie Gegenschein. Damit ist der 180°-Winkel gemeint. Zwei Planeten, von denen der eine zum Beispiel in 15° Krebs und der andere in 15° Steinbock stehen, sind in Opposition.

Die Opposition hat einen Orbis bis zu 8°, das heißt, sie wirkt im Umkreis von 8° nach jeder Seite. Der Mond in 15° Krebs beispielsweise steht zur Sonne in 7° Steinbock schon in Opposition, aber zur Sonne in 23° Steinbock noch in Opposition. Sonne Opposition Mond sehen wir auf der Erde als Vollmond. Denn die Sonne steht dann auf der dem Mond gegenüberliegenden Seite der Erde. So bescheint sie die der Erde zugewandte Mondseite. Die Opposition ist ein spannungsreicher Aspekt. Er verlangt aktive Verwirklichung, soll er nicht destruktiv für den Betreffenden sein.

Das Tierkreiszeichen, das zu einem anderen in Opposition steht, drückt das Gegenteil zu diesem aus. Es kommt darin jedoch nicht nur etwas Gegensätzliches zum Ausdruck, sondern auch etwas Ergänzendes. Gemeinsam ist den gegenüberliegenden Zeichen die Polarität. Krebs und Steinbock sind beides negative bzw. Minus-Zeichen.

Das Gegenteil von fließend (Krebs) ist fest (Steinbock), von verflüssigend härtend. So haben wir in Mond und Saturn Gegenspieler, die den Grad von Feuchtigkeit und Trockenheit, von Plastizität und Massivität regeln, von nach außen aufweichend und nach innen verhärtend. Sie sind fundamentale und wichtige Gegensätze oder besser Gegen-Teile.

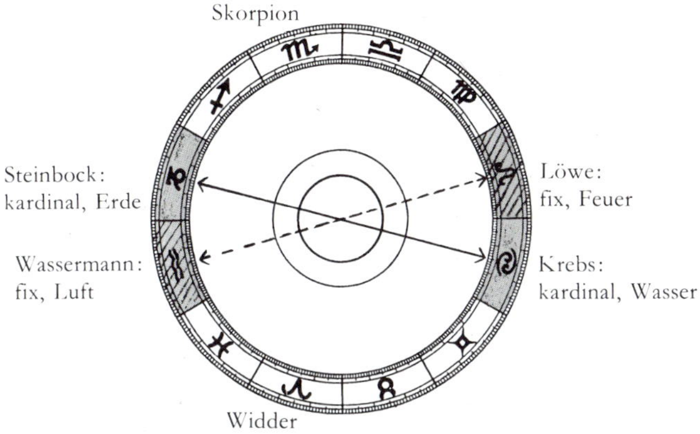

Abb. 18: Zwei Beispiele für »Oppositionen«: Steinbock und Krebs, Löwe und Wassermann stehen im Tierkreis zueinander in einem Winkel von 180°. Gegenüberliegende Zeichen stehen für wirkliche Gegen-Teile, die innere Ähnlichkeiten und Gemeinsamkeiten aufweisen.

5 DAS STEINBOCK-PRINZIP

Der Steinbock, Klettertier der Hochgebirge, ist Bewohner der harten, kalten Felsen. Nach ihm ist das kardinale Tierkreiszeichen des Erd-Elements benannt, das dem Saturn untersteht. Formgebende Verfestigung der Stoffe ist sein Prinzip: Ordnung im Aufbau bis hin zur klaren kristallinen Struktur. (*Abb. 19*)

Kardinal, Erde: das sind die Schlüsselbegriffe, die das Steinbock-Prinzip kennzeichnen. Doch wie können beide überhaupt zusammenwirken? Das Element Erde entspricht dem festen Aggregatzustand. Wie kann da noch eine kardinale Bewegungsform möglich sein? Im Steinbock geht diese Bewegung nach innen: Zusammenziehen zu einem inneren Punkt hin, Verfestigung bis zur Starre, Unbeweglichkeit, Kontraktion. Lava erkaltet. In Tropfsteinhöhlen bilden sich Stalagmiten und Stalagtiten. Kristalle wachsen in Drusen.

Doch denken wir daran, welch gewaltige Zeiträume vonnöten waren, bis diese Festigkeit erreicht war! Saturn, Chronos, der Vater der Zeiten – er frißt seine eigenen Kinder.

Wo sich die Erde verfestigt, da scheidet sie Luftiges und Wässriges ab. Damit geht Abkühlung einher. Das Steinbock-Prinzip wirkt zusammenziehend und läßt Andersartigem keinen Lebensraum übrig. Feste Formen mit klaren Konturen haben sich gebildet. Jedes Gestein trägt diesen Steinbock-Charakter.

Aber sind es nicht gerade diese toten, steinernen oder kristallinen Gebilde, die uns an lebendige Wesen erinnern? Sehen wir

Abb. 20: Jeder lebendige Körper braucht das Prinzip von Formgebung und Struktur; auch das Skelett steht in Analogie zu Saturn.

nicht, in welcher Schönheit Kristalle im Licht der Sonne erstrahlen – als seien sie doch irgendwie eigenständige Organismen?

Als solche werden sie in der Astrologie auch behandelt. Edelsteintabellen gibt es, in denen die einzelnen Steine bestimmten astrologischen Prinzipien zugeordnet werden: die Diamanten und der Rubin Sonne und Mars, der Aquamarin dem Mond, der Onyx dem Saturn, um nur einige zu nennen. Viele Zuordnungen der Edelsteine sind auch von ihrer Farbe abhängig (siehe dazu Kapitel »Die Welt der Minerale«, Seite 198).

Die klare, abgegrenzte Form ist es, die die Verwandtschaft von Stein zu lebendigen Strukturen herstellt. So gesehen hat überhaupt jede Gestalt eine Analogie zum verfestigenden, formbringenden Saturn.

Das Steinbock-Prinzip im Lebendigen

Auch lebende Organismen brauchen den Vorgang des Verfestigens. Die Bildung der Form, die Existenz (existere = heraustreten) in der Urbedeutung des Wortes, entspricht diesem Prinzip. Das Skelett oder Gerippe von Pflanze, Tier und Mensch, der Knochenbau, die Zellbildung, Horn- und Knorpelbildung, der Kalkstoffwechsel, die Zähne, all dies ist dem Saturn zugeordnet, dem Planeten, der im Steinbock sein eigentliches Domizil hat. Er bildet den Gegenpol zum Mond, der das Krebs-Prinzip verkörpert. Denn der Steinbock liegt dem Krebs gegenüber. Die Balance dieser beiden Gegenspieler Mond und Saturn ist von besonderer Wichtigkeit. Wie bedeutsam ist das Fließen und Verfestigen an der richtigen Stelle, Geschmeidigkeit und Halt! Von welcher Gefahr ist, wenn austrocknet, was feucht sein soll, wenn aufweicht, wo Stabilität vonnöten ist!

Das Wollen richtet Saturn auf Sicherheit und Verankerung in der Materie; nicht selten tut er dies durch lauernde Ängste, Urängste, die uns vor Leichtsinnigkeiten bewahren. Auch seelisch sucht dieses Prinzip Stabilität und Festigkeit; Ausdauer und Geduld sind seine Tugenden. Auskristallisieren des Erlebten, Reife, Erfahrung – die Zeit bringt sie.

Das Langzeitgedächtnis entspricht dem Steinbock-Prinzip im menschlichen Geist. Auch die Konzentration gehört hierher, das bewußt gelenkte, geradlinig nach innen, auf einen Punkt gerichtete Denken. Sachlichkeit, Realitätsbezogenheit, Prinzipien, Konsequenz und auch die Übersteigerung davon, nämlich Dogmatismus sind mit Saturn zu verbinden.

Saturn, »Hüter der Schwelle« genannt, läßt das Seelenhafte nicht in die Erdmaterie hinein. Er zieht eine Grenzlinie zu allem Jenseitigen, bewahrt so aber auch das Transzendente vor der Materie. Wo der Mensch das Diesseits in seiner Begrenzung erkennt, können sich Spiritualität und Weisheit entwickeln, die höchsten Entsprechungen des Saturn, der als »Hüter der Schwelle« die geistige Welt von der materiellen abgrenzt. Der mit Saturn verwandte Gott Janus, römischer Gott der Pforten und aller Durchgänge (lat. *ianua* = Tür), hat zwei Gesichter: Der Januskopf schaut hinein und hinaus. Nach ihm ist Januar, der erste Monat des Jahres, benannt, in dem die Sonne im Steinbock steht. Janus heißt auch der 1966 entdeckte innere Mond des Planeten Saturn.

Die Materialität der Dinge mit ihren Gesetzen und ihrem Druck auf uns, die Realität, der wir uns beugen müssen, diese Schwere ist der Grund, warum wir dieses Prinzip oft so erdrükkend erfahren, und warum dieses bitternotwendige Saturn- Steinbock-Prinzip in der traditionellen Astrologie so verteufelt wurde.

Zur Wahrnehmung von Pflichten, zur Übernahme von Verantwortung mahnt die saturnale Gewissens-Stimme.

Versteinerung

Der »Atlas« der griechischen Sage,
der das Gewölbe des Himmels trägt –
sein Schicksal war,
zum Gebirge versteinert zu werden.
Versteinerung, Kraft, die, nach innen gerichtet,
das Fremde abscheidet.
Druck, größter Druck, der auch Pflanze und Tier
zu Stein werden läßt.

Erkaltete Erdkruste, aufgefaltet
zu riesigen Gebirgen, vergletscherten Massiven.

Atlas,
dessen Schicksal es ist,
auf »ewige« Zeiten
das Gewölbe des Himmels zu tragen.
Er schützt uns
und nimmt das Notwendige auf sich;
er hält auseinander,
was nicht zusammen- und ineinanderstürzen darf,
er trennt den Himmel
von der Erde.

Hart und festgefügt

Hart ist der über die Zeiten gewachsene Kristall.
Von innerer Ordnung und klarem Aufbau geprägt,
hat sich nach festem Plan Form gebildet.
Tetraeder, Oktaeder, klare Kanten,
kein Stäubchen »fällt« aus der festgelegten Struktur.
Abgestoßen wurde, was nicht dazugehörte.
Dem Eindringen eines anderen sind Grenzen gesetzt.
Sicher gegen Bedrohung.
Uneinnehmbar.

Unbeweglich müssen die Bestandteile verharren,
Grenzen innerer Spannung sind ihnen gesetzt.
Es gibt kein Entweichen.
Stabilität und Macht strahlt er aus, der harte Stein.
Aber woraus er entstammt, das muß er bleiben.
Wir »sehen« kein Wachsen, kein Werden.
Doch über die Zeiten wurde er perfekt,
klarer und härter,
auskristallisiert.

Macht und Sicherheit

Was wären wir ohne steinerne Wälle? – Schutzlos ohne Haus!
Was wären wir ohne steinerne Widerstände? – Schwach, ohne hämmernden Schlag!
Was wären wir ohne steinerne Fundamente? – Klein, ohne Aufbau!

Abb. 21: Zu kristallinen Gebilden verfestigt sich das fließend Mond-hafte im Steinbock.

Der Mond mit dem Ausdruck des Steinbocks

Der Mond in seinem Gegenzeichen: Es erstarrt, was sonst geflossen ist. Bricht die Kälte des nordischen Winters herein, friert das Wasser selbst dort, wo es senkrecht zur Tiefe stürzt. Das fließende Element – es wird zu kristall'nen Gebilden.

Die Sonne mit dem Ausdruck des Steinbocks

Wie in Staatsverbänden leben die Korallen. In Kolonien bevölkern sie den Grund des Meeres, als steinerne Strukturen wachsen sie aus seinen Tiefen. Belebter Stein? Auf zurückgelassenen Wohnungen wachsen Riffe weiter nach oben, in allen Farben. Neues Land entsteht, neue Lebensräume erwachen im Laufe der Zeiten.

Der Mars mit dem Ausdruck des Steinbocks

Mars mit seiner vordrängenden Feuerkraft zwängt sich durch hartes Gestein. Es ist die Explosivkraft des brennenden Erdinnern, wenn Magma nach außen tritt, wenn Vulkane ausbrechen. Feurige Lava, die wieder erkaltet – das ist dann der Sieg des Saturn über den Mars.

Land ist entstanden, fest, noch tot. Ein Bollwerk gegen anstürmende Meere. Den Widersachern, den Elementen als Hindernis entgegentretend. Doch die anderen Kräfte – sie schärfen sich an der Härte des Steins. Eines Tages wird ein austreibender Keim den Felsen beleben – der Sieg des Mars.

Im dramatischen Widerstreit der tektonischen Kräfte sind es Saturn und Mars (auch Pluto), die die Erde erbeben lassen, kardinale Kräfte von Feuer und Erde.

Das Pluto-Skorpion-Prinzip mit dem Ausdruck des Steinbocks

Steht das Element Wasser nicht für den flüssigen Zustand – also auch für die heiße Schmelze des Erdinnern? Ja, der skorpionische Pluto ist der Herr der Unterwelt, des Magmas der Erde, Gesteinsschmelze, mit Wassern und Gasen durchsetzt. Der Plutonismus ist tatsächlich auch geologisch die »Tätigkeit der wasserführenden Schmelzen« (im Gegensatz zum marsianischen Vulkanismus: der Tätigkeit der wasserarmen Schmelzen). In sich abgeschlossen verharrt das Magma im Innern der Erde. Aber unerträglicher Druck der Erdkruste, der Gebirgsmassive rüttelt die schlummernden Plutomächte wach. Sinkende Erdkruste schmilzt, Magma drückt sich nach oben, erstarrt, kristallisiert. Anderswo scheiden sich drückende heiße Gase ab, und mit dem »Feuer des Mars« bricht die Unterwelt des Pluto hervor. Wüßten wir sonst von ihm?

*

Nomen est omen

Ähnelt das Prinzip des Planeten Pluto, 1930 entdeckt, nicht dem Gott Pluto der griechischen Mythologie? Er, neben Hades Herr der Unterwelt, galt bei den Römern auch als Gott für Wachstum und Reichtum der Bodenschätze.

Tatsächlich ist die Erde dort, wo ihr Inneres nach außen trat, fruchtbar, voller Mineralien und reich an Bodenschätzen. Der Plutonismus ist wirklich die »kochende Suppe« der Minerale. Auch das Erdöl, das »schwarze Gold«, steht in Analogie zum Reichtum des Pluto.

Mars, der römische Kriegsgott, ist auch astrologisch der Herr von Feuer und Schwert.

Wie ist es denn möglich, daß den Planeten Namen zugeteilt wurden, die ihrem »Charakter« entsprechen? Ist das Zufall?

Wir sprechen hier eine fundamentale Frage der Astrologie an. Neben der reinen Zeitmessung, der Quantität der Zeit, kennt sie auch die Qualität der Zeit. Ein Zeitpunkt, zum Beispiel die Geburtszeit, ist von einer ganz bestimmten Beschaffenheit: Er ist »kosmisch gefärbt«, oder, um einen anderen Vergleich zu wählen, befindet sich in einem bestimmten Schwingungszustand.

Wir alle wissen anscheinend um die Qualität der Zeit, wenn wir sagen: »Die Zeit ist noch nicht reif für...« Auch sagte Jesus: »Meine Zeit ist noch nicht gekommen«. Es gibt eine individuelle Qualität der Zeit, die bezogen auf ein Individuum eine besondere Bedeutung haben kann. Auch mundan kann man von allgemeinen Zeitströmungen sprechen, von geschichtlichen Epochen, von verschieden gearteten Generationen, von Zeitgeist und Trends.

Es kann sich nur dann etwas ereignen, wenn dies in einem entsprechenden Verhältnis zum jeweiligen Zeitraum steht. Wir wissen, daß schon oft bestimmte Entdeckungen fast gleichzeitig von verschiedenen Forschern gemacht wurden – als hätte etwas »in der Luft gelegen«. Den Zufall gibt es, astrologisch gesehen, in seiner wörtlichen Bedeutung als »Zu-Fall«.

Wen wundert es da noch, daß Pluto 1930, acht Jahre vor der ersten Atomkernspaltung, entdeckt wurde? 1938 gelang erstmals die skorpionisch-plutonische Umwandlung eines Elements in andere: des Urans, das letztlich zu Blei wird. Plutonium taucht in dieser Spaltungskette auf, ein Element, das bevorzugt in der Atomforschung verwendet wird.

Uranus wurde 1781 entdeckt. Es ist der Planet, der heute als Herr des Wassermanns gilt. Uranus ist der himmlische Wassermann, dessen Symbol ≈, zwei elektromagnetische Wellen darstellt. Friedrich Wilhelm Herschel fand Uranus zur selben Zeit, als sich die mathematische Elektrizitätslehre entwickelte. Die Französische Revolution begann 1789 – mit »uranischen« Inhalten. Das Uranus-Wassermann-Prinzip lag sozusagen in der Luft. »Zufällig« erhielt der Planet Uranus im Laufe der Zeit den Namen, der seinem »Charakter« entspricht. Ursprünglich trug er den Namen seines Entdeckers Herschel.

Die Intuition ist der stille Helfer für derartige Übereinstimmungen und Entsprechungen, Helfer des Zu-Falls.

Bei den Griechen galt Uranos als der Gott des Himmels. Er ist Vater des Chronos. (Diesem entspricht der römische Saturn).

Eine der neun Musen, Schutzgöttinnen der Künste und Wissenschaften, ist nach ihm benannt: Urania, die Muse der Sternkunde. Auch die Astrologie hat ihre eigene Entsprechung zu dem Planeten Uranus erkannt, dem Gott des Himmels, dem luftigen Geist der Intuition.

Die Reihenfolge der Elemente im Tierkreis

Warum eigentlich folgt dem Feuerzeichen das Erdzeichen, warum steht nach Erde Luft, warum das Wasser vor dem Feuer?

Verständlich wäre gemäß den Aggregatzuständen doch eher die Reihenfolge Erde – Wasser – Luft – Feuer. Versuchen wir, den tieferen Sinn darin zu erkennen.

Feuer, das Symbol für den »Lebensgeist«, hat als das unerklärliche Lebensprinzip wohl den größten Abstand zur Erde, der reinen Stofflichkeit. Feuer und Erde stehen auch im Tierkreis am weistesten voneinander weg und doch direkt nebeneinander. Denn »Lebensgeist« manifestiert sich in der Stofflichkeit.

Hat denn Materie keinen Geist? Allein die Idee der Materie, daß sie existiert, also ihr geistiges Abbild, ist doch Geist!

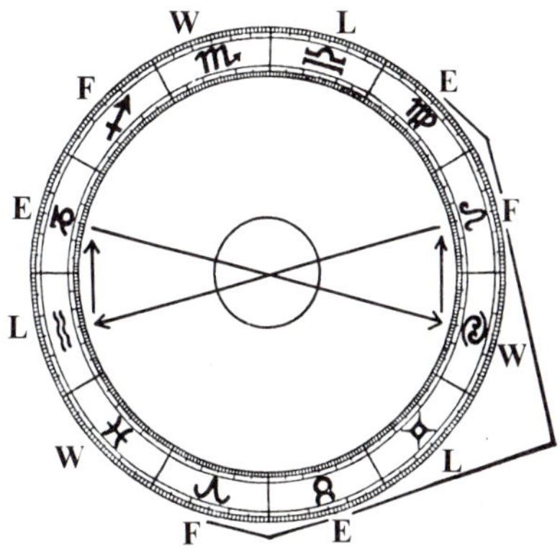

Abb. 22: Die Elemente Feuer (F) und Erde (E) haben sich die Bindeglieder Luft (L) und Wasser (W) geschaffen. Feuer streckt seinen geistigen Arm (Luft) zur Erde aus; in der schlafenden Erde keimt eine traumhafte Ahnung (Wasser) vom Geiste auf.

Der Begriff »Geist« wird in verschiedenem Sinne gebraucht. Höchster Geist (Gott) bedeutet allumfassende Ordnung, Plan, Idee, das völlig Unfaßbare, Unendlichkeit und Ewigkeit. Das liegt sicher allem zugrunde, auch wenn wir wieder zwischen den vier Existenzebenen differenzieren: Es ist das »Alles in Jedem«, das im Großen wie im Kleinen, im Makro- wie im Mikro-Kosmos gegenwärtig ist, und das an die Grenzen menschlichen Verstehens stößt.

Der »Lebensgeist«, das Feuer, ist das geistige Prinzip, das sich mit der Materie verbindet. Hier verwenden wir den Begriff »Geist« in seiner zweiten Bedeutung: Geist, der die Gestalt der Materie annimmt. Feuer und Erde haben sich in der belebten Natur miteinander verbunden. Sie liegen im Tierkreis neben- und auseinander und haben sich dazwischen die Bindeglieder Luft und Wasser geschaffen.

Luft und Wasser sind die Arme, die Materie und Lebensgeist einander entgegenstrecken, um so im Laufe der Evolution einander zu finden, über die Flora (Wasser) bis hin zum denkenden Menschen (Luft) auf seiner höchsten Entwicklungsstufe.

Die Materie (Erde) ist sich ihrer selbst noch nicht bewußt. Sie streckt einen Arm aus – dem Lebensgeist entgegen. Es ist die Unbewußtheit, die sich langsam differenzieren will. Aus tiefem Schlummer wacht eine träumerische Ahnung (Wasser) vom Geiste auf: Instinkte, Gefühle, Seele, noch eng mit dem stofflichen Leib verbunden. So liegen die Wasserzeichen vor dem Feuer, der Krebs vor dem Löwen.

Aber auch der belebende Geist (Feuer) will erkannt werden, will sich ganz in die Materie versenken. Auch er streckt einen Arm zur Erde aus; gemeint ist die Ebene des Denkens (Luft), der Verstandestätigkeit. Sie gibt uns die Möglichkeit, des Lebens bewußt zu sein: Bewußtsein, denkender Geist. Und hier verwenden wir den Begriff Geist in einem dritten Sinne, als denkendes Wachbewußtsein.

Auch die Betrachtung der gegenüberliegenden Elemente Feuer/Luft und Erde/Wasser erhellt den Werdegang. Das Erdzeichen Steinbock, Symbol des unbelebten Felsens, streckt seinen Arm dem Krebs, dem unbewußten Sein, dem pflanzlichen Leben, den Instinkten und Gefühlen entgegen; so nähert er sich dem Feuerzeichen Löwe. Der Löwe, Symbol des Lebens, sendet seine Strahlen zum Wassermann, um die Materie (Steinbock) aus tiefem Schlaf aufzuwecken. Wassermann ist Nachbar zum Steinbock und ebenfalls Symbol der »unbelebten« Natur; denn in ihm hat sich das Lebensprinzip (Sonne) noch nicht mit der Materie verbunden. Seine luftige Geistigkeit schwebt noch über der Erde. Er wartet auf den menschlichen Geist, der ihm entgegenkommen muß.

6 DAS WASSERMANN-PRINZIP

»Wassermann« ist nicht der Herr des Wassers, er ist Herr des himmlischen Ozeans, des Firmaments. Die Astrologen nennen dieses Tierkreiszeichen ein »festes Luftzeichen«. Wo aber ist die Luft »fest«, also in einem relativ ruhigen Zustand? Es sind die ganz hohen atmosphärischen Schichten, die das Wassermann-Zeichen in der Natur symbolisiert. Elektrisch geladen ist diese Sphäre, auch Ionosphäre genannt. Durch Blitze tritt für uns dieses Reich zuweilen in Erscheinung, ähnlich den ungebundenen Ideen und Gedankenblitzen, die in unserem Bewußtsein plötzlich aufleuchten. (*Abb. 23*)

Dem lebensnahen Löwen gegenüber liegt das zweite saturnische Zeichen: der lebensferne Wassermann.

Luft, fix sind die Stichworte. Wo ist diese stabile, fixe »Luft«, wo sind Gase in schwebender Ruhe? In den hohen Schichten der Erdatmosphäre, fernab vom belebten Luftraum, in der Heterosphäre, finden wir diese Ruhe der atmosphärischen Schichten – ganz im Gegensatz zur Homosphäre, in der sich die Gase andauernd durchmischen. Elektrisch geladen sind die übereinandergelagerten Gase in dieser Sphäre, auch als Ionosphäre bekannt.

Aufladung und Spannung sind Entsprechungen des Wassermanns, dessen Symbol ≈ zwei Wellenlinien sind – elektromagnetische Wellen! Wassermann ist Herr des luftigen himmlischen Meeres, des Firmaments. Uranus entspricht diesem Prinzip. Saturnisch ist allenfalls die Unbewohnbarkeit dieses fernen, luftigen Elements. Nichts hat sich dort angesiedelt. Oder doch? Satelliten, technische Wunderwerke des menschlichen Geistes? Technik, ganz allgemein, entspricht auch dem uranischen Prinzip.

So lebensfern dieser Raum auch ist, so notwendig brauchen wir sein Prinzip. Gepolt ist alles, jedes Molekül ist geladen, plus oder minus. Die Sonnenstrahlung (das Löwe-Prinzip) ist es, die dies bewirkt. Löwe, das Prinzip von Wärme und Licht, findet seinen Gegenpol im Wassermann, der elektrischen Aufladung. Lebloses Saturn-Uranus-Prinzip? Es steht für die notwendigen Aufbaukräfte der Materie, auf die das Leben zurückgreifen kann. Ohne »Pole« gäbe es keine zusammenhängende Form, keine Struktur. Ist nicht auch der Kristall dem Wassermann verwandt? Gitternetzartig ist er aufgebaut, uranisch wird er zusammengehalten. Schafft, so gesehen, nicht auch Wassermann eine Form? Nein, nicht ohne ordnendes Steinbock-Prinzip! Ladungen schwirren umher, spalten. Blitze entstehen durch die Aufladung der Atmosphäre. »Zünden« kann Wassermann.

Wie Blitze aus heiterem Himmel, so tritt er als Prinzip in den menschlichen Geist, in unser Bewußtsein. Intuitiv tauchen Gedankenblitze, Ideen, in unserem beschränkten Horizont auf. Revolutionäre Einfälle lösen Bekanntes ab, Grenzen werden gesprengt. Wo sind da saturnisches Maß und Grenze? Einzig die Abstraktionsfähigkeit und die abstrakte Systematik lassen im menschlichen Geist beides erkennen. In den Höhen reiner Geistigkeit verharrend, frei von störenden Nebengedanken, die aus Emotion und Bedürfnis gespeist werden, frei von irdischen Belangen, da kann sich das uranische Wassermann-Prinzip entfalten. Die geistige Ebene der menschlichen Existenz hat die stärkste Entsprechung zur »Luft«. Wassermann schwebt in höheren Regionen. Uranos – Gott des Himmels – sein Prinzip ist die Erdenferne, wo sich oft irrational, ohne Boden, das Neue entwickelt – als Gedankengebäude, spekulative Theorie oder Hypothese, unbelastet vom Althergebrachten, Bekannten. Uranus wandelt nicht, wie Pluto, das Alte ins Neue – er schiebt das Alte beiseite und setzt Neues an seine Stelle. Nicht in Metamorphose, eher in Mutation besteht sein biologisches Wirken. Genetische Veränderungen treten oft unvermittelt auf; eine neue Spezies ist entstanden – ein Sprung in der Evolution vollzogen.

Im Bereich des Organischen entspricht dem Wassermann-Prinzip die Reiz- und Informationsübertragung im Nerven-System einschließlich des Gehirns. Durch das Elektro-Enzephalogramm (EEG), eine uranische Erfindung, lassen sich die Gehirnströme aufzeichnen. Uranus läßt die Seele sich spontan und sprunghaft entzünden, offen für neue Erfahrungen und prickelnde Spannung. Das Wassermann-Prinzip des Gemüts ist Faszinationsbereitschaft. Als unbestimmter, unbewußter Drang zum Neuen äußert sich Uranus im menschlichen Willen.

Ionosphäre

Ionosphäre ist eine von drei Bezeichnungen und Kennzeichnungen der oberen irdischen Atmosphäre. Thermosphäre meint Bewegung der einzelnen Teilchen, Heterosphäre Trennung der verschiedenen Gase, Ionosphäre meint Aufladung. Sonnenstrahlung hat sie geladen. In ihr herrschen andere Gesetze als die uns geläufigen der Neutrosphäre, die bis in eine Höhe von 80 Kilometer reicht. Wichtiger sind dort oben der Erdmagnetismus und die atmosphärischen Gezeiten. Reflexionen elektromagnetischer Wellen machen die weltweite Ausbreitung von Radio-, besonders der Kurzwellen, möglich. Eine andere Welt! Doch der Mensch hat begonnen, ihre Gesetze zu erlernen und technisch zu nutzen. Ganz anders in der darunterliegenden Homosphäre, die bis in eine Höhe von 100 Kilometer reicht: Hier beherrschen Winde die Lüfte; sie durchmischen die Gase und bringen die einen mit den anderen in Kontakt.

Geheimnisvoll die Zwischenzone zwischen Homo- und Heterosphäre. Ungeklärt wechseln extreme Turbulenzen mit Räumen der Stille! In der Höhe des Himmels, der Heterosphäre, ist voneinander getrennt, was nicht zusammengehört; da ist System. Gleiches gesellt sich zu Gleichem!

Thermosphäre

»Heiß« ist es in himmlischen Höhen, heißer, je höher wir steigen, 200 Kilometer hoch, 500 Kilometer, bis hinein in die Exosphäre, 2 000 Kilometer hoch, wo Teilchen – langsam der Schwerkraft der Erde entrückt – in die Tiefe des himmlischen Raums eintauchen. Fremde Teilchen aus dem All gliedern sich dieser Sphäre an. Einige umkreisen magnetisiert im Van-Allen-Gürtel die Erde. Die Temperatur von 1 000 Grad Celsius bedeutet kinetische Energie, Bewegung, sie sagt nichts mehr über die »Wärme« aus. Abstrakt ist dieser Gedanke, fremd für uns.

Heterosphäre

Bewegung der Teilchen ja, doch Durchmischung gibt es hier keine mehr. Geordnet »liegen« die schweren Gase unten, die leichteren in Schichten darüber.

Sonne im Wassermann

Lebensfremd mutet es an, wenn die Sonne im Wassermann steht. Sonnenkraft der großen Höhen, ultraviolettes Licht, kurzwellige

Strahlen bis in den Röntgenbereich hinein und darüber hinaus: Unsichtbare Kräfte, die uns neue technische Möglichkeiten erschlossen haben.

Uranus im Löwen

Die Ionosphäre strahlt. Das Polarlicht des Nordens läßt die hohen Sphären in Farben aufleuchten. Da ist Uranus voll Sonnenimpuls, da zieht der magnetische Pol der Erde »Sonnenteilchen« an. Belebt, voller Farben erleben wir die fremde Sphäre, aufleuchtend im nächtlichen Dunkel.

Mond im Wassermann

Das Nachtlicht ist voll knisternder Spannung; dunkel fließt der Strom in seinem Bett. Doch Gewitter begleiten seinen Lauf. In seltsamen Farben leuchtet er auf unter zuckenden Blitzen. »Magisch« werden sie angezogen vom Lauf der Wasser. Faszinierend ist das Geschehen.

Uranus im Krebs

Eine ganze Generation, die zwischen Juni 1949 und Mai 1956 geboren wurde, hat diesen wäßrigen Uranus. Wasser zieht die uranischen Gedankenblitze an; das kommt dem Herrn von Wassermann entgegen, der seine Wellen (≈) in das Bett des fließenden Baches entläßt. Jetzt sind sie da, die unerklärlichen neuen Impulse! Spannungsgeladen ist das Verhältnis dieser Generation zu ihrem (auch geistigen) Zuhause, dem Bett, in das sie hineingeboren wurde. Ganz neue Wege bahnt sich dieser Fluß – doch auch zu einem Ziel hin.

*

Um 150 vor Christus erkannte der Grieche Hipparch von Nikäa, daß der Frühlingspunkt im realen Sternbilderkreis zurückwandert. Hipparch hatte die sogenannte Präzession entdeckt: Die Erdachse vollführt eine Kreiselbewegung. Eine Schwingung dauert rund 25 700 Jahre. In dieser Zeit wandert der Frühlingspunkt, also 0 Grad Widder des Tierkreises, scheinbar rückwärts durch den gesamten Sternbilderkreis, der ja aus realen Sternen besteht. Ungefähr 2 100 Jahre dauert der Durchgang des Frühlingspunktes durch ein Sternbild.

Die Anfänge der abendländischen Astrologie reichen mindestens in das dritte Jahrtausend vor Christus zurück. Die Babylonier begannen, Sternhaufen zu Bildern zusammenzufassen und gaben ihnen symbolische Namen, die die Sternbilder mit wenigen Ausnahmen auch heute noch tragen und die später auf die Tierkreiszeichen übergegangen sind. Nach unseren Kenntnissen betrieben sie eine Astrologie, die auf realen Sternbildern basierte. Erst um Christi Geburt sonderte sich unser Tierkreis ab, der durch das Erd-Sonne-Verhältnis definiert ist. Nicht lange vor Christi Geburt soll das Fische-Zeitalter angebrochen sein, das heißt, der Frühlingspunkt war in das Sternbild Fische eingetreten.

Viele Astrologen vertreten die Auffassung, daß die Sternenhaufen in der Ekliptik nicht willkürlich zu Bildern zusammengefaßt worden sind, sondern intuitiv, »zu-fällig« sinnvoll. Obwohl Sternbilder unterschiedliche Ausdehnung am Himmel haben, soll ihre Bedeutung den zwölf Tierkreisprinzipien analog sein. Manches spricht für diese Ansicht, wenn man versucht, die Frühgeschichte des Menschen in Epochen gemäß den Sternbildern einzuteilen[12]. Die Übergänge von einer Epoche zur anderen sind fließend, entsprechend den Überlappungen der einzelnen Sternbilder. Und sie sind unterschiedlich groß – ganz im Gegensatz zu den Tierkreiszeichen. Durchschnittlich 2 100 Jahre dauert die Verschiebung des Tierkreises um ein Sternbild.

Die Menschen vor 2 000 Jahren wußten um den Anbruch eines neuen Zeitalters. Das Symbol der Urchristen, der Fisch, könnte darin seinen Ursprung haben.

Heute stehen wir im Übergang von den Fischen zum Wassermann, das heißt, der Frühlingspunkt steht im Übergang dieser beiden Sternbilder. Einige Astrologen meinen, das Wassermann-Zeitalter habe schon begonnen, andere verlegen den Beginn auf einen späteren Zeitpunkt, sogar erst auf das Jahr 2 100.

Wie auch immer man zur astrologischen Zeitalterlehre stehen mag, wir heutigen Menschen müssen das Beste aus unserer Lage machen, unabhängig davon, ob – vielleicht unter Schmerzen – ein Zeitalter zu Ende geht und ein neues besseres (?) kommen wird oder ein neues schwieriges (?) schon begonnen hat.

Zwei Venuszeichen und die »Domizilachse«

Das kardinale Luftzeichen, die Waage, und das fixe Erdzeichen, der Stier, sind die beiden Domizile der Venus. Im Verhältnis zu Steinbock und Wassermann liegen sie so wie der Widder und der Skorpion zu Löwe und Krebs. Waage und Wassermann gehören dem Lufttrigon an, Stier und Steinbock dem Erdtrigon.

Mit Stier und Waage haben wir alle kardinalen und fixen Zeichen behandelt. Die vier fehlenden Zeichen gehören dem variablen Kreuz an (Zwillinge, Jungfrau, Schütze, Fische).

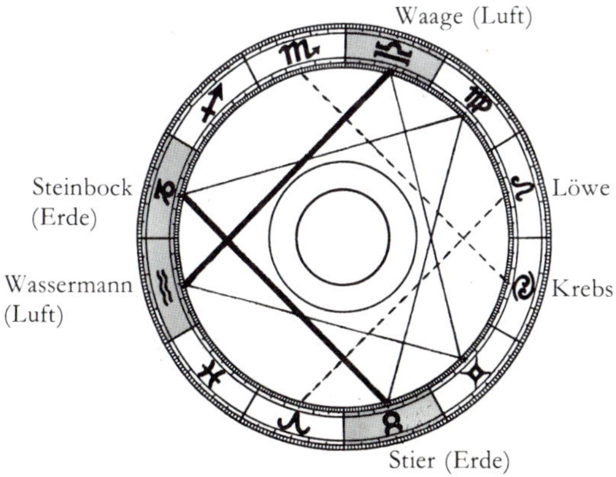

Abb. 24: Das Tierkreiszeichen Waage liegt trigonal zum Wassermann, ebenso wie der Stier zum Steinbock.

Krebs und Löwe sind die beiden Kern-Zeichen des Tierkreises; ihre Herren symbolisieren, was durch das chinesische Yin & Yang-Prinzip zum Ausdruck kommt. Zwischen ihnen verläuft eine Art Domizil-Achse durch den Tierkreis (siehe auch »Der Farbenkreis« Seite 191). Symmetrisch zu ihr liegen die beiden Domizile der Planeten, jeweils mit umgekehrter Polarität.

Venus gehört mit Merkur zu den inneren Planeten, deren Umlaufbahn um die Sonne enger ist als die der Erde. Merkur hat die engste Bahn, seine Zeichen liegen neben Krebs und Löwe. Ihnen folgen die beiden Venuszeichen. In der anderen Hälfte des Tierkreises liegen, in der Reihenfolge ihrer Umlaufbahnen, die Zeichen der äußeren Planeten.

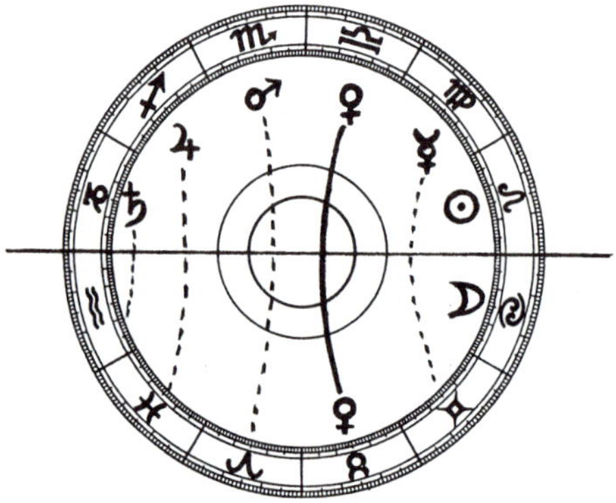

Abb. 25: Nur Sonne und Mond haben jeweils ein Domizil; zwischen ihren Tierkreiszeichen Krebs und Löwe geht die sogenannte »Domizil-Achse« hindurch.

Der Venus werden Waage und Stier zugeordnet, Angehörige so verschiedener Elemente wie Luft und Erde: Die Waage ist aktiv, der Stier passiv. Der Waage kommt zwar hinsichtlich ihrer Farbe die Venus von allen Planeten am nächsten, das eigentliche Domizil der Venus ist aber der Stier.

7 DAS STIER-PRINZIP

Ein Erdzeichen ist der Stier. Nach der astrologischen Lehre ist dieses Tierkreiszeichen »fix«, was so viel wie ruhend heißt. Was aber ist ruhende Erde anderes als unsere fruchtbare Mutter Erde? Die Pflanzenwelt wurzelt in ihrem Schoß, die Flora der Erde keimt auf, ihre Knospen läßt sie erblühen. Seine Reize entfaltet das unbedeutende Wiesenblümchen. Es harrt der Dinge – und empfängt des Windes Streicheln, der Sonnenstrahlen Wärme und der Schmetterlinge Kuß. (Abb. 26)

Erde, fix – das sind hier die Stichworte. Erde in Ruhe.

Erde, die sich weder verfestigt noch ständig bewegt wird, die in Ruhe daliegt, diese Erde wird auf unserem Planeten von lebenden Organismen durchzogen. Im Felsen, starrer Erde, ist kein Leben; in bewegter Erde können sich auch keine Pflanzen ansiedeln. Erst im Ruhezustand kann sich die Erde entfalten. Diese Erde ist nicht unfruchtbar. Sie sammelt, nimmt Luft und Wasser auf und ist voller Reaktion. In ihr treten alle Elemente zusammen, und die Erde entfaltet sich voll in ihrer Flora. Die Pflanzenwelt entwickelt ihre Pracht. Die Natur zeigt ihre Schönheit. Sie lockt und verlockt zu Genuß und Lust; sie stimuliert die Sinne, vor allem das Sehen – das Riechen – das Schmecken – und das Fühlen.

Entfaltung und Verharren sind Venuskräfte. In der passiven Ruhe des Stiers gründet seine Sinnlichkeit. Erst die Materie, die auf die Sinne einwirken kann, wird richtig erlebbar. Das ist ein an sich passiver Vorgang, und doch muß das sinnliche Bedürfnis dessen, der venusische Freuden genießen will, den Reizen entgegenkommen.

Trotz der Analogie des Erd-Elements zur stofflichen Ebene bleibt das Stier-Prinzip, wie wir gesehen haben, nicht im anorganischen Bereich. Denn wo auf unserem Planeten Erde Erde ruht, aufnehmen und sich entfalten kann, da entsteht Leben, blühendes Leben!

Im organischen Bereich entspricht der Stier-Venus die sinnliche Wahrnehmung. Ganz besonders die Augen übertragen uns die irdischen Bilder. Aber der Stier steht nicht nur für das Empfangen, sondern auch für das Aussenden von Reizen und die daran beteiligten Organe. Die Stier-Venus ruft das Bedürfnis nach sinnlicher Empfindung wach. Sie läßt die Außenwelt in sich hinein und zieht sie an sich heran.

Seelisch entspricht dem Stier-Prinzip die Beeindruckbarkeit durch sinnliche Erfahrung; geistig steht es für die Nähe zum Konkreten, zur Anschaulichkeit. Die seelische und geistige Ebene erfährt hier immer eine Nähe zur Stofflichkeit, aber zu der von Leben durchdrungenen Materie.

Die Natur – welche Natur?

Sprechen wir von Natur – welche meinen wir? Wir meinen die stierhafte. Wir meinen Wiesen und Wälder, die frühlingshaft sprießen. Wir denken an Blumen und Tiere, an Freude und Lust, an uns!

Die Sinne

Wie macht es die Natur, daß sie »dauert« und besteht? Das ist ihre List! Sie hat ihren Wesen die Sinne gegeben. Und diese betören sich an Signalen der Lust. Es kann derb hergehen, sehr irdisch! Prall gefüllt mit Nektar warten Blumen – auf Liebkosung, auf sinnlichen Reiz. Das ist ihre List!

Welche Sinne?

Sprechen wir von den Sinnen – welche meinen wir? Wir meinen die stierhaften! Wir schmecken, riechen und essen ein Stückchen Natur. Wir sehen und malen sie.

Wir fühlen! Wir erleben Natur – mit Urgewalt. Wir erliegen ihr und lieben sie mit all unseren Sinnen.

Der Hunger

Wie macht es die Natur, daß sie dauert und besteht? Sie hat ihren Wesen den Hunger gegeben! Er sorgt dafür, daß wir Leiblichkeit fühlen. Wir wollen satt werden. Sättigung ist das Ziel.

Welcher Hunger?

Sprechen wir vom Hunger – welchen meinen wir? Es ist der stierhafte. Der Hunger nach Genuß. Hunger auf das, was wir zum Leben brauchen, was die Natur braucht, um fortzubestehen. Hunger nach Liebe! Doch diese ist irdisch gebunden. Sie kann sich nicht in die Lüfte schwingen, die Stiervenus, sie streckt ihre Arme, ihre Blumen nach Liebe aus.

Die Stimme

Wie macht es die Natur, daß sie dauert und besteht? Sie hat ihren Wesen eine Stimme gegeben. Die Vögel zwitschern und locken. Sind die Blumen stumm? – Hören wir nicht doch eine Stimme? Sie ruft!

Welche Stimme?

Sprechen wir von der Stimme, welche meinen wir? Es ist die stierhafte. Sinnlich getönt, betörend! Es ist die Stimme der Natur! Sie lockt. Auch wir erliegen ihrem Seufzen. – Wir stimmen mit ein in das Surren und Summen, wir jauchzen und singen.

Venus und Sonne

Da erwachsen aus unserer Mutter Erde die Kinder der Sonne, die Sonnenblumen. Sie wenden ihre strahlenden Gesichter nicht von ihrem Sonnengott ab. Lichthungrig verfolgen sie Phöbus auf seinem täglichen Weg und sammeln jeden Strahl.

Venus und Mond

Mit fruchtbarer Nässe sind die Wiesen getränkt, Bäche quellen hervor. Die beiden Göttinnen Venus und Luna entfalten in wunderbarer Synthese ihre weiblichen Bildekräfte. Üppig, liebestrunken erblühen die saftigen Ufer, das »urweibliche« Bild der Natur.

*

Venus und Mars – Frau und Mann

Ihre Hauptdomizile liegen nebeneinander: der aktive, kardinale Widder und der passive, fixe Stier. Die kardinale Bewegungsform findet im Widder ihre deutlichste Ausprägung, mehr noch als in den anderen kardinalen Zeichen. Entsprechend verhält es sich mit dem Stier. Er ist das »fixeste« Zeichen des Tierkreises. Denken wir im Vergleich dazu einmal an das brennende Löwe-Prinzip, den aufgeladenen Wassermann oder den umwandelnden Skorpion. Der Stier ist sehr rezeptiv; er hält fest – sogar den Lebensgeist.

Der Widder-Mars, feurig und kardinal, symbolisiert die aus sich heraustreibenden Kräfte, auch den sexuellen Trieb. Zur Sexualität aber gehört gleichermaßen die Gegenkomponente, nämlich das Bedürfnis nach sinnlicher Empfindung. Beides ist Teil der Sexualität: die aktive Komponente, der Trieb, ebenso wie die passive Seite, der sinnliche Reiz. Reizempfindung ist ein passives Vermögen. Beides tragen Mann und Frau mehr oder weniger in sich. Die Symbole der Repräsentanten Mars und Venus, ♂ und ♀ , kennzeichnen in der Biologie alles Männliche und Weibliche.

Widder und Stier gegenüber liegen die beiden anderen Domizile von Mars und Venus, nämlich Waage und Skorpion. Stier, dieses fruchtbare Zeichen, hat einige Ähnlichkeit mit dem Gegenpol Skorpion. Ist Skorpion das Symbol für die Umwandlung im feuchten Lebensraum, auch der feuchten Erde, so beinhaltet das Stier-Prinzip Entfaltung – Entfaltung der Reize, das Aufblühen. Die aufgeblühte Blume, auch im stehenden Wasser, ist stierhaft. Die Humusschicht mit all ihren inneren Prozessen hat Analogie zum Skorpion. Auch die inneren Sexualorgane von Tier und Mensch bergen skorpionische Anteile. Allein der Trieb ist feurig, widder-marsianisch. Die Lust ist stierhaft. Aber die innersekretorischen Abläufe sind skorpionisch.

Im Stier-Prinzip, der ruhenden Erde, dem Mutterboden, der Mutter Erde, finden wir neben dem Sinnlichen auch viele mütterliche Züge. Denn aus ihr, der Mutter Erde, haben sich die Körper der Pflanzen aufgebaut. Sie wurzeln in ihr. Entfaltet hat sich ihr Schoß. Bewegung hat eigentlich das »Feuer« in die Erde gebracht. Keime sind es, die die Erde aufspalten. Ihr Inneres wird durch das sich rührende Leben bewegt.

Nicht nur Pflanzen, Kleinstorganismen oder Würmer – letzten Endes sind auch wir aus Erde gemacht. Wir blühen auf, reifen und sterben – und werden wieder zu Erde, kehren körperlich zur Mutter Erde zurück.

Die Aspekte

Unter »Aspekten« versteht man bestimmte Winkelbildungen zweier Planeten. Ein Aspekt (lat. *aspicere* = anblicken) zeigt eine besondere Beziehung zweier Planeten an. Aspekte beruhen auf gewissen Teilungsverhältnissen des Kreises. Thomas Ring teilt sie ein in analytische Aspekte (zum Beispiel Opposition und Quadrat) und synthetische Aspekte (zum Beispiel Trigon) sowie sogenannte Konjunktionen. Die Konjunktion (lat. *coniungere* = verbinden) ist der Zusammenstand zweier Planeten an einer Stelle des Tierkreises. Dabei vermischen sich die jeweiligen Planetenkräfte.

Jeder Planet kann mit jedem anderen in einem Aspekt stehen. Ein Planet hat meist mehrere Aspekte mit verschiedenen Planeten, so daß die unterschiedlichsten Verknüpfungen entstehen. Die Aspekte sind meist nicht gradgenau, nicht exakt. Man spricht vom Orbis, der angibt, in welchem Umkreis ein Aspekt Gültigkeit hat. 3 Grad bis 10 Grad nach jeder Seite betragen die Orben. Der Orbis der Sonnenkonjunktion ist am größten, mit bis zu 12 Grad. Die Aspekte der langsam laufenden Planeten haben einen kleineren Orbis. Seine Größe hängt auch von der Art des Aspekts ab.

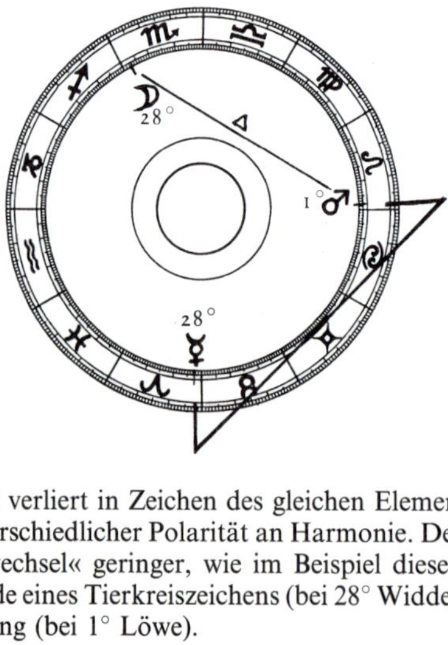

Abb. 27: Das Quadrat verliert in Zeichen des gleichen Elements an Schärfe, das Trigon in Zeichen unterschiedlicher Polarität an Harmonie. Der Orbis der Aspekte wird bei »Zeichenwechsel« geringer, wie im Beispiel dieser Abbildung: Hier steht ein Planet am Ende eines Tierkreiszeichens (bei 28° Widder), der Aspektpartner hingegen am Anfang (bei 1° Löwe).

Wenn ein Planet am Ende eines Tierkreiszeichens steht, zum Beispiel bei 28° Widder, der Aspektpartner aber am Anfang, beispielsweise 1° Löwe, wenn also der Orbis über einen Zeichenwechsel hinausgeht, so ist er geringer; denn dann kommt eine für den Aspekt atypische Farbe hinein, die wie im genannten Beispiel den Spannungs-Charakter eines Quadrats mildern kann. Dasselbe gilt für ein Trigon, dessen Harmonie-Charakter eine Gegenwirkung erhalten kann.

Nicht alle Arten von Aspekten können zwischen jedem Planetenpaar entstehen. Merkur und Venus bewegen sich als innere Planeten – mit engeren Umlaufbahnen um die Sonne als die der Erde – nie weit von der Sonne weg. Merkur, der sich nur bis 28° von der Sonne entfernt, kann mit ihr aus diesem Grund nur Konjunktionen bilden. Die Venus bewegt sich, von der Erde aus gesehen, höchstens 48° von der Sonne weg. Sie läuft für uns wie Merkur vor der Sonne vorbei, geht nach hinten und bewegt sich hinter der Sonne weiter. So können sich zwei Arten von Konjunktionen bilden: Einmal ist die Venus vorwärtsläufig (♀ ☌ ☉), das andere Mal rückwärtsläufig (♀℞ ☌ ☉). Aus diesem Unterschied allein sollte man keine besonderen Rückschlüsse ziehen. Wohl aber ergibt sich ein Unterschied daraus, ob der Aspekt applikativ (annähernd) oder separativ (trennend) ist. Stehen beispielsweise Sonne in 12° Stier und Venus in 16° Stier – Venus aber sei vorwärtslaufend und schneller als die Sonne – dann lösen sie sich aus der Konjunktion, die Venus ist schon »über die Sonne« weg; das ist eine »separative Konjunktion«. Ist Venus aber rückläufig, dann laufen Sonne (☉ = 12° Stier) und Venus (♀ = 16° Stier) aufeinander zu in die Konjunktion hinein.

Eine vorwärtslaufende Venus in 8° Stier beispielsweise bewegt sich auf die Sonne in 12° Stier zu, läuft ebenfalls in die Konjunktion hinein.

Doch die applikative rückläufige Venus »fällt« geradezu in den Schoß der Sonne zurück. Die Sonne in ihrer strahlenden Kraft erwartet sie und zieht sie mehr in ihren eigenen Bereich hinein, als dies bei einer vorwärtsläufigen applikativen Venus der Fall ist. Venus verliert etwas die Ruhe, obwohl sie im Stier steht. Eigentlich möchte sie sich in ihrem Genießen zurückfallen lassen, möchte nachhaltig (♀℞ ♉) empfinden. Doch die Sonne bringt Selbstbeobachtung hinein, die nicht allzuviel Hingabe an die Lust zuläßt. Der eigene Selbstwert wird der Venus eingeprägt, ihn muß sie bei allem Reiz wahren: Gefallen finden ist gut, doch nicht ohne Achtung. Die Konjunktion (☉ ☌ ♀℞) beinhaltet mehr innere Zwiespältigkeiten (»ich möchte gerne, aber kann nicht«) als ♀ ☌ ☉.

Venus kann sich bis 48° von der Sonne wegbewegen, der Merkur bis 28°. Die beiden inneren Planeten Merkur und Venus können in Konjunktion zueinander stehen und außerdem in einem sogenannten Sextil. Das Sextil ist der 60°-Winkel, ein halbes Trigon (120°) und damit der sechste Teil des Kreises (360° : 6 = 60°). Das Sextil ist ein harmonischer Winkel. Sextil-harmonisch liegen alle Luft- und Feuerzeichen zueinander, ebenso die Erd- und Wasserzeichen.

Die Hauptaspekte bauen auf der Teilung des Kreises durch die ersten drei Primzahlen auf (1, 2, 3):

Konjunktion (☌):	360° : 1 = 360° bzw. 0°; starke Durchdringung zweier Kräfte bis 10° Orbis
Opposition (☍):	360° : 2 = 180°; starker Spannungsaspekt; bis 9° Orbis
Trigon (△):	360° : 3 = 120°; stärkste Harmonie zwischen zwei Planeten; bis 8° Orbis

Fast alle anderen Aspekte sind Ableitungen aus diesen.

Quadrat (□):	geteilte Opposition; 180° : 2 = 90°; sehr starker dissonanter Spannungsaspekt; bis 8° Orbis

Halbquadrat (∟):	90° : 2 = 45°; schwacher analytischer Aspekt; bis 2° Orbis
Eineinhalb-quadrat (⚼):	90° + 45° = 135°; schwacher analytischer Aspekt; bis 2° Orbis.
Sextil (✱):	geteiltes Trigon; 120° : 2 = 60°; harmonischer Aspekt, schwächer als das Trigon; bis 6° Orbis
Halbsextil (⚺):	60° : 2 = 30°; sehr schwach; bis 1° Orbis
Quintil (Q):	Wenn man das Quadrat als Teilung des Kreises durch Vier ansieht und das Sextil als Teilung durch Sechs, dann fehlt noch die Teilung durch Fünf, was den Quintil-Aspekt ergibt. 360° : 5 = 72°; sehr schwach; bis 1 ½° Orbis
Biquintil (BQ):	2 mal 72° = 144°

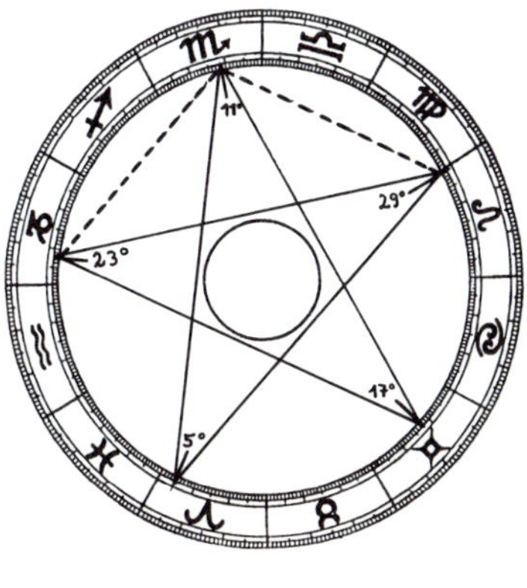

Abb. 28: Quintile und Biquintile entstehen durch die Fünfteilung des Kreises. Es sind die Winkel zwischen den Ecken des Pentagramms.

	Quintil- und Biquintil-Aspekte ergeben sich aus dem Pentagramm. Sie sollen himmlischen, ätherischen Charakter besitzen.
Quincunx (⚻):	Quadrat plus Sextil; $90° + 60° = 150°$; bis 2° Orbis.

Dieser Aspekt ist etwas schwächer als das Sextil. Er hat einen eigentümlichen Charakter, denn er ist aus einem analytischen und synthetischen Aspekt zusammengesetzt. Kräfte, die im Quincunx stehen, finden keine rechte Verbindung zueinander. »Tantalus-Aspekt« nennt ihn Thomas Ring.

Zeichen, die in einem Abstand von 150° zueinander liegen, haben einige Ähnlichkeiten und schließen sich doch aus.

Feuer- und Luftzeichen stehen im Quincunx zu Wasser- und Erdzeichen und umgekehrt.

Das Haupt- und das Nebendomizil des Mars, Widder und Skorpion, haben Quincunx-Abstand. Wo Treiben (♈) beginnt, ist die Zersetzung ♏ überwunden; wo Verwesung (♏) überwiegt, können sich Lebenstriebe (♈) nicht durchsetzen. Widder und Skorpion schließen sich aus, aber folgen auseinander und nacheinander.

Vom Stier zur Waage kommt man auch nach einem Quincunx-Abstand. Beide Zeichen schlüsseln die Venus-Kräfte in hervorragender Weise auf, doch von verschiedenen Blickwinkeln aus. Stier vereinigt die »göttliche«, fixe Bewegungsform und das »materielle« Erd-Element. Waage ist die Kombination der »irdischen« kardinalen Bewegungsform mit dem »geistigen« Luft-Element (siehe Kapitel »Die Einteilung des Tierkreises in Bewegungsformen«, Seite 53). Das stierhafte, irdische, genießende Verharren bedingt ein anderes Schönheitsideal als das Harmonie-Streben der himmlischen Waage.

8 DAS WAAGE-PRINZIP

Das Tierkreiszeichen »Waage« gehört dem Element »Luft« an. »Kardinal« nennen es die Astrologen, was in eine Richtung treibend bedeutet. Was ist vorwärtsdrängende Luft anderes als der Wind? Der Wind gleicht Druckunterschiede aus, er weht vom Hoch ins Tief und harmonisiert somit die Gegensätze. So zeigt sich dieses Waage-Prinzip in der Natur. Ausgleich bedeutet der nie enden wollende Auftrag an die wehenden Lüfte. Ihre Bewohner vertrauen sich ihnen an und entschweben auf deren luftigem Rücken balancierend. (*Abb. 29*)

Kardinal und luftig ist die Waage – ganz anders als der erdene Stier, doch auch der Venus unterstellt.

Muß ihr eigentlicher Herr noch entdeckt werden? Gibt es noch einen Planeten außerhalb Plutos, einen Transpluto? Schon ist er von manchen (voreilig) Isis genannt und der Waage zugeordnet worden. Aber warten wir ab!

Das Element Luft, das den gasförmigen Zustand meint, ist hier in kardinaler, zielstrebiger Bewegungsform. Finden wir in der Heterosphäre das Wassermann-Prinzip, so hat die Homosphäre Waage-Charakter. Denn hier ist die Luft in Bewegung, zielstrebig, von Hochdruckgebieten zu Tiefdruckgebieten. Es sind die Winde, ausgleichende Winde, die Druckunterschiede der Lufträume harmonisieren wollen. Treibende Wärme läßt die Luft nach oben steigen. Denn erwärmte Luft dehnt sich aus, braucht mehr Bewegungsspielraum und steigt nach oben, weil sie leichter geworden ist. Ist es die treibende Widderwärme aus dem gegenüberliegenden Zeichen, die der Luft die Dynamik verleiht?

Die gegenüberliegenden Zeichen haben Gemeinsamkeiten und bedingen sich gegenseitig. Sie gehören zusammen wie zwei Pole, sie beschreiben den Dualismus, der in allem steckt, das »Gegenteil«, als gehörten sie doch zu einem Ganzen. Sie beleuchten die zwei Seiten eines Vorgangs:

Krebs:	Fluß	–	Steinbock:	Starre
Löwe:	Strahlung	–	Wassermann:	Aufladung
Stier:	Entfaltung	–	Skorpion:	Zerfall
Widder:	Antrieb	–	Waage:	Ausgleich

Dort, wo Hitze die Luft nach oben treibt, gleicht der Wind das Druckgefälle wieder aus. Harmonisieren ist das Waage-Prinzip. Ungleiche Größen sollen in Einklang gebracht werden. Das ständige Bemühen, völligen Ausgleich herzustellen, läßt das Waage-Prinzip nicht zur Ruhe kommen. Die Rotation der Erde und Temperatur-Unterschiede halten den Wind in Bewegung. Ausgleich ohne Ende – das ist Waage.

Die Bewegungsrichtung ist die Horizontale, so als gäbe es die Schwerkraft nicht. Anders die übrigen kardinalen Zeichen: Widder = ↑, Steinbock = ↓, Krebs = ↘, aber Waage: →

Bringt ihr Prinzip die Überwindung der Gravitation? Wird das die künftige Menschheit beschäftigen? Wird eine neue Zeit kommen? Werden wir die Gesetze der Schwerkraft verstehen und nutzen lernen? Werden wir einen »Sog« herstellen können, der den Drang nach unten überwindet? So macht es der Wind!

Im Strom des Windes beugen sich die Bäume und Äste, die in den Himmel ragen. Elastizität ist gefordert! Manches trägt der Wind mit sich fort und legt es andernorts ab. Alles Eckige will er runden, jedes Zuviel dem Zuwenig geben.

Auch der osmotische Druckausgleich ist ein Waage-Prinzip – mit Mond-Tendenz. Die Haut, die harmonisierenden Nieren, Ausscheidungsorgane, erinnern daran im organischen Bereich.

Harmonie, ein Ideal, hat im geistig-seelischen Bereich große Bedeutung. Ästhetik ist der hohe Begriff der Waage. Schönheitsideal und -bedürfnis von Seele und Geist des Menschen haben unsere ganze Kulturgeschichte geprägt. Heute haben wir einen anderen Kunstbegriff. Sollte die Kunst früher ein Ideal darstellen, so soll sie heute aufrütteln, auch schockieren. Die zeitgenössische Kunst hat nicht mehr unbedingt eine Analogie zur Waage.

Die »Farbe« der Waage beeinflußt den Planeten, der in ihr steht. Dessen Kraft wird »waage-recht«, horizontal gelenkt.

Die Planeten in der Waage

Venus ist hier nicht mehr nur Blüte. Sie ist die im Wind schwingende Blume, deren Bewegung Anmut und Grazie ausdrückt, von Erdenschwere fern, verzaubert. Sie ist ihr eigenes Ideal. Der Durst nach Harmonie und Gleichmaß hält sie am Leben. Es ist die himmlische Venus.

Mond: Das Fließen im Wind. Gekräuselt, gefaltet, gewellt wird die Oberfläche der strömenden Wasser. Die reflektierten Bilder beginnen auf den fortlaufenden Wogen zu schwingen.

Sonne in der Waage: Kann es ein ausgleichendes Löwe-Prinzip geben? Verliert hier nicht die Sonne ihre absolute Mittelpunktstellung? Ihr feuriges Ausstrahlen wird milder. Steht sie hier, wie die Überlieferung sagt, »im Fall«?

Pluto: Waage läßt Pluto keine Zeit und Ruhe. Ein Wind weht und gibt Pluto die sanfteren Farben. Er trocknet die noch verklebten Flügel der gerade entschlüpften Wesen. Sie haben den längsten Weg schon zurückgelegt, bis sie das werden, wozu sie ausersehen. Der Wind lädt sie ein zum ersten Flug: die Libelle, den Schmetterling und die vielen anderen Insekten.

Saturn: Der Wind trocknet, er nimmt das überflüssige Wasser auf. Was fest genug war, wird noch fester; aber die kleinen unbedeutenden Teilchen werden fortgetragen. Wesentliches »kristallisiert« sich heraus. »Erhöht« steht er hier!

Uranus: aufgeladene Gase im Wind: Da kommt es zu sprühenden Kontakten und Reaktionen. Ideen! Einiges entlädt sich, wird spannungsärmer, harmonischer!

Mars steht in der Waage »vernichtet«, wie die alten Astrologen die Stellung im Gegenzeichen nannten (siehe dazu Kap. »Würden und Schwächen der Planeten«, Seite 173. Er verliert seine harte Durchschlagskraft, wird weicher. Denken wir an die Flamme des Heißluftballons, die diesen nach oben treibt – schwebend jedoch ist dessen Bewegung.

Abb. 30: Mit den Winden treiben, die Welt von oben sehen – in Harmonie und Schönheit. Mars trieb den Ballon nach oben, die untergehende Waage-Sonne hüllt alles in mildes Licht.

Im Flug

Fliegen, der Wunschtraum des Menschens. Selbst fliegen können! Auf den Winden reiten! Von oben die Welt sehen, der Schwere entrinnen, leichter werden – das kleine Glück der venusischen Waage.

Die Balance

Sie zu erreichen ist schwer, sie zu halten noch schwerer. Gleichgewicht auf allen Seiten – geht das ohne Schwerpunkt?

Eleganz

Ruhig, harmonisch sind die Bewegungen. Nur nicht das Gleichmaß zerstören, nicht stürzen, nicht fallen! Runde Bewegung, kein Auf und Ab, keine Härte, keine Schärfe, die Schwere verlieren. Darübergleiten, Entschweben.

Verbindung

Zum anderen schweben. Der Wind bringt in Kontakt. Es treffen sich Fremde, die nie zuvor waren, wo sie jetzt sind. Berührung, Verbindung. Sie finden sich in luftigen Höhen, schwerelos, glücklich.

Harmonie

Der Wind weht voller Töne, Stimmen haben sie ihm anvertraut. Sein Säuseln und Klingen mischen sich zu einer Harmonie. Eine Melodie erzählt den herbstlich gefärbten Blättern vom Frühlingsanfang der südlichen Hemisphäre.

*

»Gute« und »schlechte« Planetenstände

Die Frage, ob ein Planet »gut« oder »schlecht« steht, sollte so gar nicht gestellt werden. Allerdings ist uns eine alte »Würdenlehre« der Planeten überliefert worden. Ihr zufolge herrscht ein Planet über ein Zeichen, was als Domination bezeichnet wird. In einem anderen soll er »erhöht« oder »im Fall« stehen, im Gegenzeichen seines Domizils soll er »vernichtet« sein, in der »Detrimentation« stehen. So haben wir es von den Alten gelernt. Aber was meinten sie damit? Meiner Erfahrung nach sagen die »Würde« oder die »Schwäche« eines Planeten lediglich etwas über die Stärke und Nuancierung seiner eigenen »Farbe« aus: Wird ein Planet in seiner prinzipiellen Kraft unterstützt, oder wird diese modifiziert oder gar überlagert?

Die Sonne steht im Löwen in ihrer vollen Kraft. Auch der Widder ist ihr förderlich, sie steht dort »erhöht«. Im Gegenzeichen zu ihrem eigenen Domizil, im Wassermann, soll sie »vernichtet« sein, weil sie dort »lebensfremd« steht. Licht und Wärme werden zu Spannung und Höchsttemperatur. Aber die sogenannten Wassermänner sind deshalb nicht schlechter als die Löwen oder Widder. Die Selbstverwirklichung orientiert sich vielleicht mehr an abstrakten Werten. Menschen mit der Sonne im Wassermann wollen ihrer Lebensidee gemäß leben. Sie brauchen einen speziellen eigenen Lebensraum, wo sie unter ihresgleichen das Neue erproben können.

Auch die »Waage«-Menschen, deren Sonne in der Waage, also »im Fall steht«, haben keine »schlechtere« Sonne. Sie suchen den Ausgleich mit der Umwelt, das Eingehen ins Andere, Verbindung, Gleichgewicht, nicht Mittelpunkt. Sicherlich verliert die Sonne an Ausstrahlung – aber wird sie dadurch »schlechter«?

Mit einer Wertung hat die Stellung in einem Zeichen wenig zu tun. Es gibt negative Auswirkungen von Konstellationen, wenn Kräfte durch bestimmte Winkelbildungen – so etwa im 90°-Winkel, dem Quadrat, hart aufeinandertreffen. Wer unter einer solchen Konstellation geboren wurde, wird gefordert. Auch die Natur selbst kämpft im Widerstreit der Kräfte. Doch ihr Organismus funktioniert recht gut, solange nicht der Mensch, der auch ein Teil von ihr ist, das Gleichgewicht stört. Muß sich das Bewußtsein (Sonne) des Menschen nicht mehr zur »Waage« hin entwickeln, zum Ausgleich mit dem Nächsten, unserer Umwelt? Der heutige Mensch zeigt sich oft von einer sehr selbstsüchtigen Seite. Haben wir uns aus dem großen Ganzen, der Natur, ausgesondert und wuchern wie ein Krebsgeschwulst? Sind wir schlecht? Aber ist denn die Natur selbst überhaupt gut?

Was heißt »gut«? In unserem Sprachgebrauch verwechseln wir oft »erfolgreich«, »glücklich« oder »nützlich« mit »gut«. »Es geht mir gut« bedeutet nicht, daß das auch gut für andere sein muß. Sich zum Positiven, zum Guten hin zu entwickeln, schließt auch Prüfungen und Krisen mit ein, was man bestimmt nicht als »gut« im Sinne von »angenehm« bezeichnen kann. Über das »gut« im moralischen Sinne könnte jetzt eine philosophische Abhandlung folgen, aber das würde den Rahmen dieses Buches sprengen.

Das variable Kreuz

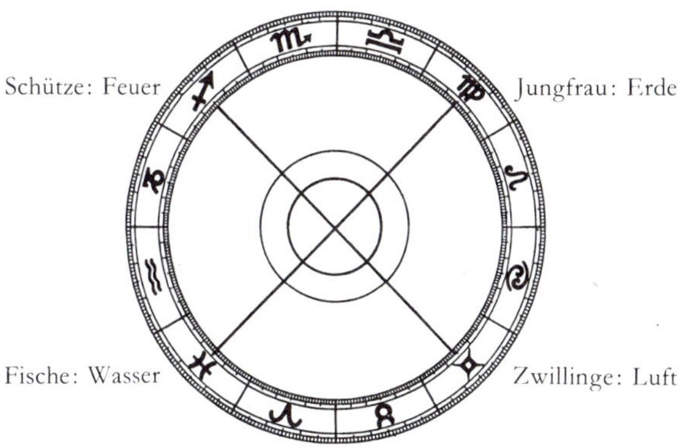

Abb. 31: Die variablen Zeichen Zwillinge und Jungfrau werden von Merkur beherrscht: Jupiter hat im Schützen sein Domizil, in den Fischen sein Nebendomizil.

Unsere vier Elemente Feuer, Erde, Luft und Wasser befinden sich hier in der variablen Bewegungsform: ⤚. Diese Bewegung ist nicht zielgerichtet, sie geht in alle Richtungen. Stoffe bewegen sich vom Ausgangspunkt weg zu verschiedenen Orten hin. Sehr viel Flexibilität und Veränderung steckt darin, wenig Kontinuität. Auch ist ihnen eine gewisse Zweiseitigkeit inne – viele Astrologen bezeichnen diese als »Doppelkörperlichkeit« – vor allem den Zwillingen, dem Schützen und den Fischen. Die variablen Zeichen vertreten Prinzipien, die aus zwei Teilen bestehen.

Das Element, in dem sich die variable Bewegungsform am deutlichsten durchsetzen kann, ist die Luft, der gasförmige Zustand der Materie. Das variable Zeichen der Luft sind die Zwillinge.

9 DAS PRINZIP DER ZWILLINGE

Das lebhafte, allseits interessierte Äffchen ist ein Symboltier der Zwillinge. Keck und verspielt huschen seine Augen vom einen zum anderen. Geschickt greifen die flinken »halb Händchen«, »halb Füßchen« nach Neuem, sprungbereit und gespannt. Voller Bewegung steckt das variable Luftzeichen, die Zwillinge. (*Abb. 32*)

Das variable Luftzeichen Zwillinge liegt zwischen dem »fixesten« Zeichen Stier und dem Mond-Domizil Krebs. Als Luftzeichen ist es ein aktives, positives Zeichen wie Waage und Wassermann.

Sein Luftreich ist keine höhere Sphäre. Die unruhige Grundschicht der Atmosphäre entspricht den Zwillingen. Hier gibt es Wirbel und Böen, hier umspielen die Lüfte alles auf Erden, sie fassen und erfassen das Kleinste, durchdringen Dinge und Wesen. Kein Raum ist ohne Luft, selbst Erde und Wasser durchdringt sie. Im Feuer, diesem ätherischen Zustand, verflüchtigen sich feste Stoffe zu Gasen. Das Prinzip der luftigen Zwillinge lockert, macht leicht und erfaßbar. Von allen Seiten wehen die Lüfte und spielen mit den Blättern, mit den Schneeflocken, mit den Spritzern des Wassers. Luftblasen tanzen in sprudelnden Bächen. Alles atmet, die Erde und ihre Wesen. Luft dringt ein und entweicht wieder. Gase tauschen sich aus, in ständigem Wechsel. Das Ein-und Ausatmen von Luft ist der engste Kontakt, den wir mit der Außenwelt haben; Luft verbindet alle Wesen miteinander.

Einatmen und Ausatmen sind zwei Phasen desselben Vorgangs. Austausch ist das Prinzip der Zwillinge. Die herrschende Planeten-Gottheit ist der Merkur, der Götterbote. Eine »Botenfunktion« hat auch unsere Sprache; aus Atemluft gebildet, teilen »Geräusche« (zum Beispiel Konsonanten) und Laute dem anderen mit, was wir wollen und denken. Auch organisch hat die Atmung eine Merkur-Zwillinge-Analogie, ebenso wie Schultern, Arme und Hände sowie die Nerven. Die Gestik ist ein Ausdrucksmittel, Hände und Finger lassen unsere gedanklichen Vorstellungen zur Ausführung kommen. Die Beherrschung eines Musikinstruments zeigt uns, was zwillingshafte Geschicklichkeit bedeutet. Hände berühren die Dinge unserer Umwelt, sie fassen an und be-greifen. So entwickelt sich beim Kind das verstandesmäßige Begreifen. Die Hände bringen uns in Kontakt mit der Außenwelt. »Austausch-Organe« sind unsere oberen Extremitäten.

Das Merkur-Zwillinge-Prinzip umfaßt unsere intellektuellen Fähigkeiten, unseren Verstand, unser Denken. Wie die zwillingshaft spielenden Lüftchen können wir mit unserem Denken überall herumstreifen und in etwas hineinschlüpfen. Nur gelangen wir so nicht überall hin – die tiefsten Gründe bleiben verschlossen. Aber die Auffassungsgabe entspricht dem Merkur, auch der Sinn und das Gefühl für die Sprache.

Auf der Gefühlsebene ist sein Prinzip wenig emotional. Die leichten, »interessierten« Stimmungen gehören zu den Zwillingen. Mit Neugier, Wißbegier und vielseitigen Interessen treibt Merkur den Menschen innerlich an.

Hier und da

... streifen die Zwillingslüftchen umher; dann umspielen sie, worauf sie treffen. Sie rühren an auf allen Seiten, gleichzeitig rechts und links, von oben und unten. Sie schaukeln das Leichte und umgleiten das Schwere.

Mal hier, mal dort

Sie ruhen nur wenig – eine kleine Bö da, dann dort. Ein Lufthauch huscht von hier dorthin. Vieles hat er gesehen und angerührt. Nirgends ist er geblieben. Ist er auf Wanderschaft? Aber wohin?

Hin und her

Ziele? Es gibt sie immer – und nie.

Jeder will atmen und braucht »Zwillingsluft«. Eingesogen wird sie von lufthungrigen Wesen. Verändert wird sie entlassen aus atmenden Kreaturen, schlüpft dann wieder dorthinein oder dazwischen, um bald wieder diesen Ort zu verlassen.

Mal so, mal anders

Luft wechselt Ort, Bewegung oder Substanz; sie tänzelt und wirbelt über die Lande. Nichts macht sie zweimal genauso. Spielerisch fassen die wehenden Lüfte nach dem Vorhandenen. Sie schaffen nicht Wesen. Sie improvisieren mit ihnen und schlüpfen in jedes Gewand.

EINE ZWILLINGS-IMPROVISATION

Ein Lüftchen spricht: »Wie soll ich nur schnellstens hier wieder raus? Lufthauch da draußen, stoß diese Tür auf!«

Lufthauch antwortet: »Die ist mir zu schwer. – Bin schon vorbei. Komm 'raus durch Lücken und Schlitze. Ich habe Dir Platz gemacht.«

Lüftchen: »Nun ja, ein Stück von mir ist schon draußen. Durch diese Spalten zog ich. – Ich kann nicht ganz 'raus.«

Lufthauch: »Hier auf der anderen Seite ist eine Ritze.«

Lüftchen: »Ich komme, doch wo ist mein anderes Stück?«

Lufthauch: »He Du, Du alleingelassenes Teilchen Du, zieh mit mir weiter! Dein Lüftchen hat Dich bestimmt vergessen.«

Teilchen: »Ach, wie schön, mit Dir durch die Blätter zu ziehen! Sie rascheln und rauschen.«

Lufthauch: »Paß auf, da ist ein Bach! Seine Wasser umfangen Dich!«

Teilchen: »O – sprudelndes Vergnügen! Willkommen heißen die mich da drinnen, Fische und Pflanzen. Sie atmen mich.«

Lüftchen: »Sag, Teilchen, kenn' ich Dich nicht? Hab ich Dich nicht schon einmal gesehen?«

Teilchen: »Ja, vielleicht, aber ich bade jetzt hier.«

Lüftchen: »Schau, ich blase Dir Sand in die Augen!«

Lufthauch von weitem: »Was wirbelt und sprudelt da hinten? . . .
Ach Gott, o weh!
Jetzt hat mich ein Vogel verschluckt . . .
Bin schon wieder da. – Wie ist mir so anders? . . .«

Lüftchen und Lufthauch: »Komm, wir mischen und tauschen uns aus! Erzähl mir Deine Geschichte!«

Abb. 33: Aus dem Süden zurückgekehrt, zwitschern die Schwälbchen ihr lebensfrohes Lied.

EINE ANDERE ZWILLINGS-IMPROVISATION
DIE PLANETEN IN DEN ZWILLINGEN

☿ Eine kleine Bö zieht über Land und erzählt, was ihr begegnet.
Da spricht ein Zittergrashälmchen mit dem Wind. Dort tum-
⊙ meln sich Kinder, sie tanzen auf einer blühenden Wiese, leicht
♀ und beschwingt.

☽ Lustig springt ein Bächlein den Hang hinab. Die Strahlen der Sonne glitzern im fröhlichen Naß.

◐ Doch der Abend naht. Es surren die Fliegen, es kräuselt sich der stille Teich. Ein Windhauch! Dort quakt ein Frosch. Es blubbert. Tiere erwachen und steigen herauf. Die Vögel, Wesen der Lüfte, heben an zum abendlichen Flug.

♄ Die Dunkelheit bricht herein. Kühler wird's, die Luft wird schwerer. Was ist los in dieser Nacht? Eine Nachtigall singt, ein Rascheln geht um. Es regt sich was. Die Grillen zirpen. Lebendig wird es im Mondenschein.

♂ Fremde feiern ein Fest. Ein Feuer flackert und knistert. Flämmchen züngeln vergnügt im Wind. Diese Nacht wird lau und leicht.

♅ Sterne gehen auf. Die Lüfte flimmern. Es funkelt, und in der Ferne gibt es ein Wetterleuchten.

*

Die astrologische Entsprechungslehre

Die Erde, als Gesamt-Organismus gesehen, also die Natur, liefert uns Analogien oder Bilder zu allen möglichen astrologischen Kombinationen. Vielfältig sind die natürlichen Abläufe und Verflechtungen. Kein Wesen gibt es zweimal. Sogar jede Schneeflokke unterscheidet sich von der anderen. Einmaligkeit herrscht in jedem Detail. Und doch gibt es zwölf grundsätzliche Prinzipien, symbolisch vorhanden als Planeten und Tierkreiszeichen – in unendlich vielen Möglichkeiten miteinander kombiniert.

Auch in unserer Geistestätigkeit erkennen wir die zwölf Grundkräfte. Der Mensch hat einen bewußten Geist, der sich in Wissenschaften und Künsten erprobt. Wir teilen uns die Welt ein: biologisch oder physikalisch, historisch oder soziologisch, philosophisch oder religiös. Wir äußern uns in Architektur, Bildhauerei, Malerei, Sprache, Musik und anderen Bereichen. Jede Wissenschaft oder Kunstrichtung kann einem Prinzip zugeordnet werden. Aber ob biologisch oder literarisch – in jeder Sparte erfüllen die einzelnen astrologischen Prinzipien auch wieder ihre Aufgabe. Thomas Ring, dem Begründer der revidierten Astrologie, verdanken wir eine umfassende Darstellung der zwölf Tierkreiszeichen-Entsprechungen in Musik, Malerei und Plastik (siehe Kapitel »Wissenschaften und Künste«, Seite 240).

Im Stil eines bestimmten Prinzips können wir auch etwas ausführen: zum Beispiel im Stil der Zwillinge schreiben – also leicht, humorvoll, kurzweilig – oder zwillingshaft Musik machen usw.

Andererseits ist kein Prinzip ohne das andere denkbar. Das eine bedingt das andere. Ohne Strahlung (Sonne, Löwe) gäbe es keine Aufladung (Uranus, Wassermann), ohne Flüssiges (Mond, Krebs) keine Verfestigung (Saturn, Steinbock); aber auch ohne Elektrostatik keine Form, ohne Wärme nichts Flüssiges, Fließendes. Nichts existiert ohne das Vorhandensein aller Kräfte. Wir betrachten zwar die einzelnen Grundkräfte, wissen aber, daß nur alle zusammen möglich sind.

Plus- und Minus-Polarität bei planetaren Paaren

Stier, Krebs und Jungfrau sind die ersten drei weiblichen oder negativ gepolten Zeichen des Tierkreises. Das männliche Pendant zum Krebs ist der Löwe, zur Jungfrau sind es die Zwillinge, zu Stier ist es nicht etwa die Waage, sondern der Widder. Alle Feuer- und Luftzeichen haben Plus-, alle Erd- und Wasserzeichen Minus-Qualität.

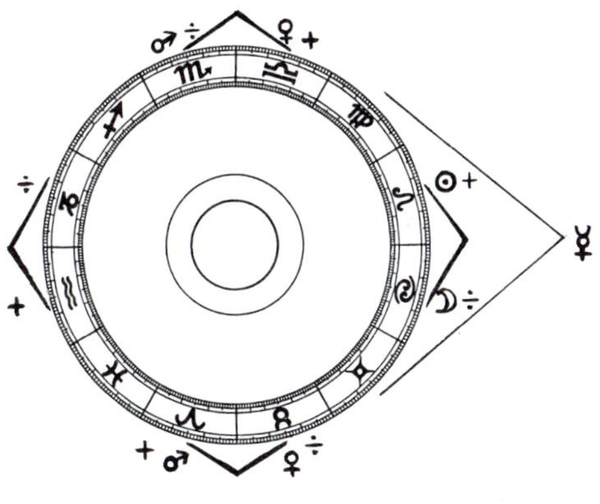

Abb. 34: Der männlich-weibliche Gegensatz kommt in nebeneinanderliegenden Tierkreiszeichen zum Ausdruck, nicht in gegenüberliegenden. Verglichen mit anderen Planeten ist Merkur geschlechtlich »indifferent«.

Die Waage (positives Venus-Zeichen) und der Skorpion (negatives Mars-Zeichen) kehren das Geschlechtsspezifische eigentlich um. Die Aktivität des Waage-Prinzips dient nur dazu, auszugleichen und Ruhe wiederherzustellen, die Passivität des Skorpion-Prinzips nur dazu, Umwandlungskräfte zu mobilisieren.

Auch Steinbock und Wassermann besitzen keinen ausgesprochen weiblichen oder männlichen Charakter im geschlechtlichen Sinne. Die Planeten, die die Polarität von Frau und Mann symbolisieren, sind eigentlich nur Sonne und Mond sowie Mars und Venus.

Der Jüngling Merkur ist geschlechtlich indifferent; seine Domizile liegen durchaus in den Zwillingen und in der Jungfrau. Als solcher ist er Vermittler zwischen den Polen, vielleicht sogar eine Art Zwitter, ein Hermaphrodit, ein Jüngling, der auch Herr der »Jungfrau« ist.

10 DAS JUNGFRAU-PRINZIP

Von alters her ist die Ähre das Symbol der Jungfrau. Das astrologische Zeichen dafür sind drei Ähren ♏, die reif sind, denn sie werden von der Sichel oder Sense geschnitten: ♍. Das variable Erdzeichen Jungfrau meint Bausteine – auch Bausteine des menschlichen Körpers. Korn war und ist unsere Nahrungsgrundlage, Baumaterial des Körpers. (Abb. 35)

Das variable Erdzeichen Jungfrau ist dem Merkur unterstellt. Passiv, negativ gepolt ist dieses Zeichen, ganz im Gegensatz zum ersten Domizil des Merkur, den aktiven, positiven Zwillingen. Die beiden jeweils verschieden gepolten Domizile der Planeten Venus, Mars und Saturn haben wir schon kennengelernt.

Was beinhaltet das passive und variable Erdzeichen? Kann Erde variabel sein? Es ist Erde, die bewegt wird, die sich in Stücke teilt, die keine Ruhe findet, Sand und Steine. Erosion, Zerteilung in einzelne Bestandteile, ist das Prinzip der Jungfrau. Die Bewegung des Bodens verhindert Fruchtbarkeit. Es können sich keine Pflanzen ansiedeln. Erst wenn Ruhe einkehrt, gibt es Leben. Allerdings – es gibt auch im Sand und zwischen Steinen Leben, selbst in der Wüste. Es ist ein karges Dasein, auf das Notwendigste beschränkt. Nur Organismen, die sich völlig angepaßt haben, keine Ansprüche stellen und sich den Gegebenheiten unterordnen, können unter solchen Bedingungen existieren.

»Variable Erde« – das sind auch Erdstücke, Steine, die man bewegen kann, die aufeinandergesetzt und ineinandergefügt werden können, die verwendbar gemacht, angepaßt und zugehauen worden sind; Teile, die aus einem Ganzen entstanden sind und die zusammengesetzt ein neues Ganzes werden können. Niemals kann aber das geteilte Ganze wieder zu dem Ganzen zusammengesetzt werden, das es ursprünglich einmal war; es kann ihm vielleicht nahekommen.

Als variables Zeichen beinhaltet die Jungfrau wiederum zwei Seiten eines Prinzips: Zerlegung und Zusammensetzung. Doch geht sie immer von den Teilen aus, nicht vom Ganzen. So vertritt sie das Prinzip der Analyse; in geistiger Hinsicht ist sie als Erdzeichen sachbezogen und realistisch. Konkretes, analytisches Denken entspricht dem merkurischen Jungfrau-Prinzip.

Im seelischen Bereich strebt die Jungfrau nach Ordnung der Gefühle: Es ist eine verhaltene, den realen Möglichkeiten angepaßte Gefühlslage, die Emotionen unter Kontrolle. Der Jungfrau entspricht auch ein gewisses gefühlsmäßiges Ordnungs-und Sauberkeitsbedürfnis. Realitätsnah sind ebenso die Gefühle, die der »jungfräulichen« Fürsorglichkeit und Hilfsbereitschaft zugrunde liegen.

Organisch finden wir das Prinzip von Zerlegung und Nutzung im Dünndarm, wo die Nahrung aufgeschlossen und zum körperlichen Aufbau verwendet wird.

Die Planeten, die in der Jungfrau stehen, erhalten durch sie eine zerteilende, ordnende, zweckorientierte oder nüchterne Tendenz.

Die Planetoiden

Stücke und Teile, auch Trümmerstücke, versinnbildlichen das Jungfrau-Prinzip. Dies führt uns zu einer interessanten Besonderheit innerhalb unseres Planetensystems: Zwischen Mars und Jupiter klafft eine große Lücke, so als gehöre noch ein Planet dazwischen. Hier gibt es aber keinen; jedoch existiert ein Planetoiden-Gürtel, bestehend aus Tausenden von Kleinstplaneten. Wahrscheinlich sind es Trümmerreste eines auseinandergebrochenen Planeten. Oder wird sich hier vielleicht ein neuer Planet entwikkeln?

Die vier größten Planetoiden heißen Ceres, Pallas, Juno und Vesta. Sie sind nach römischen Göttinen benannt. Alle vier tragen Züge des Jungfrau-Prinzips: *Ceres,* ähnlich Demeter, ist Göttin der Feldfrüchte, der Grundnahrungsmittel, die Bausteine für unseren Körper sind. *Pallas Athene* ist eine jungfräuliche Göttin, der Mut, Ernst und Klugheit eigen sind; sie ist »Erhalterin« der Städte, hat Pflug und Webstuhl erfunden, um nur einige Charakteristika zu nennen. *Juno* kann als »Genius« der geschlechtsreif gewordenen Frau angesehen werden – so wie das Tierkreiszeichen Jungfrau ein »weibliches« Zeichen ist, aber ein verstandesbetontes.

Der Planetoid *Vesta* wird von vielen Astrologen im Horoskop berücksichtigt. Die römische Göttin Vesta ist Hüterin des Herdfeuers. Es galt als ihre ganz besondere Aufgabe, das Feuer in Schranken zu halten, es zugleich aber vor dem Erlöschen zu bewahren. Dieses Feuer ist notwendig für die Zubereitung der Speisen. Die Vestalinnen waren die Priesterinnen der Vesta. Sie mußten alle Jungfrauen sein.

Sand

Zerbröckelt zu Sand ist der einst stolze Felsen. Die Elemente Feuer, Luft und Wasser haben ihn zerlegt. Keine Ruhe mehr finden die winzigen Steinchen. Und wo eine übermächtige Sonne hinzutritt, da ist Wüste. Formbar ist der Sand. Der Wind hat ihn an Hindernissen aufgetürmt. Dünen sind entstanden. Sie wandern, zu Wellen geformt. Sand legt sich um jedes Etwas, paßt sich dessen Form an, erfaßt so dessen Gestalt. Spuren – sind sie das einzige Zeichen von Leben?

Brocken

Da gibt es »Steinbock-feste« Felsen, die durch Hitze und Kälte gespalten werden, die vom Leben abgerundet werden, auch noch Ecken zeigen – und die zugehauen werden, zu brauchbaren Stükken.

Bausteine

Jetzt sind sie bereit, die Steine und Brocken, einen Zweck zu erfüllen. Sie werden eingepaßt, aufgeschichtet, nebeneinander gepflastert, zum Mosaik gefügt. Jedes Teil dient seinem Ganzen und erhält in ihm seine Funktion; es hält an seiner Stelle aus und fügt sich: Auf-Bau.

Bauwerk

Methodisch, exakt, genau berechnet und zusammengefügt nach einem Plan, zweckdienlich konstruiert, vielleicht auch ein wenig schön: Bauwerke. Sie sind selbst tote Gebilde, aber sie werden bewohnt und genutzt. Schlummert nicht auch hier der Funke des Lebens? Hat sich vielleicht ein anspruchsloses Pflänzchen an seinem Mauerwerk festgeklammert?

Abb. 36: Sorgsam gefügt aus leblosen Steinplatten ist dieses häusliche Dach. Doch darunter spielt sich das Leben ab. Der Kamin zeugt vom lebendigen Feuer im Innern des Hauses, von Vesta gehütet.

Abb. 37: Zum Bauen treibt viele Tiere ein »merkurischer« Instinkt.

Behausung

Tiere haben das Bauen entdeckt. Viele leben in ihren Behausungen und sind an sie gebunden. Methodisch gehen sie beim Aufbau vor. Merkurische Instinkte geben ihnen den Bauplan. Jede Biene, jede Ameise hat ihre bestimmte Arbeitsfunktion. Tagaus, tagein arbeiten sie fleißig am stets unvollkommenen Bau. Holzfäserchen verwandeln sich unter dem Fleiß der Wespen zu papierartigen Gebilden, die »Kinderstube« und Wohnung sind.

Siedlung

Wo ein Haus steht, wird bald ein zweites folgen. Ein Dorf wird entstehen. Straßen werden gebaut. Erweiterungen werden geplant, abgestimmt auf die Bedürfnisse der Bewohner. In einer Siedlung leben sie miteinander und doch getrennt in einzelnen Wohneinheiten. Sie geben sich eine Ordnung, teilen sich die Arbeit, tauschen ihre Leistungen aus – und haben das Geld erfunden. Merkur, der Gott der Kaufleute, kommt zu seinem Recht.

Anbau

Wo Menschen leben, muß für Nahrung gesorgt werden. Wo viele Menschen leben, bedarf es einer ökonomischen Felderwirtschaft. Landbau kennzeichnet die Zivilisation.

Ist vielleicht unser Planet Erde der wirkliche Herr der Jungfrau? Wo sich »jungfräuliche« Liebe zum Geist der Erde zeigt, gedeihen angebaute Pflanzen in natürlicher Harmonie zu allem irdischen Leben.

Kornfelder

Die reifen Ähren sind die ausgetrockneten, goldocker gewordenen, vormals grünen Getreidegräser. Aus der stillen ruhigen Erde, die der Stier symbolisiert, ist das Getreidefeld gewachsen. Alle Kraft steckt nun im Korn, das zur Nahrung dient. Die Pflanzen sind strohig gelb geworden und tragen die Farbe des Wüstensandes. Systematischer Anbau, der dazu dient, das Korn zu ernten, ist eine Funktion der Jungfrau. Geschnitten und zerteilt werden die Ähren und dann verarbeitet. Später im Winter hat der umgepflügte Acker (Jungfrau, Steinbock) Zeit zur Ruhe. Überfroren (Steinbock) wartet er auf den Frühling. Bald keimt die neue Saat, und ein neuer »erdener« Kreislauf beginnt (Stier – Jungfrau – Steinbock).

*

Merkur, der Planet des Verstandes

Merkur ist weder ganz Zwilling noch Jungfrau. Er hat zwei Gesichter. Merkur ist vor allem variabel. Während Venus, Mars und Saturn jeweils ein fixes und kardinales Zeichen beherrschen,

Abb. 38: Feingesponnene Fäden sind verknüpft zu glitzernden Netzen, Gespinsten. Geknüpfte, geklöppelte, gehäkelte, gestrickte, gewebte, bestickte Kostbarkeiten erzählen von zwillingshafter Geschicklichkeit und jungfräulicher Präzision.

hat Merkur zwei variable Domizile. Er ist Symbol für unser Denken. Der sachliche, am Realen orientierte Verstand mit seiner beweglichen Intelligenz ist merkurisch: Analyse (Jungfrau) plus Auffassungsgabe (Zwillinge). Aber Merkur braucht befruchtende Beziehungen zu anderen Planeten wie Sonne oder Mond, Mars oder Venus, er muß mit anderen Prinzipien verknüpft sein, sonst ist er steril.

Merkur ist Mittler, der zwillingshafte Bote, er verknüpft miteinander, was scheinbar verschieden ist. Und als Herr der Jungfrau wird er zum Zerleger: Er differenziert, unterscheidet, was ähnlich erscheint. Er ist Luft und Erde.

☿ – ☉ ♌ Lebensnähe erfahren die Elemente Luft und Erde. Gedanken werden befruchtet von Wesen, die in Höhen und Tiefen leben. Kreatives erwächst.

☿ – ☾ ♋ Fließend sind die Gedanken, Bild reiht sich an Bild. Sinnt Merkur über die Dinge nach? Gedankenketten bilden sich wie Wellen des Wassers.

☿ – ♂ ♈ Scharf weht ein heißer Luftzug den Sand um Wesen und Dinge. Geradlinig, schnell und präzise erfaßt Merkur das Wesentliche.

☿ – ♀ ♉ ♎ Doch die Suche nach Schönheit und Harmonie erschafft Formationen im jungfräulichen Sande, von luftigen Windgeistern erfunden. Schöngeistig verwirklicht sich Merkur. Das karge Pflänzchen, zwischen Steinen wurzelnd, darf einmal venusisch erblühen.

☿ – ♄ ♑ Ganz anders die Logik: begründbar, konzentriert auf den Kern. Die Luft verharrt in der Druse, Steine verbacken zum Felsen. Prinzipielles »kristallisiert« sich heraus.

☿ – ♅ ♒ Systematik herrscht auch hier, doch noch abstrakter – in Gedankengebäuden, Hypothesen oder Theorien. Wo sind die Beweise? Sie verbleiben noch in himmlischen Höhen. Nur Intuition vermag sie aufzuspüren.

☿ – ♇ ♏ Tief unten, auf dem Grunde des stehenden Wassers, bilden sich Gase. Zweifel bohren, sezieren. Die Dinge zerfallen in ihre Bausteine – auf chemischem Wege. Die Frage nach der letzten Ursache taucht auf: Warum?

Wenn ein Planet genau zwischen zwei anderen steht, befindet er sich im sogenannten Schnittpunkt, in der Achse oder der Halbsumme der beiden. Merkur könnte beispielsweise genau zwischen Mars und Uranus stehen (☿= ♂/♅). Besonders wichtig ist dies, wenn auch noch eine Aspekt-Beziehung vorliegt, wenn Mars und Uranus zum Beispiel eine Opposition bilden. Dann stünde Merkur im Quadrat zu beiden, und zwar in einem sehr genauen. Denn bei Halbsummen rechnet man kleinere Orben: ungefähr ein Grad nach vorne und hinten. Die Halbsumme des Trigons bildet nach der einen Seite des Kreises zwei Sextile, nach der anderen Seite zwei Trigone.

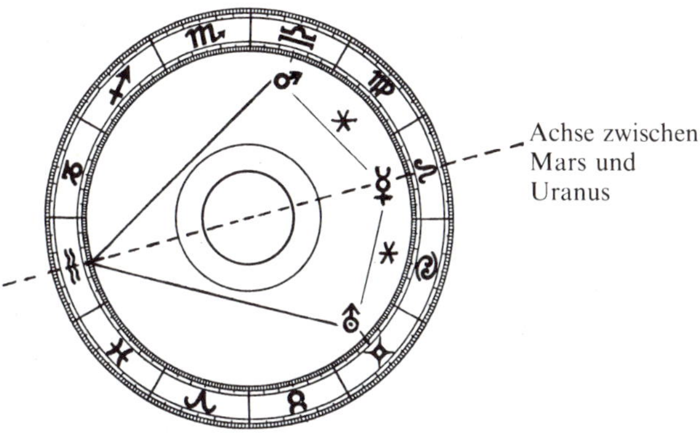

Abb. 39: Ein Planet, der sich genau zwischen zwei anderen befindet, steht in deren Halbsumme; hier: Merkur zwischen Mars und Uranus.

Die unbedeutenderen Aspekte wie Quintile, (Einein-) Halbquadrate und Halbsextile gewinnen an Bedeutung und sind eigentlich nur dann zu berücksichtigen, wenn sie sich als Folge einer Halbsumme von Quadrat, Sextil oder Biquintil bilden. Quincunx–Aspekte haben schon eher eigenständige Bedeutung.

In manchen Fällen vereinigt ein Planet viele Halbsummen auf sich (auch ohne Aspektbeziehung); dies hebt seine Kernstellung innerhalb einer Konsellation hervor.

Die Deutung einer Halbsumme erfordert zahlreiche Kombinationsschritte: Drei Planetenkräfte stehen in den jeweiligen Tierkreiszeichen, und eine dieser Planetenkräfte erhält die Schwingungen der beiden anderen. Ein Beispiel: ☿♌ = ♂♎/♅♊

Zarte Flämmchen (♂ ♎) verbinden sich mit knisternden Entladungen (♅ ♊). Dazwischen bewegen sich neugierige Lüfte (☿ ♌), die um Wichtiges (♌) herumwehen, angetrieben von einem inneren lebendigen (♌) Drang. Sie versuchen, Wesentliches zu erfassen. Sie greifen das Nicht-Faßbare (♂ ♅ in Luft) auf; aufgeheizt (♂) und aufgeladen (♅) lassen sie vieles liegen und streben nach oben (Feuer-Luft).

11 DAS SCHÜTZE-PRINZIP

Wie Schneeflocken fliegen die Samen davon, vom Wind in die Weite getrieben; sie wollen die Erde befruchten. »Beweglich«, in alle Richtungen weisend, ist das Schütze-Prinzip. »Feurig« ist sein Kern, das Samenkorn symbolisierend. Darinnen schlummert der Lebensimpuls und wartet auf sein Erwachen. (*Abb. 40*)

Das variable Feuerzeichen, der Schütze, liegt den Zwillingen gegenüber. Jupiter, bei den Römern der Göttervater, hat hier sein Domizil.

Was ist das Gegenstück zu Austausch, dem Zwillingsprinzip? Es ist Expansion. Denn wo keine Zwillings-Winde blasen, kann sich das variable Schütze-Feuer nicht entwickeln und ausbreiten. Voller Unruhe, in ständig wechselnder Gestalt züngeln die Flammen. Das Feuer dehnt sich aus, wandert über Wiesen und erfaßt ganze Wälder; dieses Feuer, vom Wind entfacht, gebiert selbst wieder Winde. So sind beide gegenüberliegenden Zeichen echte Gegen-Teile.

Das Feuer, Symbol des Lebens, zeigt uns auch seine Analogie in der lebendigen Natur. Da wachsen Organismen, sie dehnen sich, assimilieren Stoffe zu ihresgleichen. Sie nehmen mehr und mehr Raum ein, bis sie erwachsen sind. Dann wollen sie sich weiter ausbreiten, fortpflanzen. Sie säen sich selbst aus – nein, die Zwillingslüfte tragen den Samen weiter, auch der Waage-Wind und die Tiere der Luft und der Erde. Da wandern Früchte durch die Gedärme von lebenden Wesen, die Kerne und Samen werden unverletzt ausgeschieden. Und die Gewässer schwemmen die kleinen Lebensträger fort. So verbreitet sich eine Art über die Erde. Das Prinzip der Expansion kennt nur ein Ziel, nämlich die Expansion selbst. Auch beim Schützen sind wieder die für die variablen Zeichen typischen zwei Seiten eines Prinzips erkennbar: Wachstum bis zur Fortpflanzungsreife und Aussaat.

Optimale Möglichkeiten werden gesucht, unerschütterlich ist der Glaube ans Leben. Angenehm empfinden wir dieses Prinzip der Ausdehnung, ganz im Gegensatz zur Kontraktion und Begrenzung des Steinbocks. Während dort die Bewegung nach innen geht, strebt der Schütze nach außen, er schweift in die Weite. Tödlich wäre ein begrenzter Raum, es ginge vieles zugrunde.

Auch geistig sehen wir hier die Gesamtheit unserer Möglichkeiten von einem optimalen Standort aus. Das Ganze wird im Auge behalten, Synthese, nicht Analyse angestrebt. Statt Zweck und Nutzen zu sehen, fordert das Schütze-Prinzip auf, die Sinnfrage zu stellen; denn es geht ums Ganze, um unser ganzes Sein, nicht um die Befriedigung der kleinen irdischen Wünsche. Seinen immer zu engen Horizont zu erweitern, ist der geistige Antrieb des Schützen. Auf der seelischen Ebene finden wir die erhabenen, großen Glücksgefühle. »Glücklich« ist nicht zu verwechseln mit »gut«! Wir sind expandiert, haben gewonnen; ob das »wahres Glück« ist, sei dahingestellt. Aber Glücksgefühle beschert es allemal. Jupiter wurde von der klassischen Astrologie als das große Glück bezeichnet, weil er dem Erfolg und Ertrag entspricht.

Auch auf der organischen Ebene ist das Jupiter-Schütze-Prinzip die Expansion. Dem entsprechen die Arterien, die das sauerstoffreiche Blut in alle Regionen des Körpers bringen. Die Assimilation, insbesondere die Leberfunktion, Zuckerverwertung, das Wachsen und Ausdehnen haben zum Schützen Analogie – und leider auch das Zuviel. Steht ein Planet im Schützen, so erhält er die »Farbe« der Weite. Enthusiasmus, Schwung und Elan verleiht er seinen Kindern.

Funkenflug

Die flackernden Flämmchen erfassen mehr und mehr Terrain, ein Brand entsteht. Es knistert. Das Feuer frißt sich voran, immer weiter dehnt es sich aus. Funken stieben auf und legen neue Feuer. Entzündet werden die stillen Pflanzen. Jetzt gibt es ein Rauschen und Prasseln. Wilde Feuer liefern ihr enthusiastisches Schauspiel. Grandios ist der Flammen Anblick.

Samenflug

Mutig sind die kleinen Samen. An Fallschirmchen hängen sie vielleicht und schweifen kühn in die Weite, ins ferne, unbekannte Land. Sie haben kein bestimmtes Ziel. Neuland suchen sie. Wird ein Samenkorn irgendwo das erste Lebensfünkchen sein? Eines wird vielleicht den Raum für nachkommende öffnen. Mit Pioniergeist schweben sie zuversichtlich davon, so, als glaubten sie an unbegrenzte Möglichkeiten. Weitblickend sind die fliegenden Samen. Aus der Höhe tanzen sie zu Boden. »Auf den Versuch kommt es an« ist ihre Devise. Sie tragen ja den »göttlichen Funken« in sich. Wie von einer Mission beseelt, kommen sie an »ihren« Platz, fern vom Entstehungsort.

Wachstum

Hat er eine Stelle gefunden, der kleine Samen, dann geht es los! Marsianischen Trieben folgt Wachstum, das Jupiter-Schütze-Prinzip. »Groß werden« will jedes Kind, über die Blüte, Reiz der Venus, geht es weiter zur Reifung.

Reife

Es reifen Samen und Früchte. Fortpflanzung ist ihre Aufgabe. Jeglichen Wohlgeschmack bilden sie aus, alles setzen sie ein, um weitergetragen zu werden. In mannigfaltigen Gestalten, als Körner, Hagebutten, Kastanien, Kirschen oder Äpfel warten sie auf jemanden, der sie von dannen trägt. Geerntet wird der reiche Ertrag.

Frucht

Erfolg-reiche Reife, Ertrag-reiche Ernte. Früchte zu tragen, ist das Ziel jeder Unternehmung: einträglicher Ertrag. Erfolgter Erfolg!

Doch dabei bleiben die Wachstumskräfte nicht stehen. Es steckt im kleinen Kern der reifen Frucht ein neuer Baum. Die gereifte Frucht fällt hinab. Sie dient zur Nahrung – und geht so auf die Reise. Hat sie Erfolg?

Um jeden Preis gilt es, sich weiter auszubreiten. Das Ideal ihres Lebens schlummert im Innern. Schon ist das Große im Kleinen enthalten. Wenn auch die Realität des Lebens manche Äste, manche Verwirklichungs-Möglichkeiten stutzen wird, so haben doch die vielen Versuche Sinn. Einige haben Erfolg.

Der »göttliche Funke«

Ein Geheimnis birgt die Frage nach dem Impuls des Lebens, dem »göttlichen Funken«. Ihn zu erhaschen, der aus einem Meisterwerk das Genie blitzen läßt, ist wahre Gnade. Der Lebensfunke, der in einem kleinen Werk das Ganze erfaßt, ist himmlischen Ursprungs.

Abb. 41: In den Früchten finden wir Menschen den Ertrag unserer Mühen.

*

Jeder hat seinen Jupiter

Der »Schütze«, also derjenige, dessen Sonne im Schützen steht, muß nicht unbedingt ein bevorzugtes Kind des Jupiter sein. Aber immerhin: Die Sonne, die die Vitalität und das Selbstgefühl bestimmt, gehört zu den Grundantriebskräften des Menschen; sie sind im Schützen von expandierendem Unternehmungsgeist. Die Strahlen der Sonne beleuchten den Lebensweg mit der Farbe der

Zuversicht. Schütze-Schein, der Optimismus, wird gerne angenommen. Aber es kommt auch darauf an, wo der Schütze-Herr, nämlich Jupiter, sein Stellium (Standort) hat; vielleicht in seinem Domizil – oder im Krebs.

Dort, im Krebs, ist nach der Tradition seine »Exaltation«, seine »Erhöhung«. Der Fluß des wässrigen Krebs-Zeichens trägt Jupiters Pläne in alle Lande mit sich fort. Es animiert seine Kräfte. Jupiter schwimmt mit im Strom der hoffenden Stimmungen. Im Gegenzeichen des Krebses, im Steinbock, soll Jupiter im »Fall« stehen, wie die Überlieferung behauptet. Hier reift der Samen langsam. Für die anderen »Elemente«, die ihn wegtragen sollen, ist er im Steinbock wenig attraktiv, zu hart, zu schwer, ohne Süße, ohne Duft, ohne fruchtiges Kleid; fällt er auf zu steinigen, festen Boden, dann hat es der Samen schwer, Wurzeln zu schlagen und sich voll zu entfalten. Hat der keimende Sproß es schließlich doch geschafft, dann ist er zäh genug, auch unter widrigsten Umständen zu bestehen. Der »erdene« Steinbock bremst, hält Ungestümes zurück, was nicht unbedingt von Nachteil sein muß.

Wie ergeht es Jupiter aber im luftigen Zwillingszeichen, dem Zeichen seiner »Vernichtung«? Hier findet er kaum die nötige Ruhe, um seine Pläne reifen zu lassen. Die zwillingshaften Winde überlassen das keimende Samenkorn nicht sich selbst. Sie wehen es fort, noch bevor es sich festmachen kann. Wurzeln und Sprosse müssen flexibel sein, wollen sie ihre Richtung finden. Sie tasten und probieren nach allen Seiten.

Da ist der »Waage-Wind« schon gnädiger. Er nimmt den Neuling fliegend mit sich fort und gibt ihm die Richtung. Zart und sanft gebogen, wird die sprießende Pflanze wachsen.

Im kardinalen »Widder-Feuer« wird Jupiter zum Eroberer. Sehr viel Durchsetzungswille und -kraft stecken dann im expandierenden Keim. Er verausgabt sich ohne Todesfurcht.

Das skorpionisch stehende Wasser kann für Jupiter gefährlicher werden. Denn hier verliert er seinen unbedingten Erfolgsglauben, den ungetrübten Optimismus; hier verkapselt sich das Samenkorn, um der Feuchtigkeit standzuhalten; hier droht der allzu empfindlichen Natur Fäulnis. Samen gehören nicht ins Wasser. Die Wasserpflanzen breiten sich aus und vermehren sich, indem sie sich teilen und neue Triebe bilden. Der Samen der Seerose jedoch, der Lotusblüte, fällt auf den Grund und keimt. Ihre Blüte scheint der Sonne verwandt.

Die fixen Zeichen umfangen den Jupiter und halten ihn. Löwe gibt ihm Lebensnähe. Das Leben selbst, das Dasein als solches, bedeutet ihm Reifung und Ertrag.

Wassermann ist abstrakter. Was gewöhnlich im Leben möglich ist, interessiert nicht sehr. Von Ideen und Intuition, von neuen mutierenden Impulsen werden die Informations-tragenden Samenkörner getroffen. Es könnte ja eine neue Varietät entstehen! Viele gehen dabei zugrunde, lebensunfähig, – andere transformieren sich. Ist das Expansion? Im Wassermann ist Jupiter umfangen vom Glauben an das Neue. Eine Idee wird aufgehen und wachsen! Darauf setzt er.

Kann Jupiter im fixesten aller Zeichen, dem Stier, noch expandieren? Die Mutter Erde ist fruchtbar, hält Wasser, Wärme und Luft für das kleine Korn bereit, umfängt es mit sinnlicher Nähe. Es fühlt sich wohl, wächst genießend heran und bleibt gerne bei ihr.

Die »jungfräuliche« Demeter (griechische Erdgöttin) ist viel nüchterner. Sie verlangt den Sprossen Selbstbeschränkung ab. Denn üppiges hat sie nicht zu bieten. Um zu wachsen, muß sich die Grundidee im Innern des Samens bescheiden und mit Notwendigem und Nützlichem zufrieden geben. Hier verliert Jupiter leicht den Blick für das Ganze, er schaut auf die zum Aufbau notwendigen Einzelheiten. Ein ungehindertes Ausbreiten ist in variabler, bewegter Erde, dem merkurischen Jungfrau-Prinzip, nicht leicht möglich. Dort sind die »Zwillings-Winde« nicht weit.

Doch stünde der Zwillingsherr Merkur im Schützen, dem Ort seiner »Vernichtung« und Jupiter in den Zwillingen oder der Jungfrau, dann befänden sie sich unter gegenseitiger Herrschaft, was »Rezeption« heißt. So wäre Merkur an der Synthese orientiert und Jupiter an der Analyse. Das könnte sich gegenseitig wunderbar befruchten.

Möglich sind die verschiedensten Paarungen. Steht beispielsweise der Mond im Schützen und Jupiter im Krebs, so sind diese beiden in Rezeption, einer Konstellation voller Schöpferkraft.

Mit begeisterter Seele würde ein Mensch mit dieser Jupiter-Mond-Stellung seine Vorhaben und Vorstellungen in die Welt tragen.

Voller Unternehmungsgeist und Optimismus sind die »Schützen« (Sonne im Schützen), die vielleicht auch den Jupiter im Löwen haben. Das ist eine Rezeption von Sonne und Jupiter. Sind das die scheinbar begünstigten Kinder des Jupiter? Nein, das genügt nicht. Auch die Aspekte spielen eine Rolle. Es könnte ja ein Saturn dissonant stehen, etwa in Quadrat zu Jupiter; oder ein Mars im Quadrat zur Sonne könnte alles übersteigern. Es könnte auch beides der Fall sein und zu ernstlichen Konflikten führen. Wo steht der Mond – vielleicht in Konjunktion mit Saturn? Jetzt braucht der Deutende Kombinationsvermögen! Doch das ist noch nicht alles. Erst das genaue Horoskop gibt Aufschluß darüber, welcher Planet der stärkere ist, also in dominanter Position steht.

Das Horoskop

Ein Horoskop ist die Aufzeichnung der Planetenkonstellation zu einem bestimmten Zeitpunkt, bezogen auf die Ebene des Tierkreises, also die Ekliptik. In den Tierkreis werden die Planeten eingezeichnet, je nach ihren Positionen. Diese kann der Astrologe für jeden Tag in einer Gestirnstandstabelle, einer sogenannten Ephemeride, nachlesen. Zwischen den Planeten bilden sich wichtige Winkel, Aspekte genannt, und besondere Strukturen.

Der Ausdruck »Horoskop« stammt aus dem Griechischen, von *horos* = Grenze, Termin und von *skopein* = anschauen, untersuchen. Wörtlich genommen, ist das Horoskop die Betrachtung eines Zeitpunktes. Die Tageszeit ist wichtig, um zu erkennen, wo der Horizont zur Zeit der Geburt lag, der den Aszendenten bildet. Von der Geburtszeit ist auch abhängig, in welchem Punkt der Meridian, der Längengrad des Geburtsortes, den Tierkreis schneidet: das *medium coeli*, die Mitte des Himmels. Aus dem Verhältnis der Planeten zu Aszendent und *medium coeli* ersieht der Astrologe, welche Planeten und Prinzipien in einem Horoskop hervorgehoben sind. Die Lage der Achsen hat auch mit dem Bezug eines Menschen zu seiner Umwelt zu tun. Der Mensch ist ein Sozialwesen, jeder hat sein besonderes gesellschaftliches Umfeld.

Ein Horoskop, die Untersuchung eines Zeitpunktes, läßt sich nicht nur für Menschen erstellen, sondern auch für Tiere. Sogar für Firmengründungen, eine Idee, ein Telefongespräch oder das Lesen eines Briefs können Astrologen Horoskope errechnen – im Grunde für jeden neuen Beginn, für jede »Geburt«. Solche Horoskope müssen aber zu demjenigen, den sie betreffen, in Beziehung gesetzt, also mit seinem Horoskop verglichen werden.

Auch Horoskope zweier Menschen lassen sich vergleichen. Übereinstimmungen und Spannungen zwischen ihnen werden dadurch offenkundig. In etwa der gleichen Art werden Prognosen erstellt: Dazu vergleicht der Astrologe Konstellationen einer bestimmten Zeit mit dem Geburtshoroskop eines Menschen. Die Prognosemöglichkeiten aber sind begrenzt. Der Astrologe kann zwar Tendenzen erkennen, also die Zeiträume sich bietender Chancen und auftretender Probleme; daraus kann er kombinieren, welche Schicksalsmöglichkeiten sich ergeben könnten. Ehrlicherweise muß er aber zugeben, daß nicht alles festgelegt scheint. Überdies kommt es entscheidend darauf an, welchen Reifegrad, welche Moral oder Einsicht der betreffende Mensch besitzt; Thomas Ring nennt dies den »selbstbestimmenden Faktor«. »Ereignisse« sollte man nicht herauszudeuten versuchen. Denn an die unendliche Vielfalt, mit der sich das Schicksal erfüllt, reicht die Phantasie des besten Astrologen nicht heran.

12 DAS FISCHE-PRINZIP

Zu Neptuns Reich gehören die Meere. Im Tierkreisabschnitt der Fische ist das wäßrige Element »variabel«, dehnt sich über die ganze Erde aus. Unaufhörlich wogen die Ozeane, unerschöpflich ist der Formenreichtum der schäumenden Wellen. Keine Sekunde des Stillstands, kein Augenblick gleicht dem anderen. Wassertröpfchen erheben sich aus irdischer Gebundenheit, Nebel werden auf ihrer Reise zu phantastischen Gebilden, Träume durchwandern Raum und Zeit. (*Abb. 42*)

Dem Fische-Prinzip entsprechen die variable Bewegungsform und das wäßrige Element. Da bewegt sich Wasser in alle Richtungen, es ist über die Erde ausgebreitet, Wellen schlagen unaufhörlich ans Ufer – das große, unendliche Meer. Da erheben sich die Wasser in die Lüfte, verdunsten, sie wandern als Tröpfchen um die Erde – Wolken sind es. Über das Land legt sich der morgendliche Nebel und schlägt sich als Tau nieder. Regen fällt aus den Höhen herab, versickert, verdunstet und kehrt wieder zum Meer zurück. Zwei Bilder entsprechen den variablen Fischen: Meer und Wolken.

Wasser ist das Kennzeichen unseres Planeten. Wolken umschweben ihn in seiner Atmosphäre. Phantastische, geheimnisvolle Gebilde wecken unsere Phantasie. Noch mehr als beim Schütze-Prinzip wird hier Ausdehnung deutlich, unkontrollierter sogar bis zur Auflösung.

Die »Fische« verschwimmen, wurzeln nirgends, sind haltlos, ohne Fundament und »Erde«. In die Lüfte entschweben sie, lassen keine Grenzen gelten; passiv werden sie getrieben und geformt von Temperatur und Wind. Das passivste Zeichen des Tierkreises sind die Fische. Abhängig, beeinflußbar haben sie selbst keine Kraft, sie sind wie ein Nichts, Nebel. Das Fische-Zeichen ist das passive Jupiter-Domizil, gehört aber zum Neptun. Unter dem Jupiter-Schütze-Prinzip versteht man Ausdehnung, das Wachsen eines Körpers, was »Assimilation« bedeutet. Das Neptun-Fische-Prinzip aber sprengt die Grenzen des eigenen Körpers. Verdunstendes Wasser verläßt seinen eigenen Raum, es begibt sich aus sich heraus, teilt sich in winzige Tröpfchen, wird zur Wolke. Es hat sich in ein anderes Element begeben, das der Luft. Damit hat es die Begrenzung der eigenen körperlichen Räumlichkeit durchbrochen.

Ähnlich wie bei Uranus oder Pluto liefen auch mit der Entdekkung des Planeten Neptun bedeutsame zeitgeschichtliche Ereignisse parallel. Es ist die Entwicklung der Photographie, des Films, des Tonbands, des Fernsprechwesens, die wiederum mit der Erforschung des Magnetismus einhergeht. Auf Magnetbändern können Bilder und Töne gespeichert werden (Tonband, Fernsehen, Video).

1820 entdeckte der dänische Physiker und Chemiker Hans Christian Ørsted den Elektro-Magnetismus.

1826 entstand die erste Photographie.

1840 gab es das erste Porträtstudio der Welt.

1845 endeckte der englische Physiker Michael Faraday den Dia-Magnetismus als Eigenschaft aller Stoffe.

1846 wurde Neptun entdeckt. Um diese Zeit entwickelte sich die Fernsprechidee.

1895 fand die erste Filmvorführung statt.

1898 wurde das Tonbandgerät erfunden.

Das Fernsprechwesen überwindet räumliche Distanzen. Foto und Film sprengen die Grenzen der Zeit, indem sie Vergangenes festhalten, zum Objekt gegenwärtigen Sehens machen. Kann Neptun auch die Zeit zur Zukunft hin überschreiten? Medialität, paranormale Fähigkeiten allgemein sind neptunisch. Den sogenannten sechsten Sinn, das Übersinnliche, symbolisiert das Neptun-Fische-Prinzip.

Die drei Transsaturnier werden oft als »höhere Oktaven« bezeichnet: Uranus, Symbol der Intuition, als die des Merkur; Pluto, Symbol der wandelnden Energie, als die des Mars. Ist Neptun, als Symbol des Über-Sinn-lichen, die »höhere Oktave« der Venus, des Planeten der Sinne, als welchen ihn die meisten Astrologen ansehen? Oder ist er die »höhere Oktave« des Jupiter, des Fragestellers nach dem Lebens-Sinn? Denn Neptun ist noch mehr als die Suche nach Glück und Sinn, er strebt nach dem Ideal.

Vor dem marsianischen Widder-Zeichen liegen die Fische – die passiven Fische befinden sich also unmittelbar neben dem aktivsten Zeichen, dem Widder! Groß ist auch die symbolische Entfernung zur gegenüberliegenden Jungfrau.

♍	– ♓
Ordnung	– Chaos?
konkrete Stücke, Teile	– Grenzenlosigkeit
Zerlegen und Zusammensetzen	– Verflüchtigung, Auflösung

In seelisch-geistiger Hinsicht entspricht dem Fische-Prinzip die Verflüchtigung ins Ungreifbare. Zustände wie Rausch, Halluzination, aber auch Phantasie im besten Sinne gehören zu Neptun, ebenso wie Träume, Visionen – und die Musik, diese ungreifbare, abstrakte Kunstform, die die Seele in alle Stimmungen versetzen kann.

Auch der menschliche Geist vergißt Raum und Zeit, wenn er Phantasien und Inspirationen, der Kontemplation und Meditation nachgeht, wenn er eine jenseitige Welt erahnen will.

Als animalisches Wesen könnte sich der Mensch eigentlich mit den sieben klassischen Planeten zufriedengeben. Denn durch die sieben Triebkräfte wird er existentiell gesichert: Lebenswille (Sonne), notwendige Lebensinstinkte (Mond), Erkundungsdrang, Verstand (Merkur), Sinnes-Bedürfnisse (Venus), Aktions-Triebe, Energie (Mars), optimale Expansion (Jupiter), Formung, Sicherheitsstreben (Saturn). Doch Uranus, Pluto und Neptun bringen dem Menschen die überpersönliche evolutionäre Einbindung seiner Existenz ins Bewußtsein:

Uranus: Mutation, Idee.

Pluto: Umwandlung, neue Entwicklungsgänge.

Neptun: einer nicht-körperlichen Welt teilhaftig werden; Fühlen, Erahnen des kosmischen Zusammenhangs, den die Menschheit noch nicht mit vollem Bewußtsein erfahren kann.

Was ist der Schlaf? Erquickung, Traumwanderung ins Unterbewußtsein und Unbewußte oder gar ins Jenseits? Geheimnis, aber auch Hoffnung liegen im Fische-Prinzip. Es ist die Hoffnung auf ein Ideal; die Hoffnung, alle Begrenzungen und Realitäten der Materie überschreiten zu können, wie sie Saturn aufbürdet.

Auch organisch wollen wir nicht in der Begrenzung unserer Räumlichkeit bleiben. Unser Körper begibt sich in alle Richtungen. Die Fortbewegung, auch das Tauchen und Fliegen, hat eine Neptun-Analogie. Das Halten der Balance und die Orientierung im Raum werden erst durch den »statischen Sinn« möglich. Dazu gehört das Ohr mit dem darin enthaltenen Gleichgewichtsorgan. Dessen Funktion wiederum beruht auf der Bewegung einer Flüssigkeit, die auf die Lage des Körpers reagiert. Darüber hinaus enthalten alle Muskeln kleine »Organe«, sogenannte Spindeln, die uns kinästhetische, räumliche Eindrücke vermitteln. Es ist der Muskelsinn.

Das Gehör hat Neptun-Analogie, wenn auch Sinnesorgane ansonsten unter die Stier-Venus fallen. Denn Hören schließt Raumerfahrung ein. Während das Sehen immer auf einen Punkt gerichtet ist, erfaßt das Hören gleichzeitig Geräusche von oben und unten, von hinten und vorne, von rechts und links und erfaßt damit den Raum.

Und letzten Endes müssen die Füße den Akt der Balance durch den Raum ausführen. Ihr Gewölbe trägt den Körper, geheimnisvoll von der Erde abgehoben. Das unterste, letzte Glied des Menschen steht in Analogie zu dem letzten Tierkreiszeichen, den Fischen.

Verdunstung

Die wärmende Sonne scheint die Luft durstig zu machen. Feinste, fast unsichtbare Wassertröpfchen, neblige Schleier steigen zu den Luftgeistern empor. Wo bleiben sie? Sie lösen sich auf. Werden sie selbst zu Geistern der Luft?

Wolken

In himmlischen Regionen wandern die Wolken dahin, leidenschaftslos; ohne eigene Machtinteressen lassen sie mit sich geschehen. Sie nehmen alles hin, werden aufgelöst, müssen als Regen zu Boden fallen, gefrieren zu Schnee und Hagel, werden aufgetürmt und aufgeladen, Blitze durchzucken sie. Sie können sich nicht gegen die anderen Kräfte behaupten. Unter deren Einfluß verändern sie Gestalt und Form. Sie werden zum anderen Element. Verteidigen können sie sich nicht, verschwinden ist ihre einzige Chance der Wehr. Aber irgendwo müssen sie bleiben – von fremden Kräften beeinflußt, geprägt und verwandelt.

Schnee und Hagel

Sind es saturnische Kräfte, die neptunische Wolken zu Fall bringen? Gefroren, in feste Form gewandet, doch filigran und voller

Zartheit fliegen die Kristalle herab. Neptun verzaubert sogar den harten Saturn. Aber Neptun kann auch verlieren. Zu Hagel können Tropfen gefrieren, die den Wolken entronnen.

Regen

Hat Mond die Wolken zu Tränen gerührt? Fließen sie über vor lauter Dichte? Gefallene Tropfen schimmern in mattem Glanze. Andere müssen in die Erde versickern. Doch die Wasser sammeln sich zu Bächen – starker Mond! Und schon erhebt Neptun wieder das in die Lüfte, was diese sättigt. Ausdehnung, Weite ohne Maß und Ziel, hinaus in die Höhen.

Auflösung

Wie will eine Wolke gegen die Kraft der Sonne bestehen? Sie löst sich auf – in nichts. Aber was will die Sonne gegen einen starken Neptun ausrichten, gegen die Menge der dicken Kumuluswol-

Abb. 43: Nebel steigen auf, ziehen dahin, verändern das Gesicht der Welt.

ken? Ihre Strahlen durchdringen sie, Licht kommt noch hindurch, doch es ist gemindert, gebrochen, verdüstert; die Sonne verliert ihre Selbstbehauptungskraft.

Nebel

Nachtnebel haben sich herabgesenkt. Ganz seiner Natur gemäß fühlt sich Neptun jetzt in seinem Domizil. Lautlos schleichen Nebelschwaden über alles hinweg, ziehen weiter, von Zwillingswinden getrieben; ihre Tröpfchen hinterlassen sie überall. Auf duftenden Blütenkelchen haben sie sich niedergesetzt.

Tau

Aurora, die Göttin der Morgenröte, hat Morgentau auf jedes Hälmchen gehaucht. Romantische Träume halten die Blumen umfangen. Schweigend, unwirklich langsam verschwinden die Nebel beim Anblick der Sonne. Nur Tau kündet noch von vergangener Nacht.

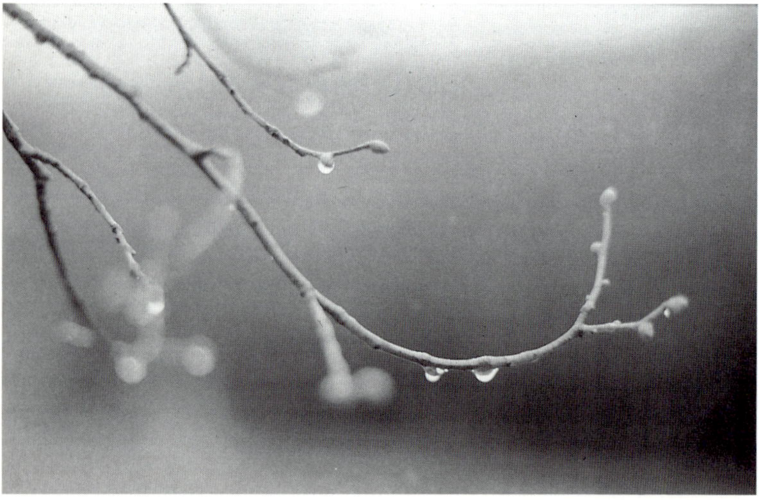

Abb. 44: Traumhafte Stille, matter Schimmer und Ton, verzaubertes Diesseits.

Musik

Stille herrscht im Reich des Neptun. Da entwickelt sich aus unwirklichen Sphären ein himmlischer Ton: Musik, rein, absolut, ohne Vorbild in der Natur. Die große musikalische Kunst ist aus der irdischen Stille geboren. Erklingt in ihr das Heimweh nach drüben?

*

Stille Betrachtung und Erkenntnis

Bilder aus der Natur, unserer Umwelt – sie können nicht ersetzen, was eigentlich durch sie angeregt werden soll. Nur auffordern können sie uns, mit offenen Augen durch die Welt zu gehen, uns hineinzubegeben in die Abläufe der Natur, in ihr Wesen und Wirken. Meditierend können wir die Kräfte erfühlen, wenn wir leise verstehen lernen, was zum Ausdruck kommen will. Dann offenbart sich, was wir nur erahnen können. Betrachtung soll es sein, stille Betrachtung. – Fragen wir nach dem Nutzen? Was bringt es uns? Erkenntnis – vielleicht? Auch Erlebnis? Fehlt uns das nicht, die Fähigkeit zu innerem Erleben?

Dies »Tun« erfüllt seinen Zweck. Wir lernen wieder zu sehen, in die Stille hineinzuhorchen, uns zu vertiefen. Im Zusammenspiel der natürlichen Kräfte können wir uns selbst erkennen. Wir werden das wahrnehmen, wozu wir schon in unserem Innern den Keim tragen. Unser Innerstes wird widerklingen, wird »resonieren«, Resonanzraum sein. Neue Resonanzräume werden sich öffnen. So kann Erkenntnis wachsen, so kann Wissen verinnerlicht werden. Nur das, was wir bereits in uns entwickelt haben, können wir in unserer Umwelt sehen. Wofür wir noch keine Sinne haben, das bleibt uns vorerst verschlossen. Der Leser wird das herauslesen, was er bereits in sich fühlen kann, mehr nicht, aber es kann mehr werden. Ist das nicht Erkenntnis und wirkliches Wachstum des Menschen?

Die Frage nach dem Sinn allen Seins vermag die Astrologie nicht zu beantworten. Aber aus der Frage nach dem Warum der beobachteten Zusammenhänge erwächst ein philosophisch-religiöses Interesse. Die Astrologie berührt die bewegenden Fragen nach der »Religion« unmittelbar – »Religion« in der Urbedeutung des Wortes, nämlich »Rückbindung« (lat: re-ligio) oder auch »Wiederbindung«, erneute Bindung an das Ganze. Denn sind wir nach dem Sündenfall nicht aus der Einheit gefallen?

Die Astrologie beobachtet durch analoges Denken Parallelitäten und Synchronizitäten in allen möglichen Bereichen. Sie beschäftigt sich nicht mit Teilgebieten, sondern mit dem Ganzen. Sie postuliert ein »kosmisches Denken«, die Einbindung des Menschen, der ganzen Natur, der Erde in kosmische Abläufe.

Wer sich mit Astrologie beschäftigt, den versetzen die beobachteten engen Zusammenhänge zwischen Konstellation und Geschehen immer wieder in Erstaunen. Wir nehmen Einblick in die »Qualität der Zeit«. Das Staunen sollten wir dabei nie verlernen, denn darin liegt Bewunderung für etwas intellektuell nicht Begreifbares. Auch schafft das Gefühl des Staunens eine hervorragende Voraussetzung dafür, eine »gute« menschliche Entwicklung einzuleiten. Es birgt Bescheidenheit und Verehrung des Größeren, Unfaßbaren in sich. Stellt sich so nicht gar ein religiöses Gefühl ein?

Der Mensch im Tierkreis

Die einzelnen Funktionen und Abläufe im menschlichen Körper stehen in Analogie zu den jeweiligen astrologischen Prinzipien. So entsprechen beispielsweise die Muskelfunktion oder der Verbrennungsprozeß dem Widder-Mars-Prinzip, die Atmung dem Merkur-Zwillings-Prinzip.

Nach uralter Überlieferung kann man sich den Menschen auch in den Tierkreis hineingelegt denken: Der Kopf liegt über dem Widder, gefolgt von Stier, entsprechend dem Hals, bis hin zu den Fischen, die Analogie zu den Füßen haben.

Abb. 45: Die menschliche Gestalt wird von alters her mit den einzelnen Tierkreisabschnitten in Verbindung gebracht.

♈ Es stellt sich die Frage, wieso dem Widder gerade der Kopf entsprechen soll. Stehen die (uranische) Gehirn-Funktion und der harte (saturnische) Schädelknochen in Analogie zum Widder? Nein, aber der Kopf als Ganzes hat Widderanalogie. Mit dem Kopf voraus wird normalerweise ein Kind geboren. In der Austreibungsphase der Geburt bahnt der Kopf den Weg für den folgenden Körper. Auch in Redensarten wie »mit dem Kopf durch die Wand« schwingt diese Analogie mit. Mit dem Kopf voran bahnen sich die Wesen ihren Weg; der Kopf ist auch im übertragenen Sinne das Vordere, Erste.

♉ Mund, Unterkiefer und Hals fallen in den Bereich des Stiers. Der schmeckende Mund läßt uns die Sättigung genießen. Der Kehlkopf, Sitz der Stimme, hat als Organ der Reizaussendung verständlicherweise auch eine Stier-Venus-Entsprechung. Wann singen die Vögel am meisten? Zur Zeit der Paarung. Wann röhren die Hirsche? Während der Brunft. Schreie der Lust. Ausdruck der Freude. Sinnlichen Reiz entsendet die Stimme, gipfelnd in der Schönheit des Gesangs.

♊ Die viel nüchternere Sprache weist eine Analogie zu den Zwillingen auf. Der Zwillings-Merkur regiert auch die Atmung, mit deren Hilfe Worte gebildet werden. Die Arme, von den Schultern bis zu den Fingern, unterstehen ebenso den geschickten, schnellen Zwillingen. Alles, was zu seinem Prinzip gehört, dient auch der Kontaktaufnahme.

♋ Dem Krebs entsprechen Brüste, Milchdrüsen, Bauchspeicheldrüse und der Magen, wo Säfte die Nahrung durchmischen. Der Magen, dieses feinsinnige, mit Schleimhäuten ausgekleidete Organ, reagiert bevorzugt auf die Regungen der Seele.

♌ Der Löwe regiert Herz, Rücken, Zwerchfell, wo die Kraft und Spannung des Menschen sitzt. Gerade Haltung, gerader Rükken, Körperspannung im Bereich des Zwerchfells, des großen Atemmuskels – dies drückt Würde und Selbstsicherheit aus. Mit geschwellter Brust, kraftstrotzend, tritt der Sonne-Löwebetonte Mensch auf (nicht unbedingt derjenige mit der Sonne im Löwen).

♍ Es folgt das Zeichen Jungfrau, das den Dünndarm beherrscht,
♎ wo die Nahrung zerlegt wird. Der harmonisierenden Waage
♏ werden die entgiftenden Nieren zugeordnet. Skorpionisch sind die Harnblase (sammelt die Harnflüssigkeit), die Sexualorgane sowie Dickdarm und Mastdarm. Plutonisch ist die Aufgabe der Darmflora, also der Darmorganismen, die in einer Symbiose mit dem Menschen leben.

♐ Schwerer zu verstehen ist, warum dem Schützen die Hüften,
♑ Gesäß und Oberschenkel, dem Steinbock die Knie und dem
♒ Wassermann die Unterschenkel unterstehen. (Die Füße gehören zu den Fischen.) Beobachten wir einmal einen springenden Menschen. Liegt die Elastizität der Beine, die Sprungkraft, nicht in den Unterschenkeln? Einer Sprungfeder gleich läßt die Wadenmuskulatur den Körper in die Höhe schnellen. Dem Himmel entgegen? Vielleicht ein wenig, nur kurz, schnell, uranisch. Allerdings müssen die Knie, die Saturn-Charakter haben, den Sprung auffangen, wenn der Mensch zur Erde zurückkehrt; sie müssen den Druck und das Gewicht des Körpers aushalten. Die Knie tragen – wir merken es oft erst, wenn sie abgenutzt sind. Arthritis ist eine Krankheit des Saturn.

Aus dem Hüftgelenk heraus hat sich der Mensch aufgerichtet, im Gegensatz zum Tier. Mit dem aufrechten Gang ist er »göttergleich« gewachsen. Der Mensch ist »expandiert«, hat an Größe und Höhe gewonnen, hat Überblick bekommen. Gesamtschau ist ihm möglich. Das menschliche Wesen nimmt eine höhere Warte ein, kann über sein kleines Ich hinausdenken und Zusammenhänge wahrnehmen. Es ist sogar fähig zur Synthese – hoffentlich!

♓ Bleibt zuletzt nur die Hoffnung? – ein Fische-Prinzip. Die Hoffnung ist es, die Seele und Geist neptunisch durchs Leben trägt. Mit ihr schreiten wir dahin wie auf Füßen, die die Unebenheiten des Weges ausbalancieren.

III

VERKÖRPERUNGEN UND ENTSPRECHUNGEN DER ZWÖLF ASTROLOGISCHEN PRINZIPIEN

1 DIE NATUR-PRINZIPIEN

Ein Überblick

Es treibt und entzündet.	Trieb
Es empfindet und entfaltet Reiz.	Reiz
Es atmet und tauscht sich aus.	Atmung
Es fließt und ändert Form.	Fluß
Es lebt und strahlt.	Leben
Es teilt sich zu »Bausteinen«.	Ab- und Aufbau
Es sucht Gleichgewicht und gleicht aus.	Ausgleich
Es zersetzt und wandelt sich.	Umwandlung
Es wächst und sucht neuen Raum.	Wachstum
Es begrenzt und formt sich.	Begrenzung
Es befindet sich im Spannungszustand.	Spannung
Es zerfließt und löst sich auf.	Auflösung

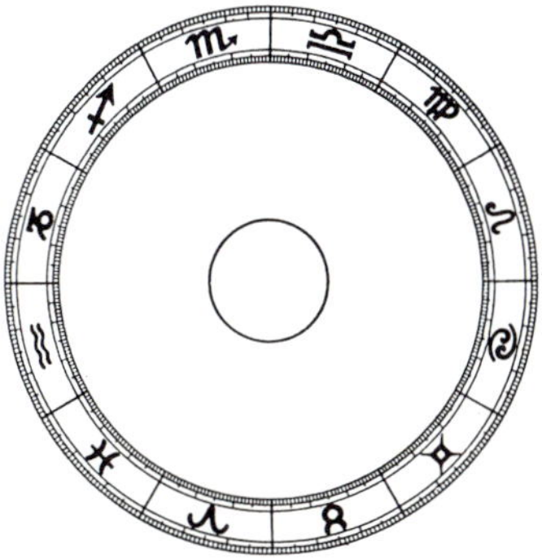

2 DAS VERHÄLTNIS DER PLANETEN ZUM TIERKREIS

Den Tierkreis kann man sich als irdische Entschlüsselungsebene für die Informationen aus dem Sonnensystem oder All vorstellen. Alle zwölf denkbaren Kombinationen aus den für die Erde typischen vier Elementen und drei Bewegungsformen sind darin enthalten; jeder Tierkreisabschnitt entschlüsselt in seiner spezifischen Art und Weise die Kräfte, die durch die Planeten übermittelt werden.

Jeder Planet erscheint von der Erde aus als Verkörperung eines bestimmten Prinzips. Möglicherweise decken sie sich nicht ganz genau mit den einzelnen Tierkreisprinzipien; aber es kann nur in die Erdhülle eintreten, was absorbiert werden kann, was angezeigt ist durch die 3×4 Kombinationsmöglichkeiten. Energien, die darüber hinaus durch die Planeten – als Informationsträger verstanden – ausgelöst werden könnten, werden wahrscheinlich resorbiert, weil der Tierkreis den Informationsgehalt für die Erde nicht entschlüsseln kann.

Was wir von den Planeten empfangen, ist ihr erdspezifisches Bild, also der Eindruck, den wir von ihnen erhalten. Wenn man beim Menschen eine nicht-erdgebundene Dimension seiner Existenz anerkennt, dann könnten Planetenkräfte auch noch in anderer, nicht erdspezifischer Art und Weise auf uns wirken; man müßte dann voraussetzen, daß Geist oder Seele die Erdensphäre verlassen könnten, zum Beispiel im Schlaf oder in einer nachtodlichen Existenz. Über ein solches spirituelles Einwirken von Planeten hat sich zum Beispiel Rudolf Steiner[8] Gedanken gemacht.

Unter dem Gesichtspunkt unserer körperlichen Erdbezogenheit betrachtet, unterliegt auch unser Denken erdspezifischen Regeln. Eine darüber hinausgehende Art von Astrologie könnte vielleicht einmal in der Zukunft eine Rolle spielen, falls sich der Mensch zu größerer Freiheit von seiner Leiblichkeit weiterentwickelt.

Wir betrachten hier Sonne, Mond und Planeten in ihren Entsprechungen zum natürlichen Geschehen auf der Erde. Speziell beim Menschen untersuchen wir sie als »Triebkräfte«, die seinen Willen und seine Motivation sehr stark beeinflussen. Seelische und geistige Abläufe stehen nach astrologischer Lehre dazu in Analogie. Allerdings kann der Mensch einen gewissen Abstand zu sich selbst finden, kann das angeborene Muster überwinden – durch Selbsterkenntnis.

»Würden« und »Schwächen« der Planeten

In alten Überlieferungen ist von »Würden« und »Schwächen« der Planeten die Rede. Darunter werden die Stellungen der Planeten in den Tierkreiszeichen verstanden, die einen Planeten in dessen spezieller »Farbe« unterstützen oder modifizieren (siehe dazu »Gute und schlechte Planetenstände« im Kapitel das »Waage-Prinzip«, Seite 128). Die Zuordnungen der drei Transsaturnier zu ihren Domizilen stammen aus neuerer Zeit; die Zeichen der »Erhöhung« und des »Falls« leitete ich aus systematischen Erwägungen im Hinblick auf den Tierkreis ab (vgl. das folgende Kapitel über »Die Beziehungen der Transsaturnier zum Tierkreis«).

Nach traditioneller Auffassung soll das Zeichen der Erhöhung den betreffenden Planeten in seiner Kraft unterstützen und diese gleichzeitig »veredeln«. Solche Aussagen sind aber höchstens dazu geeignet, ein tieferes Verständnis des Zusammenhangs zwischen Planeten und Tierkreiszeichen zu entwickeln; sie begründen keine Werturteile. Aus nachfolgender Tabelle darf keine Wertung abgeleitet werden, auch wenn die alten Bezeichnungen dazu verleiten mögen. »Fall« bedeutet keine Abwertung, sondern zielt eher darauf ab, daß zu dem Planetenprinzip etwas Atypisches hinzutritt. Die »Erhöhung« unterstützt den Planeten in seiner Eigenart.

	ZEICHEN DER HERRSCHAFT, »DOMIZIL«	GEGEN-ZEICHEN DES DOMIZILS: »VERNICHTUNG«	ZEICHEN DER »ERHÖHUNG«	GEGEN-ZEICHEN DER »ERHÖHUNG«: »FALL«
Sonne	♌	♒	♈	♎
Mond	♋	♑	♉	♏
Merkur	♊ (♍)	♐ (♓)	♍ (♐)	♓ (♊)
Venus	♉ (♎)	♏ (♈)	♓ (♊)	♍ (♐)
Mars	♈ (♏)	♎ (♉)	♑	♋
Jupiter	♐ (♓)	♊ (♍)	♋	♑
Saturn	♑ (♒)	♋ (♌)	♎	♈
Uranus	♒	♌	♏	♉
Neptun	♓	♍	♒	♌
Pluto	♏	♉	♌	♒

Je intensiver man sich mit den einzelnen Prinzipien auseinandersetzt, desto deutlicher wird der Sinn der Zuordnungen. Die Zeichen von Domizil und Vernichtung sowie von Erhöhung und Fall liegen einander jeweils gegenüber.
Zu den Positionen von Erhöhung und Fall möchte ich im folgenden einige Denkanstöße geben.

Sonne: Das feurige Zentralgestirn muß sich mit dem impulsgebenden Mars-Tierkreisabschnitt Widder gut vertragen. Daß Waage, als Farbe des Ausgleichs, den Zentralitätsanspruch der Sonne nicht ganz zur Geltung bringt, ist klar.

Mond: Das fließende Prinzip wird erst durch die ruhige Erde (Stier) fruchtbar – eine ergänzende Farbe. Im stehenden Gewässer (Skorpion) verliert sich der hineinfließende Mond und unterliegt einer tiefen Umwälzung.

Merkur: Er steht zu allen vier variablen Zeichen in einer auffälligen Beziehung. Zwei können ihn fassen, Zwillinge und Jungfrau. Luft und Erde sind theoretischer und sachlicher als Feuer und Wasser, die eine zu lebensnahe und emotionale Komponente besitzen. Die Zeichen der Weite, der feurige Schütze und die wäßrigen Fische sind atypisch für Merkur.

Venus: Wie Merkur hat sie zu Erde (Stier) und Luft (Waage) eine besondere Beziehung, wenn auch in ganz anderer Hinsicht. Denn »Jungfrau« bedeutet ihr »Fall«. Kaum ein anderes Prinzip im Tierkreis greift die Lebensgrundlage, die »Stier-Erde«, derart an wie das durch Jungfrau zum Ausdruck kommende Prinzip: Erosion, Analyse. Die Fische romantisieren die Venus.

Mars: Zu den vier kardinalen Zeichen tritt er in ein besonderes Verhältnis. Die Schärfung seiner Durchtrennungskraft vollzieht sich am Stein (Steinbock), durch das fließende Wasser (Krebs) wird seine Schneide angegriffen.

Jupiter: Er wird gerade von diesem fließenden Krebs-Prinzip beseelt und auf Wogen fortgetragen. Steinbock bremst die Expansion.

Saturn: Er hat nicht die positive Einstellung zum Mars wie umgekehrt Mars zu Saturn. In seiner Verfestigungstendenz fühlt er sich von Zerteilung bedroht. Der Waage-Wind glättet ihn jedoch und nimmt ihm das Überflüssige weg.

Die Zuordnungen der Transsaturnier will ich im folgenden theoretisch untermauern und begründen.

Wenn man davon ausgeht, daß dem Tierkreis eine innere Systematik zugrunde liegt, dann lassen sich durch konsequentes Überlegen die Zeichen von »Erhöhung« und »Fall« der Transsaturnier feststellen. Aber nicht nur diese Zuordnungen lassen sich astrologisch begründen, theoretisch sind auch die Zeichen von »Erhöhung« und »Fall« des Waage- und des Jungfrau-Prinzips auffindbar. Fangen wir dazu bei den Domizilen der Lichter an:

Krebs und Löwe: Der Mond ist im Stier erhöht und im Skorpion im Fall.
Die Sonne ist im Widder erhöht und in der Waage im Fall.

Diese Beziehung kann man darstellen wie in Abb. 46.

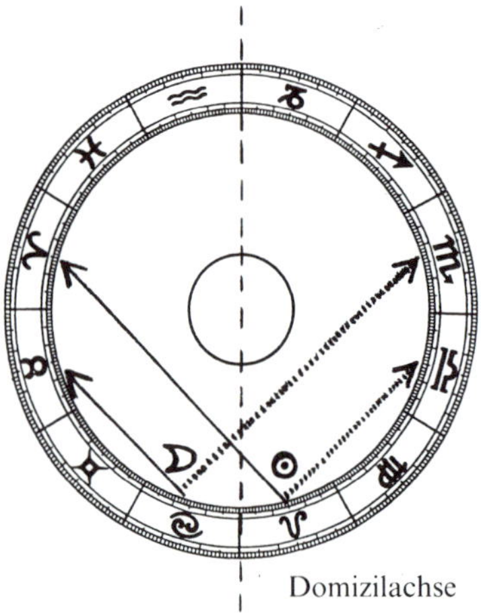

Abb. 46: Bei der Sonne liegt das Zeichen der Erhöhung im Trigon zu ihrem Domizil; beim Mond liegt das Zeichen des Falls trigonal zum Domizil.

Nun machen wir systematisch weiter. Die Stier-Venus ist in den Fischen erhöht, in der Jungfrau im Fall. Entsprechend auf der anderen Seite: Der Herr der Waage, der »noch« die (Waage-) Venus ist, müßte im Schützen im Fall und in den Zwillingen erhöht stehen. Wie der Leser sicher schon bei Krebs und Löwe bemerkt hat, sind Fall und Erhöhung auf jeder Seite umgekehrt – oder anders ausgedrückt: Die Zeichen der Erhöhung liegen links vom Domizil, also gegen die Tierkreiszeichenfolge, die Zeichen des Falls in Tierkreiszeichenfolge. Merkur macht da allerdings eine Ausnahme.

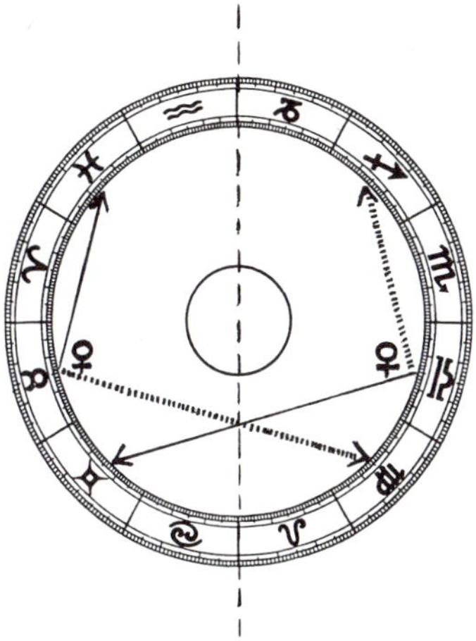

Abb. 47: Für Venus, die Herrin des Stiers, sind traditionell die Fische das Zeichen der Erhöhung, die Jungfrau das Zeichen des Falls; für die Waage-Herrin bedeuten die Zwillinge Erhöhung, Schütze Fall.

Wir setzen nun die Überlegungen mit den anderen Zeichen fort.

Die Tradition behauptet, daß Mars im Steinbock erhöht sei (Abb. 48), aber Saturn im Widder im Fall stehe (Abb. 49). Wie Steinbock und Widder, so müssen sich auf der anderen Seite auch Skorpion und Wassermann zueinander verhalten. Uranus ist demnach im Skorpion erhöht (Abb. 49) und Pluto im Wassermann im Fall (Abb. 48).

So ist das Verhältnis auch zwischen Zwillingen und Jungfrau (Abb. 50): Der Zwillings-Merkur ist in der Jungfrau erhöht, und der Jungfrau-Herr (Merkur) ist in den Zwillingen im Fall. Das erfordert die Symmetrie auf beiden Seiten. Das Zeichen der Erhöhung findet man bei Merkur (Zwillinge) allerdings rechts vom Domizil (Jungfrau) oder in Tierkreiszeichenfolge, was bei den anderen Planeten offensichtlich umgekehrt ist.

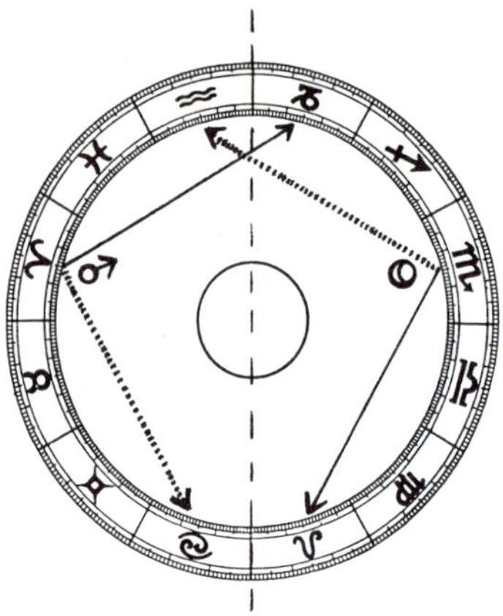

Abb. 48: Die Zeichen von Erhöhung und Fall des Mars liegen quadratisch zu dessen Domizil; entgegen der Tierkreiszeichenfolge liegt das Zeichen der Erhöhung, nämlich der Steinbock. Entsprechend verhält es sich beim Skorpion-Herrn.

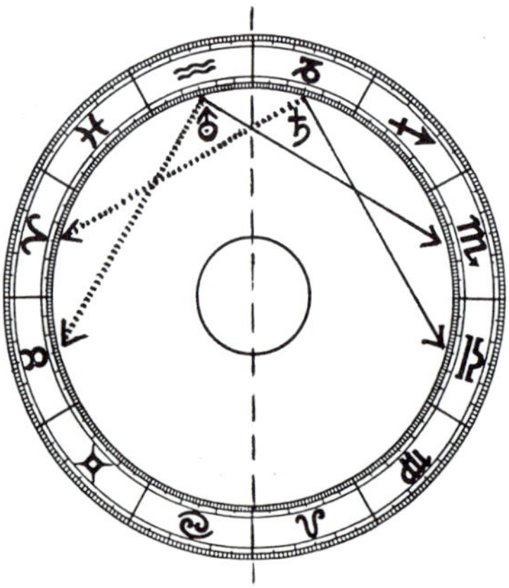

Abb. 49: In Tierkreiszeichenfolge, quadratisch zum Steinbock, liegt das Zeichen des Falls von Saturn, der Widder; analog dazu der Uranus.

In Abbildung 51 sind die drei ungleichen gegenseitigen Beziehungen zusammengefaßt: Widder/Steinbock, Wassermann/Skorpion, Zwilling/Jungfrau.

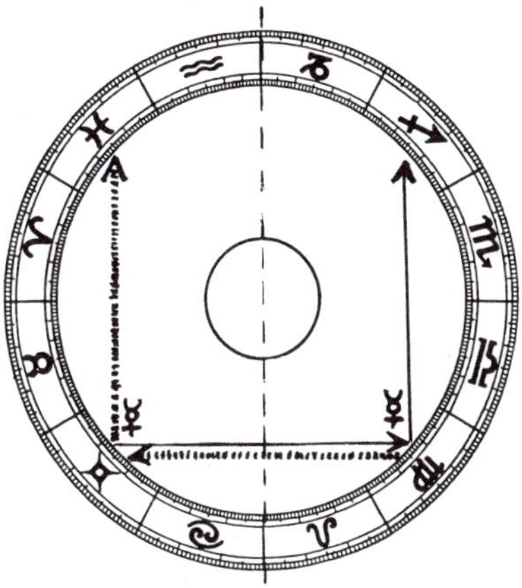

Abb. 50: In Tierkreiszeichenfolge liegt die Erhöhung des Zwillings-Merkur, die Jungfrau; zugleich stellt sie das zweite Domizil des Merkur dar. Die Zwillinge stellen für das Jungfrau-Prinzip dessen Fall dar.

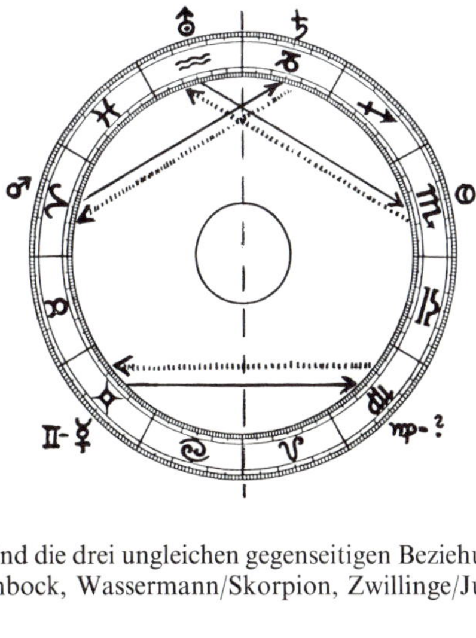

In Abbildung 51 sind die drei ungleichen gegenseitigen Beziehungen zusammengefaßt: Widder/Steinbock, Wassermann/Skorpion, Zwillinge/Jungfrau.

Die Zeichen der Erhöhung und des Falls von Neptun lassen sich über die Jupiter-Zuordnungen finden (Abb. 52). Nach dem dargelegten Schema ist Wassermann die Erhöhung von Neptun (Jupiter im Steinbock im Fall), Löwe ist Zeichen des Falls (Jupiter in Krebs erhöht).

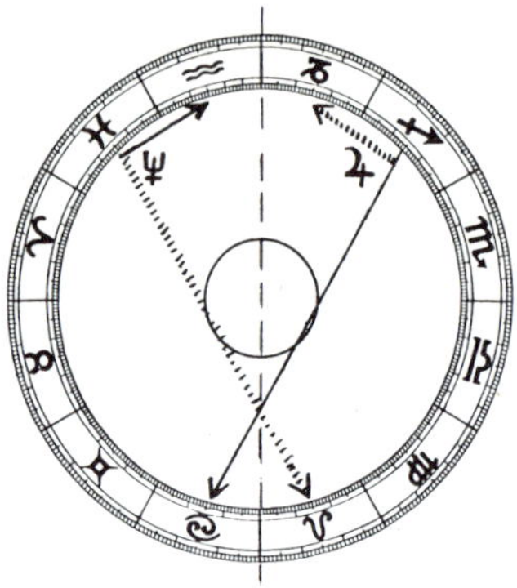

Abb. 52: Sonne, Mond, Venus und – wie hier abgebildet – Jupiter, die traditionell als Wohltäter galten, haben ihren Fall und ihre Erhöhung nicht in quadratisch liegenden Zeichen. Das Zeichen der Erhöhung liegt für die Schütze- und Fische-Herren in Gegenrichtung zur Tierkreiszeichenfolge.

Erinnern wir uns an die reife Ähre (vgl. Kapitel »Das Jungfrau-Prinzip«, Seite 139). Die Samen gehören zum Jupiter-Prinzip, das Stroh und das zur Nahrung dienende Korn aber zur Jungfrau. Alle Kraft gehört dem neuen Aufbau, wenn ein Merkur im Schützen steht. Die reife Ähre teilt sich in Stroh und Korn. Letzteres sind die Bausteine (Jungfrau) für kommendes neues Leben (Schütze). Expansiv unterstützt die »Schütze-Farbe« den neuen Aufbau.

Wenn Merkur im Schützen steht – bedeutet dies seine Vernichtung (Gegenzeichen von Zwillinge) oder seine Erhöhung? Schütze beinhaltet die Synthese. Er kann einen Merkur in seiner Bedeutung von ruhigem Auf- und Zusammenbau unterstützen. Das ist der Jungfrau angemessen, jedoch den Zwillingen fremd. Merkur im Schützen bedeutet, daß Zwillings-Analogien zugunsten von Jungfrau-Tendenzen zurücktreten.

Für die Tierkreiszeichen ergibt sich daraus die folgende Tabelle:

TIERKREIS-ZEICHEN	HERRSCHAFT	VER-NICHTUNG	ERHÖHUNG	FALL
Widder	♂	♎ – ♀	☉	♄
Stier	♀	♇	☾	♅
Zwillinge	☿	♃	♎-Prinzip	♍-Prinzip
Krebs	☾	♄	♃	♂
Löwe	☉	♅	♇	♆
Jungfrau	♍ – ☿	♆	☿	♀
Waage	♎ – ♀	♂	♄	☉
Skorpion	♇	♀	♅	☾
Schütze	♃	☿	♍-Prinzip	♎-Prinzip
Steinbock	♄	☾	♂	♃
Wassermann	♅	☉	♆	♇
Fische	♆	♍ – ☿	♀	☿

Einige Erläuterungen zu den neuen Zuordnungen:

Uranus im Skorpion erhöht: Skorpion unterstützt die Änderungsbereitschaft des Uranus und gibt ihm zugleich Tiefe und Zurückhaltung. Das Wassermann-Prinzip als solches wirft nämlich einfach über Bord, was »alt« ist.

Neptun im Wassermann erhöht: Wassermann ermöglicht dem Neptun, sich von der irdischen Sphäre zu lösen, denn er beherrscht die himmlische luftige Region, in die die neptunischen Nebel entschwinden.

Pluto im Löwen erhöht: Die skorpionischen Wandlungsprozesse werden durch das lebendige, warme Löwe-Prinzip gefördert und in den lichten, lebensbejahenden Zustand geführt. Das neue Leben wird damit betont. Die Sonne kommt sich allerdings im Skorpion relativ fremd vor.

Der noch nicht entdeckte (oder vielleicht gar nicht existierende) Waage-Herr bzw. das »himmlische« Venus-Prinzip ist wohl in den Zwillingen erhöht. Das betont den starken intellektuellen Anteil dieses Prinzips. Nicht umsonst wird die Waage auch »wissenschaftliches« Zeichen genannt. Wie anders mutet doch die Stier-Venus an!

Ein Jungfrau-Herr mag längst in Stücke zerbrochen sein und als Asteroiden-Gürtel zwischen Mars und Jupiter die Sonne umkreisen; möglicherweise wartet er noch auf seine Entdeckung; vielleicht ist er auch die Erde selbst oder tatsächlich Merkur. Wie auch immer – in jedem Fall ist dieses Jungfrau-Prinzip meiner Überzeugung nach im Schützen erhöht.

Wenn Planeten »ohne Schwäche« oder »fremd« sind

Auch diese beiden überlieferten Begriffe kennzeichnen gewisse Stellungen der Planeten in den Zeichen. Die Positionen »ohne Schwäche« und »fremd«, auch »peregrin« oder »würdelos« genannt, sind einfach zu erklären: »Ohne Schwäche« sind die Planeten in den Zeichen, die dem gleichen Element wie ihr Domizilzeichen angehören, sofern sie dort keine andere Position einnehmen, also in Herrschaft, Erhöhung oder Fall stehen. Zum Beispiel: Die Sonne hat im feurigen Löwen ihr Domizil; die beiden anderen Feuerzeichen sind Schütze und Widder. Im Widder steht sie erhöht, im Schützen ist sie »ohne Schwäche«.

Jupiter, Herr des Feuerzeichens Schütze, ist in den Zwillingen vernichtet, steht im Krebs erhöht, im Steinbock im Fall; in den beiden Feuerzeichen Löwe und Widder hat er keine besondere Position – dort steht er daher »ohne Schwäche«.

PRINZIP	IM ZEICHEN DES GLEICHEN ELEMENTS			»FREMD« »PEREGRIN« »WÜRDELOS«
	»ohne Schwäche«		**andere Position**	
☉ – ♌	in	♐	in ♈ »erhöht«	♉ ♊ ♋ ♍ ♏ ♑ ♓
☾ – ♋	in	♓	in ♏ »im Fall«	♈ ♊ ♌ ♍ ♎ ♐ ♒
☿ – ♊ ☿ – ♍	in in	♎ ♒ ♉ ♑	– –	♈ ♋ ♌ ♏
♀ – ♉ ♀ – ♎	in in	♑ ♒	in ♍ »im Fall« in ♊ »erhöht«	♋ ♌
♂ – ♈ ♇ (♂) ♏	in in	♌ ♐ ♓ ♋	– ♋ ist aber »Fall« des ♈ – ♂	♊ ♍
♃ – ♐ ♆ (♃) ♓	in in	♈ ♌ ♏ ♋	– ♋ ist »Erhöhung« des ♐ – ♃	♉ ♎
♄ – ♑ ♅ (♄) ♒	in in	♉ ♍ ♊ ♎	– ♎ ist »Erhöhung« des ♄	♐ ♓

Die Stellungen in den übrigen Zeichen, die weder dem gleichen Element wie dem des Domizils angehören noch Zeichen der Vernichtung, der Erhöhung oder des Falls sind, werden als »fremd« bezeichnet. Der Krebs beispielsweise stellt das Domizil des Mondes dar, das Wasserzeichen Skorpion bedeutet dessen Fall, in den Fischen steht der Mond »ohne Schwäche«. Der erdene Steinbock ist Zeichen seiner Detrimentation, das Erdzeichen Stier bedeutet seine Erhöhung. Im dritten Erdzeichen Jungfau steht er »fremd«. In allen Luft- und Feuerzeichen steht der Mond ebenfalls »würdelos« oder »peregrin«.

Praktisch anwendbar sind die Tabellen auf den Seiten 181 und 183 nicht; sie sollen lediglich Anstöße geben, über die inneren Zusammenhänge der zwölf Prinzipien nachzudenken. Mars beispielsweise entspricht seinem Wesen nach dem feurigen Widdercharakter, die ausgleichende Waage (Zeichen der Vernichtung) nimmt ihm seine durchtrennende Schärfe, in seinem Nebendomizil Skorpion erhält die vordrängende marsianische Triebkraft genügend Nahrung für seine Keime, der Stier knüpft Mars an Ruhe und Verharren, gibt ihm Bedürfnisse, die eigentlich atypisch für Mars sind. Am felsigen Steinbock (Erhöhung) kann Mars die Schneide seines Schwertes schärfen, aber vom fließenden, wäßrigen Krebs (Fall) wird sie angegriffen, sie rostet.

In den Feuerzeichen Löwe und Schütze erhält Mars die für ihn notwendige Dynamik, dort steht er »ohne Schwäche«; auch die Fische sind ein Zeichen, in denen er keine besondere Position hat, die aber dem gleichen Element wie der Skorpion angehören, sein Nebendomizil. Die Fische sind zwar »feucht«, doch auch sehr expansiv und wegschweifend, was Mars angenehm sein muß. Auch dort steht er »ohne Schwäche«.

Der erdenferne Wassermann gilt als »Fall« des Skorpionprinzips. Wassermann ist dem emotionsgeladenen Mars zu unpersönlich. Übrig bleiben nur noch die Merkurzeichen Jungfrau und Zwillinge. Die Verstandeszeichen, die »sterile« ordentliche Jungfrau und die »oberflächlichen« verspielten Zwillinge, sind dem Mars »fremd«.

3 LICHT UND SCHATTEN IM TIERKREIS

Von der elektromagnetischen Strahlung können wir nur einen ganz geringen Teil als Farben wahrnehmen. Die langwelligste sichtbare Strahlung sehen wir als rotes Licht, darunter liegt die Infrarotstrahlung; noch langwelliger sind die sogenannten Hochfrequenzen, zu denen die Kurz- und Ultrakurzwellen gehören. Strahlung mit höheren Frequenzen sehen wir orange, gelb, es folgen grün, blau und violett. Werden die Frequenzen noch höher, dann sprechen wir vom ultravioletten Licht. Kurzwellen können wir nicht mehr sehen.

Die Tierkreiszeichen, als erdspezifische Modifikationen der kosmischen Energien verstanden, können in Bezug zu den sichtbaren elektromagnetischen Strahlen gebracht werden, also zum Licht, das in die Erdatmosphäre eintritt und in Verbindung mit der Materialität der Erde die Farbe erzeugt. Wie wir die Farben empfinden und warum wir sie unterschiedlich erleben, darüber können Meßwerte nichts aussagen, denn die Qualität der Farben kommt darin nicht zum Ausdruck. Wir wissen, daß wir einen gewissen Strahlungsbereich als Farben wahrnehmen; damit ist das Phänomen der Farben jedoch nicht erschöpfend erklärt. Auch in der Physik gibt es noch ungelöste Probleme auf diesem Gebiet.

Schon Johann Wolfgang von Goethe hat in seiner Farbenlehre[17] darauf hingewiesen, daß die Farbtheorie Newton's unzureichend sei und Fehler aufweise. Rudolf Steiner hat Goethes Versuche wiederholt und bestätigt gefunden. Demnach sind zu Farberscheinungen nicht nur die prismatische Lichtbrechung nötig, sondern es gehört auch das Schwarz, die Dunkelheit, dazu. Vor allem Experimente mit den Schattenwirkungen von Gegenständen im farbigen Licht (so werfen Dinge im roten Licht blaue Schatten) sowie bestimmte Prismenversuche auf schwarz-weißen Flächen, die das »Pfirsichblüt«, ein helles Purpur oder Rotviolett entstehen lassen, veranlaßten Goethe und später Steiner dazu, die Farben nicht nur aus den Wellen der elektromagnetischen Strahlung heraus zu erklären. Auch wenn diese Wellen farbig zu sehen sind, müssen sie nicht die einzige Ursache von Farben sein.

Nach Goethe gibt es ein zweites Spektrum – neben dem bekannten der Regenbogenfarben –, das nicht über rot–gelb–grün–blau verläuft, sondern über rot–pfirsichblüt–rotviolett–blau. Leider bietet die heutige Wissenschaft dafür keine befriedigenden Erklärungen.

Beobachten können wir, daß im üblichen Farbenspektrum nicht alle Farben auftauchen. In der Natur kommen viele »abgeschattete« Nuancen vor, von Braun, Naturgrün und Beige über Ocker, Erdfarben bis Anthrazit. Für uns Menschen bedeuten die Farberscheinungen der Dinge eine wesentliche Wahrnehmungsform der Welt. Dinge absorbieren und resorbieren Lichtanteile und tragen durch ihre stoffliche Beschaffenheit und Zusammensetzung bestimmte Farben.

Nicht erst durch die Farb-Psychologie wissen wir, daß Farben Stimmungen beeinflussen können. Der Volksmund spricht nicht von ungefähr vom Rot der Liebe oder vom Grün der Hoffnung. Die Gelb–Rot-Töne erscheinen uns lebhafter und wärmer als das Blau, das ruhiger und kälter ist. Rudolf Steiner beschreibt den Charakter der Farben ausführlich in seiner Farbenlehre[17]. Er mißt dem Rot einen gewissen aggressiven Einschlag bei, »es kommt auf einen zu«. Orange ist sehr lebhaft, heiter. Blau ist mit der Ferne zu verbinden; so erscheinen weiter weg liegende Landschaften wie hinter einem Blau-Schleier. Blau ist »fortgehend«, auch das Blauviolett läuft weg. Interessant ist, daß die langwelligsten sichtbaren Strahlen rotgefärbt sind und damit das bekannte Spektrum beginnt, also auf einen »zukommt«, während die blauviolette Strahlung ins unsichtbare Ultraviolett »fortgeht«.

Die Grundfarben Rot, Gelb und Blau nennt Steiner »Glanzfarben«, die aktiven Charakter haben: » . . . in den Farben Rot, Blau und Gelb haben wir dagegen dasjenige, was Modifikationen des

Leuchtenden sind. Daher nenne ich sie Glanz. Es erglänzen, es erstrahlen die Dinge in gewisser Weise. Daher haben diese Farben ihrer eigenen Wesenheit nach in sich die Natur des Strahlenden: das Gelb das Ausstrahlende, das Blau das Einstrahlende, das in sich Zusammenstrahlende, das Rot die Neutralisation von beiden, das gleichmäßig Strahlende. [. . .] Wir haben den Künstler, der weiß, wenn er es mit Gelb, Blau und Rot zu tun hat, so zaubert er auf sein Bild etwas, was einen innerlich aus sich heraus aktiven Charakter hat, was Charakter sich selber gibt« (Vortrag vom 7. Mai 1921: *Bildwesen und Glanzwesen der Farben*).

Davon zu unterscheiden sind »Schattenfarben«, die abbildenden Charakter haben. Es sind die Farben, die im Zusammenhang mit der anziehenden Schwere der Materie entstehen. Vom astrologischen Standpunkt aus finde ich diese Anschauung bestätigt – allein durch die Existenz der Plus- und Minus-Zeichen. Steiner setzt die Glanzfarben mit den Planeten in Beziehung und die Schattenfarben mit den Sternbildern, den Fixsternen.

Im Folgenden jedoch sollen alle Farben zu den erdspezifischen Tierkreiszeichen in Analogie gesetzt werden. Das Grün ist für Rudolf Steiner eine Schattenfarbe, während ich hier das reine Gelbgrün des Lichts anders zuordne als das Naturgrün. In den meisten anderen Punkten widersprechen die folgenden Darlegungen nicht den Anschauungen Steiners.

Die Farben

Die Spektral- oder Glanzfarben weisen eine deutliche Analogie zu den Plus-Zeichen auf, die Schattenfarben zu den Minus-Zeichen. Materiehaft schwer ist das Element Erde, das mit Ausnahme der Kristalle lichtundurchlässig ist. Es setzt dem Licht Widerstand entgegen und nimmt ihm den strahlenden Charakter. Wasser läßt das Licht bis zu einem gewissen Grade durch und reflektiert es. Luft sorgt dafür, daß das Licht überhaupt in unserer Erdatmosphäre sichtbar wird, denn den Lichtstrahl an sich kann man nicht sehen, nur seine Reflexion. Das Element Luft beinhaltet eine gewisse Helligkeit. »Feuer« kann farbiges Licht aussenden. Entsprechend den vier astrologischen Elementen können wir also Feuer-, Erd-, Wasser- und Luft-Farben unterscheiden, was unter anderem auch mit der Art des »Materials« zu tun hat, das in Farbe erscheint.

Das strahlende Licht selbst, ohne das es keine Farben gäbe, steht mit der Sonne in Zusammenhang, der eigentlichen Lichtquelle. Der Löwe als erdspezifisches Tierkreiszeichen hat zwar solaren Charakter, kann aber nicht die Entsprechung für das Licht als solches darstellen. Er hat eine gewisse Analogie zu der in unserer Erdatmosphäre sichtbaren leuchtenden weißen Scheibe der Sonne. Dieses Weiß wird meist nicht zu den Farben gezählt, es hat einen »unbunten« Charakter.

Die helle Durchsichtigkeit des Wassers erscheint nicht weiß, sondern eher farblos – eine Krebs-Analogie. Ebenso gehören die Reflektion des Lichts auf der Wasseroberfläche und alles Milchige zum Krebs. Weißes hat nichts Durchscheinendes mehr; es wirft das Licht zurück, läßt es nicht eindringen. Rudolf Steiner nennt das Weiß den »hellsten Schatten«. Gefrorenes Wasser verliert als kompakte Eismasse oder als Schnee die Durchsichtigkeit. Dieses Weiß hat von daher gesehen auch eine Steinbock-Analogie. Aber das Weiße wird, indem es reflektiert, auch selbst zur Leuchtquelle, was seine Lichthaftigkeit betont und dem Zusammenwirken von Sonne und Mond entspricht, von Strahlen und Reflektieren.

Schwarz, das Dunkel, die Absorption, entspricht dem Steinbock, vor allem das Schwarz der massiven Materie, zum Beispiel der Kohle. Die Achse Krebs/Steinbock bedeutet Durchsichtigkeit und Undurchlässigkeit sowie völlige Absorption, das Verschlukken der Helligkeit. Die Achse Löwe/Wassermann zeigt den Gegensatz zwischen dem strahlenden Weiß–Gelb und dem violetten Licht und der ultravioletten Strahlung bis in den Röntgen-Bereich hinein. Das »durchsichtige« Schwarz, die unsichtbare Strahlung, können wir auch in seiner qualitativen Bedeutung nicht mehr recht erfassen. Wir messen Frequenzen, aber was stellen sie dar? Das durchlässige Dunkel des Nachthimmels hat Wassermann-Analogie. Beim Betrachten der Sonnenscheibe (was nur möglich ist bei Sonnenauf- und Untergang sowie bei etwas verhangenem Wetter) kann auch sie uns schwarz erscheinen. Der Wechsel in unserem Auge von gleißend Hell und unsichtbar Schwarz gehört auch zum Wassermann.

Wir finden den Gegensatz von hell und dunkel zwischen Krebs/Löwe und Steinbock/Wassermann; es geht dort im Tierkreis eine Art »Unbunt-Achse« hindurch. Sie liegt an gleicher Stelle wie die Domizil-Achse.

Bei Krebs/Löwe muß man sich die Einstrahlung des Sonnenlichts in die Atmosphäre vorstellen. Nach der einen Seite geht die Sichtbarkeit über das Gelb-Durchscheinende und Orange zum intensiven Rot, das dem Feuerzeichen Widder entspricht und im Infrarot verschwindet. Auf der anderen Seite vertieft sich das gelbe Licht und verläuft über das leuchtende Gelbgrün und Türkis zum tiefen Blau, das dem Schützen entspricht; es verläßt die irdische Sichtbarkeit im Violett mit Wassermann-Entsprechung.

Die drei leuchtenden Grundfarben Rot (Widder), Gelb (Löwe) und Blau (Schütze) gehören dem Feuer-Trigon an. Das ist die Farbskala des Feuers. Die grünlichen Flammen entsprechen dem Grenzbereich des Löwen.

Die Luftfarben liegen zwischen den Grundfarben und haben außerdem bestimmte Besonderheiten. Das lebhafte Gelborange entspricht den Zwillingen; es ist die Mischung aus Rot (Mars) und Hellgelb (Sonne) und stellt das Gegenteil zu Blau dar, »Komplementär-Farbe« genannt. Manchmal wird Hellgrau den Zwillingen unterstellt. Wenn tatsächlich alle Farben gemischt werden, entsteht Grau (Mischung = Zwillings-Prinzip). Doch in den Zwillingen bleibt die Mehrfarbigkeit erhalten; alles Bunte entspricht ihnen, nicht das Grau.

Waage ist das zarte, helle, ausgleichende Prinzip. Als Gegenzeichen von Widder (Rot) verbinden sich in ihr die Farben Gelb und Blau zu lichtem Gelbgrün, Türkis und Hellblau; aber die Waage verbindet sich auch mit ihrem Gegenteil, mit etwas Rot. So entsteht Fliederfarben.

Beim Wassermann endet das Spektrum im Violett, im Ultraviolett (Höhenstrahlung der Sonne), im Unsichtbaren. Auch alles Metallische, Flimmernde, Irisierende steht in Analogie zu ihm. Das eigenartige Hellblau des Quarzlichts (Quecksilber-Dampflampe) entspricht ihm ebenfalls.

Nach innen gerichtet, schwerer, schattenhaft sind die Farben der Erd- und Wasserzeichen. Sie haben eine Tendenz zum Unbunt und reichen vom milchigen Weiß bis zum Schwarz der dichten Materie. Die Farben der Erde sind undurchsichtig und zeigen Mischungen aus den drei Grundfarben. Es sind ein dunkles Grau-Braun, Blauschwarz (Steinbock), Hellbraun, Sand- und Erdfarben, Ocker (Jungfrau), Sattgrün, Naturgrün bis Braun, Rotbraun (Stier). Dem Stier-Prinzip entspricht die Farbe einer Wiese, wie sie von weitem erscheint. Dort verschwinden die bunten Blüten im allgemeinen Grün. Weiße, gelbe und blaue Tupfer ergeben wieder Grün. Darüber liegen Rosé-Töne, aber auch Rot. Dies gibt dem Grün eine Tendenz ins Bräunliche. Korallenrot ist das weniger strahlende, mehr irdische, stofflich eingefangene Rot des Stiers.

Die Wasserfarben werden geprägt von im Wasser gelösten Stoffen und vom absorbierten Licht. Sie erscheinen uns durchsichtig silbergrau-weiß mit leichter Grün- und Beige-Tendenz (Krebs), faulig-dunkelgrau bis grün, schwärzlich-braun (Skorpion), neblig-grau-violett, als unklare Farben mit blau-rötlichem Einschlag (Fische).

Zwischen Wassermann und Widder liegen die unkörperlichen Fische – wie unter einem Infrarot-Schimmer und unter dem Eindruck der Unbunt-Achse, dem Wechsel von gleißend hell und unsichtbar schwarz, dem Flimmern des Sonnenlichts in unseren irdischen Augen. Genau durch ein solches Phänomen entsteht bei Versuchen mit dem Prisma[17] das rötliche Violett, das helle Purpur – Goethe nennt es »Pfirsichblüt«, Steiner »Inkarnat« – weil es die Farbe der Haut des sich inkarnierenden Menschen darstellt, Symbol für den Kampf von Licht und Finsternis und dem Lebensprinzip, das vom warmen roten Blut getragen wird. Fische kann man verstehen als Überschneidung von kaltem bläulichen Ultraviolett und Infrarot, der Wärmestrahlung; beide liegen im äußersten Grenzbereich des Sichtbaren und können sich doch irdisch manifestieren. Das Grau der Fische reicht vom mehr oder weniger dunklen Nebelgrau bis zum durchsichtigen Rauchweiß. Die Flammen des Widders scheinen die Feuchtigkeit des Verbrennenden – in Gase verwandelt – zu den Fischen zu treiben.

Zusammenfassend kann man sagen, daß alle Farben der Feuer- und Luftzeichen eine klare leuchtende Richtung aufweisen. Es sind die Farben der aktiven, positiven Zeichen, die Spektralfarben, Regenbogenfarben. Bei der Spektral-Analyse beginnt das Farbspektrum mit der langwelligen elektromagnetischen Strahlung, mit Wärme-Strahlung, Infrarot; dann folgt die erste sichtbare Strahlung als Dunkelrot mit Widder-Analogie (Widder = Beginn des Tierkreises). Über die Farben Gelb und Blau wird die elektromagnetische Strahlung kurzwelliger, bis sie im unsichtbaren Bereich des Wassermanns zur Röntgenstrahlung wird. Die luftigen Zeichen kennzeichnet darüberhinaus noch eine besondere Zuordnung: Das Durcheinander von Farben, das Bunte, gehört zu den Zwillingen, die Fliederfarbe zur Waage, das irisierende Hellblau zum Wassermann.

Die Farben der passiven, negativen Zeichen haben eine Tendenz zu Braun und Grau, sind also aus allen drei Grundfarben gemischt. Dies bewirkt die Tendenz zum Unbunt. Gemäß ihrer Position im Farbenkreis weisen sie allerdings einen spezifischen Farbeinschlag auf.

Der Farbenkreis

Die leuchtenden Farben, die Spektralfarben, entsprechen den Tierkreiszeichen mit Plus-Polarität. Während diese Zeichen eine nach außen gehende strahlende Tendenz in sich tragen, haben die Minus-Zeichen eine nach innen ziehende. Die Regenbogenfarben lassen sich als Farbenband um den Tierkreis herum darstellen, die Mischfarben als »inneren Farbenkreis« (siehe Abb. I, Seite 193). Innerhalb des Tierkreises entsteht gleichsam eine Schwingung zwischen den Plus- und Minus-Zeichen. In den Fischen kann man sich Eintritt und Austritt der sichtbaren Strahlung vorstellen, Grenzbereich dessen, was wir als Licht empfinden.

Goethe spricht bei den Farben von »Taten und Leiden des Lichts«. Als »tätig«, aktiv kann man die Spektralfabren, als »leidend«, passiv die Mischfarben ansehen, das in die Materie eingedrungene Licht.

Tierkreiszeichen und Farbenzuordnung:

WIDDER:		infrarot, dunkel blutrot, rotorange;
	STIER:	rosa, bräunlich korallenrot, naturgrün, hellgrün;
ZWILLINGE:		rotorange bis durchscheinend orangegelb: bunt;
	KREBS:	durchscheinend, weißlich mit Grau-, Grün- und Beige-Tönen, wäßrig, milchig;
LÖWE:		leuchtend goldfarben, hell orangegelb, lichtweiß, gelb, gelbgrün;
	JUNGFRAU:	sand- und erdfarben, ocker, gelblich mit grau-braunem Einschlag der Minus-Zeichen;
WAAGE:		gelbgrün, türkis, hellblau, auch bläulich fliederfarben;
	SKORPION:	braun–grün, oliv, braun mit starkem Blau-Anteil (Fäulnisfarben), schwärzlich;
SCHÜTZE:		blau, dunkelblau bis blauviolett;
	STEINBOCK:	dunkelbraun-grau, blauschwarz, kohlefarben;
WASSERMANN:		dunkelviolett, ultraviolett; hellblau (Quarzlicht);
	FISCHE:	dunkelgrau, violettgrau bis mehr oder weniger klar rötlich–violett, rauchfarben.

Der Farbenkreis

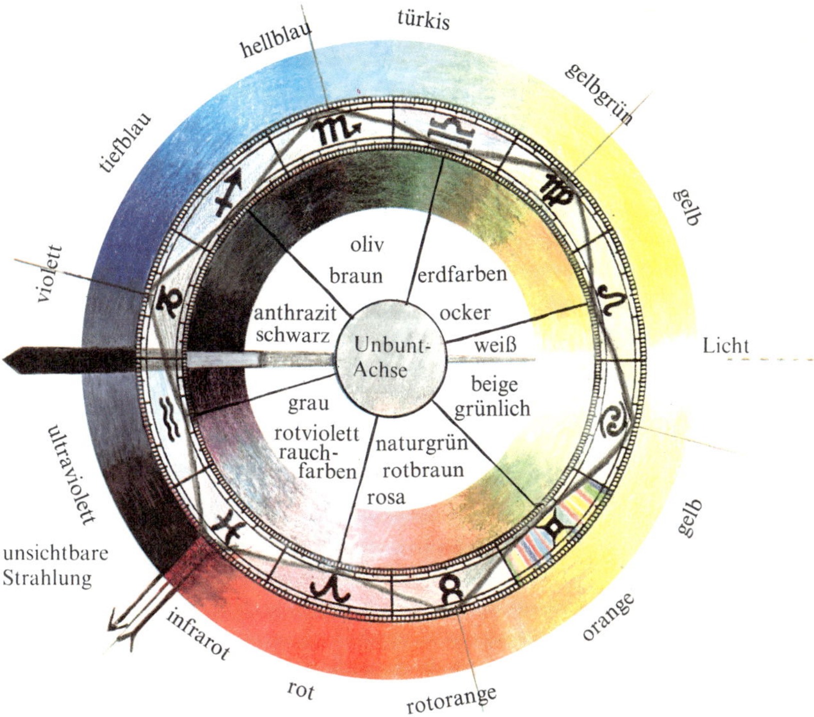

Beginn des Farbenspektrums,
das von Infrarot, Rot über Orange, Gelb, Grün,
Türkis, Blau bis Violett, Ultraviolett verläuft.

Abb. I: Außen: Farben der Plus-Zeichen, leuchtende Farben, Spektralfarben; innen: Farben der Minus-Zeichen, die zum Unbunt tendieren. – Goethe bezeichnete die Farben als »Taten und Leiden des Lichts«. »Tätig«, aktiv sind die strahlenden Spektralfarben, die den Plus-Zeichen entsprechen. Als »leidend«, passiv kann man die Mischfarben mit einer Tendenz ins Unbunt bezeichnen. Es ist das in die Materie eingedrungene Licht, das den erdenen und wäßrigen Minus-Zeichen entspricht.

Die Lage der Farben im Farbenkreis

Die hellste sichtbare Farbe, das Weiß–Gelb, befindet sich etwa in der Mitte des Farbenspektrums, vor allem, was seine Qualität anbelangt. Von dort teilt sich dieses Spektrum nach zwei Seiten: Es wird wärmer, also »gerötet«, in Gegenrichtung zum Tierkreis, so als würde es zusammengedrängt, intensiviert. Kälter, »geblaut«, wird es in zodiakal direkter Folge, es wird »fortgetragen«. Nach innen wird das Licht durch die Minus-Zeichen in das Dunkel der Materie gezogen und überschattet.

Die Unbunt- oder Domizil-Achse teilt symmetrisch die Herrschaftsbereiche der Planeten. So gibt es gewissermaßen Farben, die zu Merkur, Venus, Mars, Jupiter und Saturn als Herren eines Minus- und Plus-Zeichens passen, und durch die der Kampf von Licht und Finsternis ausgedrückt wird.

Bei Merkur zeigt sich dies an der Farbe Orange, die leicht ins Ocker gezogen werden kann. Zu Venus gehört das kühle, leuchtende Gelbgrün, das ins satte rötliche Blattgrün übergeht, »geerdet« wird. Mit den Venuszeichen ist genau die Mitte des Tierkreises erreicht. Jetzt verschwindet der Gelbanteil aus den Farben Rot (Stier) und Blau (Waage), wodurch bei Stier noch Rosa und bei Waage Flieder erscheint, beides Venusfarben, in denen das Rot und Blau wirkt. In der linken Hälfte wird das normale Regenbogen-Spektrum vom geheimnisvollen Gegenspektrum zwischen Rot und Blau überlagert.

Widder und Skorpion (Mars-Domizile) lassen ein dunkles Rotbraun entstehen, das man aus dem Purpur ableiten kann; es ist Torf-farben, erinnert an Gerbsäure und beinhaltet eine gewisse Schärfe. Säure hat ohnehin eine Rot-Tendenz, worauf auch der Lackmus-Farbstoff reagiert; Blau ist basisch. Die Mischung von Tiefblau (Schütze) und schwärzlichem Rotviolett (Fische) läßt ein majestätisches Purpur entstehen, das eine edle Jupiter-Farbe darstellt.

Die kältesten Farben finden sich bei Steinbock und Wassermann: Blau-Schwarz, irisierendes Blau-Violett, Finsternis. Der wärmende Leben symbolisierende Rot-Anteil wird erst in den Fischen aus der Unräumlichkeit der kosmischen Weite eingefangen.

Farbentabelle

Rot	tritt bei Widder (Blutrot) und Stier (Korallenrot) auf. Rosa und Hellrot besitzen Stier-Analogie.
Braun	ist bei Stier (rötliches Hellbraun) und bei Jungfrau/Skorpion (grünlich) zu finden. Zu Mars als Herr von Widder und Skorpion gehört auch ein tiefdunkles Rotbraun (Torf).
Grün	erscheint im Übergang Löwe/Waage als kühles lichtes Gelbgrün, bei Stier als Naturgrün (zwei Venus-Zeichen) und im Übergang zu Krebs als wäßriges Grün. An einer dritten Stelle im Farbenkreis taucht bei Jungfrau/Skorpion ein schmutziges Grün auf.
Orange/ Ocker	haben innere Ähnlichkeit, beide gehören zu einem Merkur-Zeichen.
Hellblau	hat Waage- und schon Schütze-Tendenz und erinnert an das Quarzlicht (Wassermann).
Violett	liegt im Übergang Schütze/Wassermann und in den Fischen. Hell und bläulich ist es in der Waage, rötlich in den Fischen.
Purpur	ist eine Farbe des Jupiter als Herrn von Schütze (Indigo) und Fische (Lila).
Schwarz	hat eine Analogie zu Steinbock und in gewisser Weise zu Wassermann (Saturn!), dessen Frequenzen für uns unsichtbar sind und damit schwarz erscheinen.
Weiß	Durchsichtiges Weiß gehört zum Krebs, strahlendes Weiß zum Löwen. Das undurchsichtige Weiß zeigt zusätzlich eine Steinbock-Tendenz.
Grau	und die »Unbunt-Farben« Weiß und Schwarz laufen praktisch über eine Achse. Es ist die Domizil-Achse, die zwischen Krebs und Löwe und zwischen Steinbock und Wassermann durch den Tierkreis hindurchgeht. Zwischen den Domizilen der Lichter beginnt sie mit Weiß, läuft über den grauen Mittelpunkt (Erde) und endet zwischen Steinbock und Wassermann als Schwarz und als Kampf von hart aufeinandertreffendem Hell und Dunkel. Das schwarz-weiße »Flimmern« gehört zu Wassermann. Den Fischen zugeordnet ist ein dunkler oder heller flimmerndes Nebel-Grau (diffuses Licht) mit rötlichem Einschlag und das Weiß-Grau des Rauchs.

Zuordnungen der Farben zu Planeten und Tierkreiszeichen finden sich bei vielen anderen Autoren. Keiner erklärt aber, wie sich der innere systematische Zusammenhang darstellt. Erst nach jahrelangen Überlegungen sind mir die dargelegten Analogien klargeworden. Den Farbenkreis in astrologischem Kontext fand ich in der einschlägigen Literatur nirgendwo dargestellt; in diesem Buch präsentiere ich ihn erstmals.

Abb. II (links): In edler Grazie, elastisch geschwungen, blickt die einfache Glokkenblume zur »himmlischen« Venus. Durchleuchtet sind ihre gelbgrünen Blätter und ihr blauviolettfarbenes Pastellkleid.

Abb. III (oben): Die farbigen Tupfer der Blüten »erden« sozusagen das warme »Stier-Grün« einer Wiese, von weitem betrachtet. Rosé-Töne bis ins Korallenrot entsprechen auch der Stier-Venus.

4 DIE WELT DER MINERALE

Alle anorganischen Stoffe und wenige organische Verbindungen, die in der festen Erdkruste vorkommen, gehören zu den Mineralien. Es sind alle möglichen Gesteinsarten, Gemenge, kristalline Strukturen, Erze, auch reine Metalle. Quecksilber ist das einzige Mineral, das in flüssiger Form vorhanden ist; es scheint sich nicht ganz in die erdene Schwere eingelassen zu haben.

Die verschiedenen chemischen Stoffe, ob Elemente oder Molekular-Verbindungen, haben spezifische Eigenschaften, etwa in Bezug auf Farbe, Beschaffenheit, Brennbarkeit, Schmelzpunkt usw. Das rückt die Mineralien in die Nähe bestimmter astrologischer Prinzipien. Die meisten Zuordnungen wurden allerdings intuitiv getroffen und gehen auf eine jahrtausendealte Tradition zurück.

Alles, was wir sehen oder anfassen können, besteht aus den Stoffen der Erde, ebenso die synthetisch hergestellten Produkte, auch wenn diese in ihrer spezifischen Zusammensetzung nicht auf der Erde existieren und somit nicht zu den Mineralien zählen. Der Mensch hat sich gewissermaßen der Naturgesetze bemächtigt und kann selbst neue Stoffe herstellen – unter bestimmten künstlich erzeugten äußeren Bedingungen. Auch Stoffe wie zum Beispiel Kristalle, die in der Natur vorkommen, kann man synthetisch herstellen.

Den natürlich vorkommenden Mineralien werden kosmische Kräfte zugesprochen, denn sie haben sich allein (All-ein) durch die waltenden Energien im Kosmos, die auf die Erde eingewirkt haben, herausgebildet. In der Homöopathie oder Edelstein-Therapie[18] will man des kosmischen Informationsgehalts der Stoffe teilhaftig werden.

Eigentlich sind wir immerzu und überall von mineralischen Stoffen umgeben, die solche kosmischen Informationen beinhalten. Das Wissen um die astrologischen Prinzipien, die in allem walten, kann uns befähigen, mit der Erde bewußter umzugehen. Wer sieht schon etwas Besonderes in den vielen herumliegenden Steinen, etwa in Kieselsteinen? Der Name bedeutet soviel wie »gefestigte Kieselsäure«[19]. Sie sind Quarzverbindungen mit Jungfrau-Charakter.

Die sogenannte Muttererde, Humus, besteht aus vielen verrottenden organischen Substanzen (Jungfrau/Stier) und steckt voller mineralischer Stoffe. Der gelb–rötliche Lehm ist eisenhaltig, besteht aus verwitternden, kalkhaltigen Erden mit gewissen zermahlenen, feinsandigen Ton-Mineralien. Diese schwere Erde weist eher Steinbock-Analogie auf, im Unterschied beispielsweise zum Sand (Quarz) mit Jungfrau-Charakter. Die Umgebung des Menschen, auch die Beschaffenheit und Zusammensetzung des Bodens, kann durchaus spezifische Mentalitäten prägen, zum Beispiel in Kohlegebieten (Steinbock), erzhaltigen Regionen (Mars im Steinbock), Moorlandschaften (Skorpion), in Muschelkalk- (Mond/Saturn, Jungfrau) oder Sandstein-Gegenden (Jungfrau).

Den Metallen und Mineralien, vor allem den kristallinen Vorkommen, werden besondere kosmische Kräfte zugesprochen, zum einen wegen ihres farbigen Verhaltens im Licht (Sonne), zum anderen wegen ihrer langsamen Entstehung, dem Wachsen der Kristalle (Saturn). Bei einer therapeutischen Verwendung bestimmter Minerale kann allerdings nicht das Sonnenzeichen eines Menschen entscheidend sein, sondern eher seine gesamte astrologische Konstellation.

Metalle (und andere Substanzen)

Sonne (Löwe): Gold. Dieses Edelmetall besitzt »Sonnenfarbe«, enthält damit gleichsam Sonnenkraft. Dieser Entsprechung wurde große Bedeutung beigemessen. Gold ist Symbol des Lebensgeistes und findet Anwendung, um die »Sonnenkräfte« im Menschen zu stärken. Der Schwefel (*sol-fer* = Sonnenträger) hat Löwe-

Abb. IV, V, VI: Ineinander übergehende «Schattenfarben» entsprechen den passiven Zeichen Krebs, Jungfrau und Skorpion.

Oben: Viele Blau-Anteile weist das schwärzende Braun der skorpionisch verfaulenden Organismen auf. Der rötende Mars, Vermittler von Lebensimpulsen, wirkt in den fruchtbaren Humus hinein.
Rechts oben: Sandfarben oder Ocker entsprechen dem Erdzeichen Jungfrau. Wo sich bei Ebbe das Meer (Gegenzeichen Fische) zurückzieht, zeigen sich im unfruchtbaren «jungfräulichen» Sand Strukturbilder des Lebens.
Rechts unten: Durchscheinend grünlich-beige bis milchig-weiß ist die Farbe des wäßrigen Krebs. Homogenes Schneeweiß steht unter dem Einfluß des Steinbocks.

Analogie mit Skorpion-Tendenz. Schwefel und Kohlenstoff sind die einzigen Nichtmetalle, die in der Erdkruste elementar vorkommen.

Mond (Krebs): Silber. Das zweite »Licht« beherrscht dieses Mond-farbene, weißglänzende Edelmetall. Seine physikalischen Eigenschaften – wie gute Verformbarkeit und die von keinem anderen Stoff erreichte elektrische Leitfähigkeit und Wärmeleitfähigkeit – legen die Analogie zum Mond nahe (Fließ-Prinzip).

Merkur (Zwillinge, Jungfrau): Aluminium, Magnesium; Merkurius, das Quecksilber, galt im Mittelalter als das Merkur zugehörige Metall. Es kommt als einziges Mineral in flüssiger Form vor; es zerspringt (Zwillinge) in Kügelchen (Einzelteile = Jungfrau). Aluminium und Magnesium waren aber damals noch unbekannt. Vieles spricht dafür, daß die letztgenannten Metalle, diese für das Nerven-System des Menschen so wichtigen Stoffe, die eigentlichen Merkur-Analogien besitzen. Sie sind zudem chemisch sehr reaktionsfreudig (Zwillinge). Quecksilber könnte heute eher dem Wassermann/Uranus, der »höheren Oktave« des Merkur, zugeordnet werden. Auch der Astrologe und Arzt Dr. Heinz Fidelsberger vertritt diese Auffassung in seinem Buch »Sterne und Leben«[20]. Auch Phosphate sollen Merkur unterstehen.

Mars (Widder): Eisen. Tatsächlich sind Eisenverbindungen für die Rotfärbung vieler Stoffe verantwortlich. Selbst das Blut, Sauerstoffträger, verdankt die rote Farbe dem Eisen, Hämoglobin.

Venus (Stier, Waage): Zink und Kupfer. Die Kupferfarbe weist auf eine Stier-Analogie hin. Die Türkisfarbe (Waage-Analogie) wird fast ausschließlich durch Kupferverbindungen hervorgerufen. Die Oxydation von Kupfer ist uns als Grünspan bekannt. Das Gemisch aus Zink und Kupfer, also Messing, untersteht ebenso der Venus wie Bronze (Stier), das aus Kupfer und Zinn (Schütze) besteht. Die Farbe des Zinks, bläulich und weiß, hat Waage-Analogie.

Jupiter (Schütze): Zinn (auch Nickel?). Könnte die Benutzung von Zinngeschirr (ohne Blei) wirklich den Optimismus fördern? Die Kieselsäure soll auch Jupiter unterstehen. Allerdings kommen in der Erde nur ihre Salze vor. Die große Gruppe der Quarze gehört dazu. »Kiesel« ist eine alte Bezeichnung für Silizium, das in der Natur nicht elementar vorkommt, aber Jupiter-Analogie besitzen könnte.

Saturn (Steinbock): Blei. Das Zuviel an Blei spüren wir heutzutage »Saturn-schwer«. Unsere Welt leidet an dieser Realität. Weitere Steinbock-Analogien weisen Kohle und Kalk auf. Kohlenstoff, der in verschiedenen Härtegraden elementar vorkommt (Graphit, Diamant) und der in chemischen Verbindungen Grundstoff aller Organismen ist, besitzt ebenso Saturn-Analogie (Prinzip der Strukturbildung).

Uranus (Wassermann): Radium, Uran, Trans-Urane. (Quecksilber könnte eine Wassermann-Analogie besitzen. So kennen wir etwa die Quecksilber-Dampflampe, die das Quarzlicht mit seiner typischen Wassermann-Farbe erzeugt: ultraviolett (»Weißes erscheint hellblau«). Radioaktive Materie zerfällt letztendlich zu Blei. Dies ist eine interessante Tatsache, denn Wassermann wird ja auch von Saturn beherrscht.

Neptun (Fische): Platin? Eine sichere Zuordnung gibt es nicht. Warum Platin in diesem Zusammenhang genannt wird, ist mir nicht ganz erklärlich. Auch Edelgase sollen Neptun unterstehen. Die silbrige Platin-Farbe mit dem etwas verhangenen Glanz läßt die Neptun-Analogie verständlich erscheinen.

Pluto (Skorpion): Stahl? Eisenlegierungen, bekannt als Stahl, haben sicher eine Skorpion-Analogie, denn die Eigenschaften des Eisens (Mars/Widder) werden in einer Legierung mit Kohlenstoff und anderen Elementen »transformiert«. Stahl weist Zähigkeit und Beständigkeit auf – im Gegensatz zum Eisen (Skorpion ist ein fixes Zeichen). Plutonium ist nach Pluto benannt. Radioaktivität hat Skorpion- und Wassermann-Analogie.

Abb. VII: Über der schwarzen Silhouette der undurchdringlichen Erde (Steinbock) erhebt sich die luftige Atmosphäre. Orange ist die Farbe der lebhaften Zwillinge. Die Helligkeit geht ins Hellblau der Waage-Sphäre über. Tiefdunkel, mit violettfarbenem Einschlag, breitet sich allmählich der Nachthimmel (Wassermann) aus, der die Sterne hindurchleuchten läßt. In die blaue Ferne (Schütze) ist der Blick gerichtet.

Abb. VIII: Sonnenlicht taucht ein in die unzähligen durchsichtigen Tröpfchen des Nebels. Die «Inkarnationsfarbe», das «Pfirsichblüt» (Goethe), erscheint als rätselhafte Antwort.

Unser Planet Erde, den wir als Organismus betrachten, hat seine Existenz, seine feste Form dem saturnalen Prinzip zu verdanken. Dem Steinbock- und Wassermann-Prinzip (Ionisierung) entspricht die Bildung aller festen Strukturen, der Gebirge und Kristalle, auch unseres menschlichen Körpers. Darüber hinaus erkennen wir unseren Körper als Träger zahlreicher Funktionen, die deutlich in Analogien zu allen zwölf astrologischen Prinzipien stehen. So verhält es sich auch mit dem Organismus Erde und speziell mit den Edelsteinen. Sie muten uns an, als ob sie die lichtempfangenden »Augen« unserer Erde seien[21].

Neben der Analogie zu Steinbock und Wassermann haben alle Kristalle als lichte oder lichtbrechende, farbige Steine eine Entsprechung zur Löwe-Sonne. Am deutlichsten und klarsten ist dies beim Diamanten zu erkennen, der als einziger Edelstein aus nur einem Element besteht, nämlich dem Kohlenstoff, welcher das Grundelement der lebenden Substanzen ist. Saturn kristallisiert in der Dunkelheit und Abgeschlossenheit des Erdinnern über lange Zeiträume hinweg den Kohlenstoff zum härtesten und klarsten aller Steine. Ans Tageslicht gebracht, vermag der Diamant das Licht der Sonne feurig aufzufangen – und er »erstrahlt« selbst, als berge er in sich die Essenz des Lebens[21].

Je nach ihrer chemischen Zusammensetzung werden die Edelsteine in verschiedene Gruppen eingeteilt, zum Beispiel in Oxide, Silikate, was durchaus auch gewisse Analogien herstellt. Schmucksteine (auch mit Waage-Analogie) bzw. Edelsteine sind Nicht-Metalle, meist Minerale. Einige Gesteine (= Steinbock) wie Marmor, Diorit und Gips (Alabaster) und auch Materialien organischen Ursprungs (Bernstein, Koralle, Holzstein, Perle, Elfenbein) gelten ebenfalls als Edel- oder Schmucksteine.

Bei Kristallen tritt das Phänomen der Piezo-Elektrizität auf. Den piezoelektrischen Effekt entdeckte das französische Forscher-Ehepaar Curie 1880: An den Oberflächen bestimmter Kristalle treten elektrische Ladungen auf, wenn sie in bestimmte Richtungen deformiert werden, etwa durch Zug oder Druck. Diese Erscheinung rückt einen Edelstein stärker in die Nähe des

Wassermann-Prinzips. Quarz-, Turmalin-, Seignette-Salz- und Zinkblende-Kristalle reagieren in dieser Art. Auch Pyro-Elektrizität, das Auftreten entgegengesetzter elektrischer Ladungen auf gegenüberliegenden Oberflächen bei plötzlichem Temperaturwechsel, hat diese Analogie. Dieser Effekt ist neben der Piezo-Elektrizität beispielsweise beim Turmalin zu finden. Dies könnte eine Erklärung dafür sein, daß dem Turmalin besondere heilende Eigenschaften zugesprochen werden.

Der Begriff Elektrizität ist abgeleitet von »elektron«, dem griechischen Namen des Bernsteins. Bernstein nämlich wird durch Reiben elektrisch, was man bereits im Altertum erkannt hatte.

Bei der Zuordnung der Edelsteine zu den verschiedenen Planeten und Tierkreiszeichen ist die Farbe das wichtigste Kriterium. Durch die sich überschneidenden Farbzugehörigkeiten gehen die überlieferten Analogien der Steine teilweise recht durcheinander[18]. Violette Steine wurden manchmal den Fischen oder der Waage zugeordnet, ähnlich erging es (hell)blauen (Wassermann, Waage, Schütze), gelblichen (Zwillinge, Jungfrau, Löwe) und grünlichen Steinen (Krebs, Waage, Stier u.a.).

Die Farbe ensteht durch metallische Einlagerungen im Kristallgitter oder wie im Falle von Rauchquarz und Zirkon durch anhaltende Höhenstrahlung (Wassermann). Aber auch durch Brennen kann ein Stein in einen anderen verwandelt werden: Amethyst (Fische) wird im Feuer zu Zitrin (Jungfrau/Zwillinge/Wassermann); aus grünem Aquamarin (Krebs) wird unter starker Hitzeeinwirkung tiefblauer Aquamarin (Waage, Wassermann); Bergkristall (Sonne/Mond, Wassermann) verwandelt sich unter Röntgenstrahlung in Rauchquarz (Wassermann, Saturn).

Das stierhafte Rot des Karneol wird dunkler durch Erhitzung und Beimischung von Eisensulfat und erhält so Widdercharakter. Bei der Verarbeitung von Edelsteinen ist das Färben nichts Ungewöhnliches.

Kriterien für weitere Einteilungen sind Glanz und Feuer (Sonne), Schillereffekte (Wassermann) und sternchenartige Lichtfiguren, Asterismus (Fische) genannt. »Asterismus« heißt die Eigenschaft mancher Kristalle, im reflektierten oder durchfallenden Licht streifige, kreis- oder sternchenförmige Lichtfiguren bzw.

Abb. IX: Heiß und feurig züngelt die Kraft des Mars; sie schnellt empor und treibt Erhitztes vor sich her. Vom dunklen, warmen Rot bis zum strahlenden Orange reicht die Farbskala des Widders.

verzerrte Interferenzpunkte zu zeigen. Ursache dafür sind wahrscheinlich feine Nadeln einer anderen Kristallart, die in den Wirtskristall eingelagert und mit ihm verwachsen sind; an ihnen wird das Licht gebeugt.

Darüber hinaus haben manche Edelsteine Misch- und Grenzfarben (siehe oben) oder erscheinen abgedunkelt (Skorpion/Steinbock-Analogie), wieder andere aufgehellt (Löwe/Krebs).

Feurige, durchsichtige, farblose Steine haben allgemein eine Sonne-Löwe-Analogie. Nicht ohne Grund spricht man vom »Feuer« eines Edelsteins. Etwas milchige Steine besitzen eine Mond-Krebs-Analogie; sie sind nicht ganz klar und durchsichtig.

Die Ähnlichkeit der Zwillings- und Jungfrau-Farbe, Gelb–Orange–Ocker bedingt, daß manche Steine nicht differenziert zu dem einen oder anderen der beiden Zeichen zuzuordnen sind, sondern allgemein als »Merkur-Steine« angesehen werden. Ebenso verhält es sich mit den grünfarbigen Steinen, die der Venus, aber auch dem Mond unterstellt werden. Dennoch tendiert der Blau-Anteil im Grün mehr zur himmlischen Venus (Waage), der Rot-Anteil (bräunliches Grün) zur irdischen Venus (Stier). Blau (Waage, Schütze, Wassermann) ist körperloser, ebenso Violett (Fische). Rot (Widder bis Stier) verbindet stärker mit der Trieb- und Sinnenwelt. Viele rote Steine gelten traditionell als ausgesprochene »Liebessteine«.

Die Farbtabelle auf Seite 195 kann wesentliche Hinweise auf die Zuordnungen geben. In den folgenden Edelsteintabellen habe ich nicht nur Farbenzugehörigkeiten, sondern auch die überlieferten medizinischen Angaben berücksichtigt, wenn ich Edelsteine mit den einzelnen Planeten- und Tierkreis-Prinzipien in Verbindung bringe. Den jeweiligen Edelsteinen werden bei bestimmten Krankheitsbildern Heilkräfte nachgesagt, die klare astrologische Zusammenhänge erkennen lassen.

Das Tragen eines Edelsteins oder dessen homöopathische Dosis soll die entsprechenden Planeten- und Tierkreisprinzipien fördern. Nur das individuelle Geburtshoroskop kann entscheiden, welche das sein sollten. Allerdings dürfen die Wirkungen, die durch einen Stein ausgelöst werden können, nicht überbewertet werden.

Verzeichnis bekannter Schmucksteine mit Angaben über astrologische Beziehungen

Jedem Schmuckstein werden spezifische Wirkungen und Beziehungen nachgesagt. Ich beschränke mich hier auf die wichtigsten Angaben.

Achat	bunt (Merkur), Zuordnung je nach Farbe; auch Jungfrau-Tendenz, da undurchsichtig; soll Geist stärken, Ernsthaftigkeit, Kontrolle der Emotionen
Adular	siehe Mondstein
Alabaster	Mond
Alexandrit	im Tageslicht grün, im Kunstlicht rot: Stier-Venus/Widder-Mars (Analogie zum Sexus)
Almandin	siehe Granat
Amazonit	Waage, Krebs; glücksbringend
Amethyst	(-Quarz) Fische; Körperlosigkeit, Seefahrt, Fischerei, Schlaf, Jenseits, Meditation, Hoffnung, Trost
Aquamarin	grün (Krebs) bis blau (Wassermann); Jugendlichkeit (Mond), Intuition (Uranus); Augen, Seefahrt, Klarsicht
Aventurin	Krebs, Stier, Jungfrau (Zuordnung je nach Farbe) und Wassermann
Azurit	kann in Malachit verwandelt werden; Waage, Skorpion; Entwicklung, Wandlung
Bergkristall	als Quarz Analogie zu Wassermann; Sonne (auch Mond); Symbol der Übertragung und Reflexion (Mond) des göttlichen Lichts (Sonne), Intuition (Wassermann)
Bernstein	Merkur/Sonne, Wassermann: Atmung, geistige Kommunikation
Beryll	Mond-Tendenz; siehe Smaragd, Aquamarin, Morganit, Goldberyll, Heliodor, Goshenit
Blutstein	auch Hämatit genannt, rot-schwarz, undurchsichtig; Eisenoxid: Mars/Skorpion, Wassermann; warnt vor Gefahr
Chalzedon	(Milchstein) Mond (helle Farben) = Mütterlichkeit; dunkel: auch Saturn = Ernst
Chrysoberyll	siehe Goldberyll; umfaßte früher verschiedene gelbe Edelsteine, Lichter Sonne und Mond (in Stier oder Jungfrau, je nach Farbe)
Chrysokoll	bläulich, Kupfererz: Waage; Frieden, Ausgleich
Chrysolith	(Olivin) je nach Farbe mehr Sonne oder Mond/Stier und Merkur: soll Sehkraft der Augen stärken und das »Sehen« fördern
Chrysopras	Mond, Venus = Anpassungsfähigkeit, Ausgeglichenheit
Chymophan	siehe Chrysoberyll, Katzenauge; Sonne/Krebs
Diamant	Sonne (= Lebensgeist) im Widder »erhöht«; verschiedene Nuancen; blauweiß (blue river, beste Qualität) auch Saturn = Disziplin

Elfenbein	Mond (weich, weiß) und Saturn (Zahn)
Epidot	meist grünlich oder braun: Skorpion
Falkenauge	Wassermann, Merkur
Feueropal	Widder (Wassermann, Mond); siehe auch Opal
Goldberyll	siehe Chrysoberyll, der auch ein Oxyd ist und früher mit Goldberyll verwechselt wurde; gelber Beryll = Sonne/Krebs
Goshenit	farbloser Beryll = Mond
Granat	(Almandin, Pyrop) rot = Mars = Willensstärke
Hiddenit	(grüner Spodumen) Waage
Heliodor	gelbgrün, radioaktiv (Wassermann): Sonne/Krebs
Heliotrop	(Sonnenwendestein, Blutjaspis): Auferstehung = Sonne/Skorpion; rot (= Widder); siehe Jaspis; Entbindung
Hyazinth	(Zirkon) Wassermann – Löwe: geistiges Sehen (orange: auch Merkur/Zwillinge)
Jade	siehe auch Nephrit; Name kommt aus dem Spanischen: piedra de ijada = Stein für die Lenden; grün = Venus: Niere, Ausgleichsfunktion, auch Barmherzigkeit und Gerechtigkeit; mit Weiß = Mond: Mütterlichkeit; gelb = Merkur
Jaspis	Krebs, Jungfrau, Skorpion; Uneigennützigkeit, Erdenkraft, Instrument des Guten; siehe Heliotrop
Karneol	Stier (bräunliches Rot): Naturnähe, Ruhe, Besänftigung; Widder (dunkelrot)
Koralle	rot = Liebesstein (Stier – Widder), Sinne und Triebe; weiß = Mond, schwarz = Saturn
Korund	siehe Rubin, Padparadscha, Saphir, Sternsaphir, Sternrubin
Kunzit	(rosa Spodumen) Venus/Waage (Fische = violett)
Labradorit	Jupiter (Wassermann), schillernd
Lapislazuli	(Lazurstein) Jupiter/Schütze (Waage); Glück, Liebe, Zuversicht, gegen Depression
Malachit	wasserhaltiges (Skorpion) Kupfercarbonat (Stier); auch Mondtendenz (Zuordnung je nach Farbe); grün = krampfstillend, beruhigend, Überwindung von Angst
Mondstein	Mond; bildhafte, gemüthafte Erkenntnis; Mutterschaft
Moosachat	Mond (auch Skorpion)
Morganit	Venus (Waage, Fische)
Nephrit	(Jade) gegen Nierenleiden (griechisch nephros = Niere); Venus/Skorpion
Obsidian	vulkanisches Glas mit bimsähnlichen Mikrolithen; Wassermann, Skorpion; soll den Blick schärfen
Olivin	(Peridot) s.a. Chrysolith; Krebs, Skorpion, (Wasser)
Onyx	Saturn = Grundsätze, Tiefe; weiß = Mond
Opal	grün = Mond, blau = Uranus, schillernd = Wassermann, rot = Mars; gilt als sensibler Stein des Mondes, der oft Unglücksstein genannt wird wegen der dissonanten Widder- und Wassermann-Einflüsse, die er auffängt.
Orthoklas	Jungfrau
Padparadscha	Zwillinge; Frohsinn, Freundschaft, frischer Geist
Perlen	Mond; bedeuten auch Tränen; dunkle Perlen: Krebs mit Saturn-Tendenz; Verantwortung

Pyrit	(FeS_2), Fe = Eisen (Mars) und S = Schwefel (lat. *solfer:* Sonnenträger »in der Erde«; Sonne/Skorpion; gegen Entzündungen
Pyrop	siehe Granat
Quarze	piezoelektrisch = Wassermann; viele Arten, Zuordnung je nach Farbe
Quarzkatzenauge	Wassermann und Sonne, Merkur
Rauchquarz	manchmal Rauchtopas genannt; braun: Wassermann, Steinbock; dunkel: Morion = Saturn = Ernst, Enge
Rhodochrosit	Stier; gibt den medial Veranlagten (Fische) Erdnähe
Rhodonit	Mars (im Steinbock erhöht)
Rosenquarz	Venus
Rubin	Mars (Löwe); Mut, Kraft
Rutilquarz	Skorpion (Steinbock)
Saphir	rosa (Stier), grün (Waage), blau (Waage, Schütze), dunkelblau (Saturn in Waage erhöht) = Bindung, Treue; gelb (Merkur/Zwillinge) = Fröhlichkeit
Sarder	Mars (Steinbock)
Sardonyx	Mars (Steinbock) und Mond, auch Skorpion
Schörl	Saturn
Serpentin	(lat. serpentes = Schlangen): Skorpion (Krebs)
Smaragd	grün = Mond/Waage: zartes, treues Glück, auch Jungfrau: Selbstkontrolle, Harmonie
Sodalith	meist bläulich: Schütze und Merkur-Tendenz
Sonnenstein	Löwe und Stier/Skorpion-Achse
Spinell	Zuordnung je nach Farbe; rot = Mars (dunkel: auch Steinbock) = Stärke; blau = Schütze: Glück; braun = Steinbock: Zähigkeit; violett und zweifarbig = Fische: Keuschheit; wird auch gefärbt; gelb, orange = Merkur
Spodumen	farblos, gelblich, rosa, grün; siehe Kunzit, Hiddenit; Zuordnung je nach Farbe
Starlit	(blauer Zirkon) Wassermann – Löwe – Schütze
Sternsaphir, -rubin	Asterismus = Fische-Analogie
Tansanit	Venus/Waage (und Fische, Venus in Fische erhöht)
Thulit	Stier-Venus
Tigerauge	aus verwittertem Falkenauge entstanden: Merkur, Zwillinge/Jungfrau
Topas	wurde früher nicht immer richtig identifiziert; gelborange, braun (Merkur); rosa, grünlich, blau (Merkur und Waage- oder Schütze-Analogie)
Turmalin	elektrisch = Wassermann, Zuordnung je nach Farbe, viele Kristalle steigen in der Farbe von Schwarz (Skorpion, Steinbock) nach Hellrot (Stier) auf, was als Symbol für Auferstehung und Sieg über die Finsternis durch Liebe angesehen wurde. Auch andere Farbkombinationen, zum Teil Merkur-Tendenz: klarer Geist, Überwindung von Vergiftungen, Regulation des Nervensystems; gilt als heilender Stein
Türkis	Kupfersulfat: Waage, Schütze; galt als Glücksstein, Frieden, Reinheit des Geistes

Verkieseltes Holz	Zuordnung je nach Farbe
Zirkon	Wassermann, Löwe, Merkur, siehe auch Hyazinth, Starlit
Zitrin	Wassermann, Merkur (Zwillinge) = Lebendigkeit und Gedankenschnelligkeit; gegen Depression; bräunlich = Jungfrau-Tendenz

Tierkreis-Prinzipien und einige bekannte Edelsteine

Widder	Rubin, Sarder, Feueropal (auch Mond, Uranus), Granat (Almandin, Pyrop)
Stier	Rosenquarz (auch Wassermann), Karneol (dunkelrot: auch Widder), Rhodochrosit, Jade (Farbe), rosarote Koralle
Zwillinge	gelber Saphir, Zitrin (auch Jungfrau, Wassermann), Achat (Jungfrau), Padparadscha, Bernstein (auch Jungfrau, Wassermann), alle bunten Steine
Krebs	Chalzedon (auch Saturn), Chrysopras (auch Stier), der eher grünliche Opal (auch Wassermann) mit Rot (auch Widder), Aquamarin (grünlich), Smaragd (auch Venus/Jungfrau), Goshenit, Mondstein, Perlen, weiße Steine
Löwe	Diamant, Bergkristall (auch Mond, Saturn), Heliodor (auch Krebs), Goldberyll (auch Krebs)
Jungfrau	Tiegerauge, Jargon, (Zirkon), Edeltopas (mit Jungfrau-Farbe), Orthoklas
Waage	hellblauer Saphir, Türkis (auch Schütze), Tansanit, Smaragd (auch Krebs), Morganit (auch Krebs), Spodumen (violett: auch Fische)
Skorpion	Blutstein (Mars), Epidot, Obsidian
Schütze	blauer Saphir, Azurit (auch Waage), Starlit (blauer Zirkon), Cordierit, Lapislazuli
Steinbock	dunkler Saphir, Rauchquarz (auch Wassermann), Onyx (mit weiß = Krebs), Schörl, Gagat (Jett), schwarze Steine
Wassermann	der eher blaue Opal (auch Mond), blauer Aquamarin (auch Waage), Turmalin (Farbe!), Quarze (je nach Art), Bernstein (elektrisch) auch Merkur-Tendenz
Fische	Amethyst, Amethystquarz; Steine mit violettem Einschlag: Morganit, Spinell (auch Venus); Asterismus

5 LANDSCHAFT – KLIMA – PFLANZE – TIER

Analogien zu den zwölf Tierkreis-Prinzipien

Landschaften und Klimazonen sind meist Mischformen. Dennoch lassen sich Merkmale der einzelnen Analogien beschreiben. Die Pflanzen und Tiere, die eine bestimmte Landschaft bevorzugen, entsprechen ihrerseits wieder dem jeweiligen Prinzip. Außerdem bestimmen die Charakteristika, die ich im zweiten Teil dieses Buches ausführlich behandelt habe, die Zuordnungen. So kann es sein, daß im großen und ganzen eine Pflanze zu einer bestimmten Landschaftsform und damit zu einem übergeordneten astrologischen Prinzip gehört; aber bei genauerem Hinsehen werden noch andere Analogien deutlich.

In der folgenden Aufstellung habe ich deshalb Pflanzengruppen den zwölf Prinzipien zugeordnet, gebe aber nochmals eine Spezialeinteilung. Es haben zum Beispiel alle Wiesenpflanzen und Gräser eine Stier-Analogie. Dennoch werden die verschiedenen Blumen seit eh und je wiederum den zwölf Zeichen bzw. den bekannten Planeten zugeordnet. Die Klette beispielsweise hat wegen des ausgeprägten »Expansionsverhaltens« ihrer Samen Schütze-Charakter; sie bleibt etwa an einem Tier haften und läßt sich so weitertragen. Ihre Spitzen, mit denen sie hängenbleibt, haben auch Widder-Tendenz.

Wer sich in die Eigenarten der Pflanzen und Tiere, überhaupt in die ihn umgebende Natur hineindenkt, wird auch selbständig viele Analogien finden. Die hier genannten Entsprechungen sind nur Beispiele, wobei ich die traditionelle Zuordnung niemals übergangen habe. In der Literatur allerdings erscheint oft ein und dieselbe Pflanze unter mehreren Prinzipien (zum Beispiel Efeu). Pflanzen sind eben auch meist Mischformen und können unter verschiedenen Gesichtspunkten betrachtet werden.

Niemals sollte man unüberlegt etwas aus einer Tabelle übernehmen, ohne den tieferen Zusammenhang zu erkennen. Die Einteilung wurde nicht allein nach botanischen Kriterien vorgenommen. Farbe der Blüten, Standort, Wirkungen der Essenzen – dies alles kann eine Rolle spielen. Homöopathische Erkenntnisse geben manchmal auch Hinweise.

Analogien zum Widder-Prinzip

Landschaft: mit kargem Einschlag, in der ein harter Überlebenskampf stattfindet; ausgebranntes und vulkanisches Gebiet. Heißes Klima.
Pflanzen: In dieser Landschaft gedeihen nur Pflanzen mit starker Durchsetzungskraft und Verteidigungs-Mechanismen: stechende, dornige Pflanzen, Pionier-Pflanzen, Disteln, Kakteen. Pflanzen, die unter extremen Witterungsbedingungen lange Zeit Feuchtigkeit speichern – wie etwa Wolfsmilch-Gewächse unter den Sukkulenten – stehen mehr unter der Oberherrschaft des Skorpion-Prinzips.

SPEZIAL-EINTEILUNG DER MARSIANISCHEN WIDDER-PFLANZEN

♈ Brennessel, Benediktenkraut, (Stech-)Ginster, Weißdorn

♉ Artischocke, Brombeere, Wildrosen, Stachelbeere, Silberdistel (auch Skorpion), vielblühende Kakteen (z.B. Opuntien)

♊ Büsche der Steppe

♋ weiße Wildrose, Aloe (auch Skorpion), Königin der Nacht (Kaktus)

♌ Kakteen, Christusdorn, Hagedorn

♍ Heide

♎ Edelrose (auch Löwe), veredelte Kakteen

♏ Wolfsmilchgewächse, Aloe (auch Krebs), Silberdistel (auch Stier), Distelarten der Feuchtgebiete

♐ Himbeere, Johannisbeer-Strauch, dunkle Rosen, (Leber-)Klette

♑ feste Distelarten (z.B. Färber-Distel); sehr harte Kakteen-Arten (z.B. Säulen-Kakteen), Andorn, Hagedorn (auch Löwe), große Klettenwurz

♒ Alpenrose, Kreuzdorn

♓ Löffelkraut, salzbeständige Steppenpflanzen

Tiere: fleischfressende »Raub«-Tiere, die Waffen besitzen wie Krallen, Zähne, Hörner. Tiere, die erbitterte Revierkämpfe ausfechten; neben Säugetieren auch Greifvögel, obwohl Vögel im allgemeinen eine Zwillings-Analogie aufweisen, Zugvögel auch eine Waage-Analogie.
Beispiele: Widder, Wolf, Panther; Habicht, Adler (auch Löwe und Skorpion), Bussard

Analogien zum Stier-Prinzip

Landschaft: fruchtbare Wiesen- und Weidelandschaften, Berghänge; gemäßigtes, warmes, feuchtes Klima.
Pflanzen: Zu dieser Landschaft gehören Gräser und Wiesenblumen.
Stier-Analogie haben auch üppig blühende Wildpflanzen, von denen starke Reize wie Duft und Farbe ausgehen; Pflanzen, die die Gemeinschaft mit anderen brauchen; schmackhafte Beerenpflanzen.* Veredelte, hochgezüchtete Blumen haben eher Waage-Tendenz.

SPEZIALEINTEILUNG DER VENUSISCHEN STIER-PFLANZEN

♈ Brombeere (Skorpion), Stachelbeere, Himbeere, Anemone, Taubnessel

♉ Erdbeere, Gänseblümchen, Nelke, Rose (auch Löwe), Schlüsselblume (auch Löwe), Vergißmeinnicht, Holunder, Spitzwegerich, Wollkraut, Bibernelle (auch Löwe), Maiglöckchen

♊ Akelei, Ringelkraut, bunte Blumen wie Stiefmütterchen, Primel, Narzisse, Schafgarbe, Spitzwegerich (auch Stier), Goldmohn

♋ Immergrün, Kamille, Lilie (auch Jungfrau), weiße Rose, Margerite, Anemone, Wiesenschaumkraut (auch Fische), Feuchtwiesenpflanzen wie Sumpfdotterblumen

♌ Sonnenblume, Königskerze, gelbe Blumen, Pfingstrose, Löwenzahn (auch Waage), Bibernelle (auch Stier), Rose (auch Stier)

♍ Azalee, Dillkraut, Fenchel, Fünffingerkraut, Erika, Lilie (auch Krebs)

♎ veredelte Zuchtpflanzen (siehe auch Waage) wie Edelrose, Flieder (auch Fische), Gartenmohn, Löwenzahn (auch Löwe)

♏ Zwiebel-Pflanzen: Krokus, Tulpe; Brombeere (auch Widder), Weidenröschen, Schnittlauch, Bärlauch, wilder Knoblauch, Wiesenknöterich

♐ Heidelbeere (blau mit purpurrotfarbenem Saft), Begonie, Borretsch, Enzian, blaue Blumen, Rittersporn, Glockenblume (auch Waage)

♑ Strohblume, Bilsenkraut, Bocksklee, Hirtentäschel, Preiselbeere

♒ Blumen, die in großer Höhe wachsen, Alpenblumen (z.B. Edelweiß), Orchideen

♓ Malve, Veilchen (auch Venus), Wiesenschaumkraut (auch Krebs)

Tiere: Pflanzenfresser, Weidetiere, ruhige, langsame Tiere; Tiere, die in der Erde leben; Singvögel (auch Zwillinge).
Beispiele: Kuh, Lamm, Maulwurf, Hase, Gans, Amsel, Nachtigall (auch Waage, Fische), Schwan (auch Löwe), Taube (auch Waage).

* Beeren haben als reife Früchte auch Schütze-Analogie. Allerdings entsprechen alle aromareichen, saftigen Früchte als solche auch dem Stier. Man denke an den Genuß, den sie dem Genießenden bereiten.

Analogien zum Zwillings-Prinzip

Landschaft: offen; wind- und böen-reiche Gegenden, luftige Ebenen, unregelmäßig bewachsen; wechselhaftes, nicht zu kaltes Klima.
Pflanzen: Büsche; bewegliche, elastische Pflanzen, auch »Kräuter« – Pflanzen mit aromareichen Blättchen und Blüten; bunte Pflanzen.

SPEZIALEINTEILUNG DER MERKURISCHEN ZWILLINGS-PFLANZEN

♈ Kapernstrauch, Pfefferstrauch, Kaffeestrauch, Ginster; Basilikum, Berberitze

♉ Holunder, Koriander, Rosmarin (auch Löwe), Petersilie (auch Zwillinge)

♊ Teestrauch, Forsythie, Haselnuß-Strauch (auch Schütze), Anis (auch Löwe und Schütze), Dill, Petersilie (auch Stier), Majoran (auch Löwe), Bohnenkraut

♋ Brunnenkresse, Kümmel

♌ Goldregen, Lavendel, Majoran, Melisse, Pimpernelle, Rosmarin (auch Stier), Thymian, Safran (auch Skorpion), Anis (auch Zwillinge, Schütze)

♍ Heide

♎ Flieder

♏ Schlehe (auch Steinbock), Holunder, Lauchpflanzen, Senf

♐ Jasmin, Wacholder, Haselnuß (auch Zwillinge), Borretsch, Salbei, Kerbel

♑ harte Büsche, Rhododendron (auch Stier)

♒ Faulbaum, Sanddorn

♓ Tollkirsche

Tiere: unruhige, neugierige, lebendige, schnelle Tiere, Nagetiere, Kleinvögel
Beispiele: Affe, Wiesel, Eichhörnchen, Fuchs; Sperling, Zaunkönig (a. Stier), Lerche (a. Stier, Jungfrau), Finken; fliegende Insekten, Schmetterlinge (a. Skorpion/Waage).

Analogien zum Krebs-Prinzip

Landschaft: Flußlandschaften, Flußtäler, feuchte, fruchtbare Niederungen, regenreiche Gebiete der gemäßigten Klimazonen.
Pflanzen: feuchtigkeitsliebende Pflanzen, Uferpflanzen, Süßwasserpflanzen.

SPEZIALEINTEILUNG DER MONDHAFTEN KREBS-PFLANZEN

♈ Kalmus (auch Jungfrau), Wasserschlauch (auch Skorpion)

♉ Wasserminze, Trollblume (Löwe)

♊ Quellen-Ehrenpreis

♋ Gurkengewächse, Weide (auch Löwe), Wasserlinsen, Kalmus (auch Widder), Brunnenkresse

♌ Weide (auch Krebs), Trollblume (auch Stier)

♍ Quellmoos, Baldrian

♎ Angelika, Echte Engelwurz, Wiesengeißbart

♏ Schwämme, Schilf, Trauerweide, Wasserschlauch (auch Widder)

♐ Sagittaria

♑ Binse, Riedgras, Beinwell

♒ Wasserpflanzen in großer Höhe (Hochgebirge)

♓ Algen, Moose

Tiere: weibliche, milchgebende, säugende Tiere; Haustiere, gezähmte Tiere; brütende Tiere; Wasservögel, Süßwasser-Fische der Flüsse, Flußkrebse und Schnecken
Beispiele: Forelle (auch Zwillinge), Flußkrebs; Ziege (auch Steinbock), Kuh, Esel (auch Steinbock), Hund (auch Widder), Kaninchen; Ente, Fasan.

Analogien zum Löwe-Prinzip

Landschaft: sonnig, offen, fruchtbar, nicht zu feucht, gleichmäßig warme Klimazone (Mittelmeer-Klima).
Pflanzen: fruchttragende Bäume der warmen Zone, Südfrüchte, nicht frostharte blühende Pflanzen. Siehe auch Kräuter (Zwillinge) und Kakteen (Widder).

SPEZIALEINTEILUNG DER SONNE-LÖWE-PFLANZEN

♈ Kornelkirsche

♉ Banane, Dattel, Malve, Myrthe (auch Krebs, Waage)

♊ Anthurium (auch Skorpion)

♋ Myrthe (auch Stier, Waage), Melone

♌ Zitrone (auch Widder), Apfelsine

♍ »Lebende Steine«

♎ Myrthe (auch Tier, Krebs)

♏ Granatapfel, Maulbeere, Anthurium (auch Zwillinge), Feige (auch Stier, Krebs)

♐ Lorbeer (auch Steinbock), Mannapalme, Olive, Aprikose, Mandelbaum

♑ Gloxinie

♒ Agave-Arten

♓ Ananas

Tiere: Fleischfresser, Warmblüter, Tiere mit dominierendem Verhalten, Bewohner der warmen, trockeneren Klimazonen.
Beispiele: Löwe, Tiger, Luchs, Hirsch (auch Widder); Hahn, Pfau, Goldfasan, Adler (auch Widder, Skorpion), Falke (a. Zwillinge), Flamingo, Schwan (a. Stier).

Analogien zum Jungfrau-Prinzip

Landschaft: sandige, steinige Gebiete, wo Erosion stattfindet; Geröllfelder, Gebirgshänge, Wegränder; auch Dünen. Die Wüste hat Widder- und Jungfrau-Analogie. Das Jungfrau-Klima ist nicht so heiß und trocken; auch Anbaugebiete. *Pflanzen:* die sich kargen Lebensbedingungen anpassen können, darunter auch Heilpflanzen, z.B. an Wegrändern, Schutthalden; Heidepflanzen; auch Nutz- und Anbaupflanzen, die der Nahrung dienen. Getreide hat auch Schütze-Analogie (Samen).

SPEZIAL-EINTEILUNG DER JUNGFRAU-PFLANZEN

	Getreide	**Gemüse/Salat**	**andere Pflanzen**
♈		Erbse	Ackersenf, Berberitze (auch Skorpion), Heide, Brennessel, Huflattich (auch Zwillinge), Schlehe, Gundermann (auch Zwillinge)
♉	Roggen Hirse	Bohne (auch Krebs), Spinat (auch Schütze), Mangold, Tomate, Kartoffel (auch Krebs)	Pfefferminze
♊		Endivie, Petersilie	Lungenkraut, Andorn, Gundermann (auch Widder), Huflattich (auch Widder)
♋		Bohne (auch Stier), Kohl, Kopfsalat, Melone, Gurke, Kürbis, Kartoffel (auch Stier), Spargel (Schütze, Waage), Rüben	Portulak (auch Löwe), Mutterkorn, Vogelmiere, Kamille
♌	Mais Reis (auch Skorpion)		Portulak (auch Krebs), Johanniskraut, Fenchel
♍	Hafer	Pastinak	»Steingarten-Pflanzen«, Steppengras (auch Widder), Lilie (alte Symbolpflanze für Jungfrau, Tabak (auch Fische)
♎	Weizen	Spargel (auch Krebs und Schütze)	
♏	Reis (auch Löwe)	Zwiebel, Lauch, Wurzelgemüse, Rettich, Rüben, Saubohne, Zuckerrohr	Berberitze (auch Widder), Schlehe, Stechapfel
♐	Gerste	weiße Rüben, Spinat (auch Stier), Zicchorie, Spargel (auch Krebs, Waage)	Ackermennig, Ackerminze, Ackerwinde, Arnika, Wacholder
♑		Runkelrübe	Hanf, Teufelskralle
♒		Linse	Faulbaum
♓		Zucht-Pilze	Schlafmohn, Tabak (auch Jungfrau)

Tiere: Pflanzenfresser, die in kargen Gebieten leben; Sandtiere in Dünen, Steppentiere, anspruchslose Nutztiere, Tiere, die in Bauten leben.
Beispiele: Kamel, Ziege, Huhn; Spinnenarten*, Ameisen, Honigbienen; Lerche (auch Widder, Zwillinge), Wachtel, Drossel.

Analogien zum Waage-Prinzip

Landschaft: harmonisch, hügelig, offen, auch Anlagen und Parks. Ausgeglichenes, mildes Klima, viele Ausgleichswinde.
Pflanzen: rankende, Hindernisse überwindende Pflanzen; dem Wind elastisch nachgebende Pflanzen; Palmen; alle veredelten Pflanzen, Schnittblumen, für Anlagen gedachte Zierpflanzen. Auch Heilpflanzen haben Waage-Analogie durch ihre ausgleichende, lindernde Wirkung. Giftigkeit oder transformierende Wirkung, Homöopathie und Alchemie haben Skorpion-Tendenz. Heilpflanzen, die die Ordnung im Körper wiederherstellen, haben – so gesehen – auch Jungfrau-Analogie.

SPEZIALEINTEILUNG DER WAAGE-PFLANZEN

♈ dunkelrote Edelrose

♉ (rosa) Rose, Narzisse, Gartenmohn (auch Fische), Krokus (auch Skorpion), Primel (auch Zwillinge)

♊ Akelei, Stiefmütterchen, Primel, bunte Blumen, Wicken

♋ Margerite, weiße Rose, weiße Lilie, weiße Blumen

♌ Sonnenblume, Pfingstrose, Ringelblume (auch Zwillinge), Edelrose

♍ Steingartenpflanzen, Lilie (auf kargem Boden)

♎ Flieder, Malve, Clematis

♏ Tulpe, Seerose, Dahlie

♐ Rittersporn, blaue Clematis, Gladiole

♑ Zuchtformen von (Zwerg-)Nadelgehölzen

♒ Bonsai-Bäumchen, Orchideen (auch Fische), Strelitzie

♓ Orchideen (Wassermann), Mohn

* Zur Familie der Spinnen gehören Tiere, die in ganz verschiedenen Lebensräumen existieren und unterschiedliches Beuteverhalten zeigen. Die *Vogelspinne* beispielsweise lebt im tropischen Regenwald, überfällt ihre Beute, baut keine Netze; sie hat deutlich Skorpion-Analogie. Spinnen, die in trockenen, steinigen Gebieten (auch in Mauern) leben und kunstvolle Netze bauen, haben Bezug zur Jungfrau. Auch der *Weberknecht,* eine der genügsamsten Spinnenarten, hat als solche Jungfrau-Analogie.

Tiere: Zugvögel, Singvögel mit farbenprächtigem Gefieder, graziös und schnell laufende Tiere mit harmonischen, ausgeglichenen Bewegungen; Zuchtiere, edle Rassen.
Beispiele: Taube (auch Stier), Wildgans, Storch, Kranich, Schwalbe, Nachtigall, Eisvogel (auch Widder); Reh, Gazelle

Analogien zum Skorpion-Prinzip

Landschaft: Feuchtgebiete, Sümpfe, stehende Gewässer, Dschungel, tropischer Regenwald. Feuchtes, warmes Klima.
Pflanzen: Sumpfpflanzen, Feuchtigkeit und Dunkelheit liebende Pflanzen; tropischer Regenwald mit Schlingpflanzen und Lianen, wasserspeichernde Gewächse, Knollen- und Zwiebelpflanzen; zersetzende Pflanzen wie primitive Pilzarten; Flechten; ausgesprochene Heilpflanzen (Alchemie), die meist sehr komplexe Misch-Prinzipien in sich vereinigen (Näheres dazu: siehe Spezial-Literatur).

SPEZIAL-EINTEILUNG DER SKORPION-PFLANZEN

♈ rote Seerose, Löffelkraut

♉ Engelwurz, Sumpf-Calla

♊ Schilfrohr (auch Jungfrau), Isländisch Moos

♋ Wasserlinsen, weiße Seerose, Wasser-Schwertlilie, Bärlauch

♌ Nelkenwurz

♍ Schilf (auch Zwillinge), Rüben (Nutzpflanzen)

♎ Rainfarn, Schöllkraut

♏ Aloe, Mandragola (Alraune), Schlangenwurz, Bärlapp

♐ Wasser-Schwertlilie (auch Krebs)

♑ Rohrkolben (auch Schütze), Flechten

♒ Mistel, Melde

♓ Brackwasser-Pflanzen, Schimmelpilze, Algen

Tiere: Höhlenbewohner, Sumpftiere; Tiere, die eine Verpuppung, eine Metamorphose durchmachen (fliegende Insekten haben auch eine Zwillings-Analogie); Aasfresser, Amphibien.
Beispiele: Fledermaus, Hyäne (Aas), Igel, Ratte, Schakal, Schwein; Fisch (auch Krebs), Kröte, Krokodil (auch Löwe); Würmer, Asseln, Skarabäus, Wanze, Laus, Fliege (auch Zwillinge), Mücke, Stechmücke, Skorpion, Hirschkäfer (auch Schütze), Libelle (auch Waage), Maikäfer (auch Stier); Geier, Pelikan (auch Löwe), Reiher (auch Schütze), Ibis, Rallen, Rohrsänger (auch Stier). Vögel haben ansonsten auch Zwillings- und Waage-Analogie (s.o.); Adler (auch Sonne/Widder) – besonders Seeadler. Symboltiere für Armut haben auch Steinbock-Tendenz, dazu gehören: Fliege, Ratte, Maus, Wanze.

Analogien zum Schütze-Prinzip

Landschaft: hügelige, waldreiche, fruchtbare Landschaft; Weite; Jagdgebiete. Angenehmes, warmes Klima.
Pflanzen: Waldpflanzen, Laub-Bäume (auch Steinbock), Pflanzen, die Früchte tragen; Pflanzen mit weit auslaufenden Wurzeln, mit starkem Samenflug; Nüsse, Kletter-Pflanzen; Obstbäume der gemäßigten Zonen; Bäume: siehe auch Steinbock.

SPEZIAL-EINTEILUNG DER JUPITER-SCHÜTZE-PFLANZEN

♈ stachelige Beeren-Sträucher, Attich

♉ Pfirsich-Baum, Pflaume (auch Skorpion), Birne (auch Fische), reife Kirschen (Widder), Apfel (auch Löwe), Waldmeister, Wald-Erdbeere, Maiglöckchen, Holunder

♊ Haselnuß

♋ Kuckucksblume, Liguster, Cashew-Nüsse, Geißblatt, blühende Kirsche

♌ Apfel (auch Stier), Digitalis (auch Skorpion), Hopfen

♍ Walnuß, Haselstrauch

♎ Birke, Weinrebe

♏ Aronstab, Schwarzer Holunder, Wurmfarn (auch Steinbock)

♐ echte Kastanie

♑ Efeu, Wurmfarn (auch Skorpion)

♒ Waldvögelein (Orchidee)

♓ Farne, Pilze, Birne (auch Stier)

Tiere: Großtiere, schnelle Jagdtiere, Reittiere, Waldtiere
Beispiele: Pferd, Elefant, Hirsch, Jagdhunde; Eule (auch Steinbock), Milan (auch Waage), Reiher (auch Skorpion).

Analogien zum Steinbock-Prinzip

Landschaft: Gebirge, insbesondere Hochgebirge (auch Wassermann); kaltes Klima, Gletscher. Felsiges Land, Lava, Kalkhaltige Böden; Gebiete mit Schwerindustrie, Kohle-Reviere, auch trockene Gebiete.
Pflanzen: karge Böden liebende Pflanzen, widerstandsfähig gegen Trockenheit und Kälte. Pflanzen mit viel harten Anteilen: holzige Pflanzen, Bäume.

SPEZIALEINTEILUNG DER BÄUME, DIE AUCH SCHÜTZE-ANALOGIE BESITZEN

♈ Fichte (auch Steinbock), Eiche (auch Schütze)

♉ Linde, Roßkastanie (auch Wassermann)

♊ Pappel (auch Krebs)

♋ Weide (auch Löwe), Pappel (auch Zwillinge), Feigenbaum (auch Stier, Skorpion), Erle, blühender Kirschbaum

♌ Esche, Weide (auch Krebs), Pinie, rote Kastanie, Lärche (auch Steinbock), Zeder (auch Steinbock), Ulme (auch Jungfrau)

♍ Walnuß (auch Schütze), Kiefer, Buche, Ulme (auch Löwe)

♎ Quitte, Birke, Palme, Rotbuche (auch Schütze)

♏ Zypresse, Eberesche, Moorbirke

♐ Eßkastanie, Eiche (auch Mars/Saturn), Maulbeerbaum, Pinie, Lorbeer, Olive (Ölbaum), Ahorn, Walnuß (auch Jungfrau), Rotbuche (auch Waage)

♑ Lärche (auch Sonne), Zeder (auch Sonne), Tanne, Eibe, Hainbuche

♒ Espe, Roßkastanie (auch Stier)

♓ Akazie, Trauerweide

Tiere: Klettertiere der Gebirge, gegen Kälte robuste, zähe Tiere; langsame, gepanzerte Tiere;
Beispiele: Steinbock, Bergziege, Esel, Elch (auch Schütze); Schildkröte, Gürteltier (auch Skorpion); Koralle (auch Sonne/Neptun); Schnee-Eule (auch Schütze), Rabenvögel wie Krähe, Bergdohle. Die Symboltiere für Armut – Fliege, Ratte, Maus, Wanze, Laus – haben auch Steinbock-Analogie, entsprechen aber gemäß ihrem »Charakter« eher dem Skorpion-Prinzip.

Analogien zum Wassermann-Prinzip

Landschaft: Hochgebirge mit starker Höhenstrahlung, uranhaltige und radioaktive Gebiete, gewitterreiche Zonen der Tropen.
Pflanzen: in großen Höhen wachsende Pflanzen (z.B. im Himalaya), die viel UV-Strahlung verkraften und damit als Krebsheilmittel taugen sollen; Pflanzen oberhalb der Baumgrenze haben auch Steinbock-Analogie; alle Mutanten, neue Varietäten, beschränkt auf bestimmte Gebiete (z.B. Galapagos-Inseln); bizarre, auch unfruchtbare Züchtungen. Pflanzen mit Luftwurzeln wie Tillandsien.
Tiere: Schnelle Tiere der Hochgebirge, z.B. Gemsen; unfruchtbare Tiere, z.B. Maultier; Tiere mit elektrischen Ladungen wie einige Fischarten: Zitterrochen, Zitteraale, Zitterwelse; freiheitsliebende Tiere allgemein; Giraffe, Antilope, Kuckuck, exotische Tiere, Papageien, Kolibri (auch Waage)

Analogien zum Fische-Prinzip

Landschaft: Küstenlandschaft, Marschland, Meer.
Pflanzen: Meerespflanzen; Pflanzen, die Salzwasser oder salzhaltige Luft vertragen; auch Farne, Moose, Sporenpflanzen, Pilze; Pflanzen, die hohe Luftfeuchtigkeit brauchen.

SPEZIALEINTEILUNG DER NEPTUNISCHEN FISCHE-PFLANZEN

♈ Löffelkraut, Stranddistel (auch Jungfrau)

♉ Pfifferling, Tang

♊ Salzkraut

♋ Algen, Salzmiere

♌ Lotusblume, Königsfarn

♍ Stranddistel, Strandhafer

♎ Strandflieder

♏ Lianen, Queller, Schimmelpilze

♐ salzbeständige Winden

♑ Adlerfarn; Pilze an Baumrinden wie Porlinge (Zunder)

♒ Strandmelde

♓ Algen

Tiere: Meerwasserfische, Krebse, Krabben, Muscheln; alle Bewohner des Meeres, Strandtiere haben auch Jungfrau-Analogie.

SPEZIALEINTEILUNG DER MEERESTIERE

♈ Raubfische, z.B. Hai, Hecht

♉ Seekuh

♊ Delphin

♋ Muschel, Seehund (auch Widder)

♌ Wal, Lachs

♍ Plankton, Seepferdchen

♎ fliegende Fische, schnelle Fische

♏ Tintenfisch, Krake, Meeresschlange, Piranha

♐ lebend gebärende Zahnkarpfen wie Guppies, Schwertträger u.a.

♑ Koralle (auch Sonne)

♒ Zitterrochen u.ä.

♓ Seegurke, Schwämme, Scholle

6 DER MENSCH

Fast die gesamte astrologische Literatur handelt vom Menschen. Als einziges Lebewesen ist der Mensch imstande, über sich selbst zu reflektieren. Die Geisteswissenschaft dreht sich daher ausschließlich um ihn, um sein Wirken und seine Stellung innerhalb der Welt.

Die Psychologie und Philosophie behandeln Fragen nach der Persönlichkeit des Menschen und seinem Verhältnis zur Umwelt. Eine gewisse Bildung auf diesen Gebieten ist für den, der Astrologie betreiben will, unerläßlich. Die individuelle Astrologie verlangt ein differenziertes Verständnis vom Menschen und insbesondere von seiner seelisch-geistigen Eigenart. Auf der andern Seite stellt die Astrologie selbst auch eine Lehre vom Menschen dar. Sie ist eigentlich eine Form der Philosophie und der Psychologie. Sie entwirft ein Bild vom Menschen, allein schon durch die Art der Betrachtungsweise. Das analoge Denken offenbart Parallelen zu anderen Bereichen; daraus folgt ein bestimmtes Menschenbild. Die astrologische Lehre spricht mit Thomas Ring von »kosmischen Bildekräften«, die der Seele des Menschen entsprechen. Dies stellt ein psychologisches System dar, denn im Zusammenwirken aller zwölf astrologischen Prinzipien soll die Persönlichkeitsstruktur des Menschen deutlich werden.

Der Sinn und Zweck aller Naturbetrachtungen ist letztendlich, etwas in sich nachempfinden zu lernen und die Fähigkeiten zur Beobachtung, auch zur Systematisierung und Kombinatorik zu entwickeln. Doch schließlich müssen wir auch den Bauplan des Menschen an sich verstehen lernen. Es gibt einen allgemeinen Bauplan, der das Mensch-Sein beschreibt, auch wenn er sich individuell unendlich vielfältig ausprägen kann. Auch jede

Schneeflocke ist verschieden, obwohl wir ihre Zugehörigkeit zum Begriff Schneeflocke sofort erkennen. Keine zwei Blätter sind genau gleich, auch nicht Blätter derselben Art. Die individuelle Eigenart einer Existenz ist einmalig, der Bauplan einer Art gemeinsam.

Den Bauplan der menschlichen Seelen- und Geisteswelt müssen wir ergründen, bevor wir zu individuellen Deutungen eines menschlichen Charakters kommen. Die Astrologie liefert durch ihre Lehre einen solchen Bauplan. Er ist gekennzeichnet durch die zwölf astrologischen Prinzipien. Wir müssen lernen, diese in uns aufzuspüren und nachzuempfinden. Erst dann können wir astrologische Menschenkunde[5] betreiben.

Planetenkräfte im Menschen

Der allgemeine Bauplan des Menschen beinhaltet, daß alle »kosmischen Bildekräfte« im Menschen wirksam sind, auch und vor allem seelisch und geistig. Bevor der angehende Astrologe ein Horoskop deuten kann, muß er zunächst einmal lernen, die Planetenkräfte in sich selbst aufzuspüren, um überhaupt einen Sinn für den Menschen aus astrologischer Sicht zu entwickeln.

Da gibt es die solaren Ich-Gefühle, Kämpfe um den Selbstwert, die sich bis in unsere körperliche Haltung hinein manifestieren. Wir möchten unserem Ich-Ideal gerecht werden. Lunare Stimmungen ergeben sich aus der Empfänglichkeit der Seele für außerhalb liegende Abläufe. Auch die Begriffe »Anima« und »Animus« in der Psychologie Carl Gustav Jungs umschreiben solare und lunare Prinzipien. Seine Lehre von den »Archetypen« kommt der astrologischen Sichtweise entgegen. Jede Menschenkunde – dies sollten wir berücksichtigen – ist von einem ganz bestimmten Weltbild geprägt.

Menschenverständnis erfolgt nicht allein durch intellektuelle Einsichten. Die Fähigkeit des Erfühlens ist dazu unerläßlich.

Im folgenden Abschnitt will ich den Leser zu einer Art Selbstbeobachtung anregen. Ich möchte ihm sozusagen Nach-Fühl-Anstöße geben. Nicht die Wissensvermittlung steht dabei im Vordergrund, sondern das Erkennen.

Die sieben klassischen Planeten

☉

Das solare Prinzip bedeutet das Vorhandensein eines eigenen Organismus. Jeder von uns ist eine Entität, weil wir leben; im Tode zerfällt unser Körper. Das Leben gibt uns ein Ich. Das menschliche Sein beinhaltet Bewußtsein: Bewußt-Sein.

Dieses Bewußtsein ist beim Kleinkind noch kaum vorhanden. Es entwickelt sich erst langsam. Das solare Prinzip braucht mindestens dreißig Jahre, um sich vollständig zu entwickeln.

Wir fühlen unser Leben	– *Vitalität*
Wir werden uns bewußt	– *Selbstbewußtsein*
Wir wollen etwas	– *Selbstverwirklichung*
Wir spüren, daß wir mehr sind als Nichts	– *Selbstwertgefühl*
Wir müssen uns bewähren	– *Selbstvertrauen*
Wir brauchen unsere eigene Anerkennung	– *Selbstachtung*

Denn jeder ist letztendlich allein – und doch kann er in der Besinnung auf sich selbst, sein Selbst, erleben, daß er in seiner eigenen Einheit dem großen All-Einen angehört.

Wir wurden erwachsen.
Wissen wir, was wir wollen,
haben wir unsere Linie gefunden
– den eigenen Stil,
das selbständige Ich,
das bewußte Selbst?
Dann sind wir Erwachsene.

☾

Das lunare Prinzip läßt uns gefühlsmäßig nach außen fließen. Und was außerhalb liegt, fließt in uns hinein. Die Gefühlsschwankungen des Tages tun es kund. Sie sind kaum steuerbar.

Die kindliche Hilflosigkeit ist lunar. Das mütterlich Helfende ist es auch.

Unwichtige Begebenheiten lösen Stimmungen aus, Erinnerungsbilder, unkontrollierte Eindrücke; wir fließen mit ihnen, spüren sie als wechselnde Launen. Wir riechen etwas – unser Blick fällt auf irgend etwas. Es fällt uns etwas ein.
Wir fühlen innere Bewegungen beim anderen, wir haben Gemüt, wir sehen Menschen, sie erinnern an andere, wir hören zu. Wir nehmen etwas wahr – wissen nicht,
warum gerade das in diesem Augenblick so wichtig ist.

Unbewußte Assoziationen löst das Lunare aus. Unser Unbewußtes ist ihnen ergeben, instinktiv reagieren wir auf sie, mit kindlicher Hilflosigkeit begegnen wir ihnen.

Wir sind Kinder.
Was war es, das uns traurig machte,
was ist es, das uns lächeln läßt?
Warum gefällt uns eine Geschichte,
warum werden wir auch wieder schlechte Laune haben?
Wozu das alles,
wozu die vielen alltäglichen Zufälligkeiten?
Reflektiert unsere Seele das Außen?

☿

Wir atmen; Merkur bringt uns in engsten Kontakt zum Außen. Ohne ihn fänden wir uns nicht zurecht; wir wüßten nicht, uns zu bewegen, zu ertasten, zu begreifen. Merkur erfaßt, verknüpft und braucht die anderen Prinzipien.

Kinder brauchen das Merkur-Prinzip schon sehr früh. Aber voll zur Verfügung steht es dem Menschen erst mit etwa zwanzig Jahren, wenn die Abstraktionsfähigkeit voll entwickelt ist.

Wir sind neugierig und wißbegierig,
wir haben Interesse, inter-esse,
wollen zwischen vielem sein (Zwillinge).

Wir fassen, wollen erfassen;
wir greifen, wollen begreifen;
wir nehmen etwas auseinander
und bilden uns ein Gedankengebäude (Jungfrau).
Mit Merkur nehmen wir das Neue auf.

Doch wir denken nicht nur mit Merkur. Ohne das lunare Prinzip, ohne Assoziationen, Erinnerungsbilder von schon Erfahrenem und Erlerntem, gäbe es keinen Gedankenfluß. In viele verschiedene Beziehungen kann Merkur zum Mond treten.

Zur Sonne kann er als innerster Planet nur in Konjunktion stehen. Ist diese zu eng (bis 3°), dann wird er überstrahlt, »verbrannt«. Die Sonne läßt ihm keine Eigenständigkeit. Gedanklich objektiv zu sein, fällt dann sehr schwer, denn das wollende Selbst nimmt zu viel Einfluß. Eine weite Konjunktion gilt als fruchtbar; dann belebt das eigene Engagement (Sonne) den gedanklichen Aufbau.

Ich denke immer,
sagt ein Kind.
Oder denke ich nur,
wenn ich gerade nachdenke,
ob ich denke.
Dann fällt mir auf,
ich habe gerade gedacht
und wieder vergessen;
doch manchmal denke ich nicht.
Auch mir fällt das auf,
wenn ich nicht denke,
doch ich vergesse es gleich,
denn nun denke ich wieder.
Merkur – ohne Rast und Ruh.

♀

Dem Venus-Prinzip gemäß erspüren und erleben wir über empfindende Sinne die Welt. Das Einwirkenlassen von Reizen braucht

Ruhe – im Eros (Stier) wie im Kunstgenuß (Waage). Manches gefällt, es entspricht unserem Geschmack.

Die Entwicklung des Venus-Prinzips tritt erst nach der Pubertät voll in Erscheinung. Die weibliche Sexualität hat viele Venus-Anteile. In der Liebe zu allem Schöngeistigen kommt die Venus als Waage-Entsprechung voll zur Geltung.

Wir sehen das Reizvolle,
wir suchen Berührung,
wir erwarten Liebkosung,
wir genießen den Kuß,
auch die Küsse der Musen.

Es weicht kindliche Lust
derber Sexualität, Wollust
– voller Fleischlichkeit.
Das hätte als Kind nicht gefallen,
wonach erwachsene Lust dürstet.
Wo bleibt unser Schönheits-Ideal?
Brauchen wir edle Kunst
als Perle auf der Waagschale,
die unsere Derbheit aufwiegt?
Wo sind kultivierte Sinne
in unser Leben eingegliedert –
wo widerspricht sich nicht Venus
in sich selbst?
Tantalus-Qualen; Stier und Waage!

♂

Das Mars-Prinzip drängt zur Tat. Irgend etwas treibt uns dazu, Gedanken und Pläne auszuführen. Wir wollen es nicht nur bei bloßen Vorstellungen belassen. Der Sexualtrieb ist ein Beispiel für marsianischen Drang nach Ausführung und Befriedigung. Energieschübe treten auch auf geistiger Ebene auf.

In der Pubertät hat Mars vor allem beim männlichen Geschlecht Bedeutung. Die »Sturm- und Drang«-Periode ist marsianisch.

Wir wollen etwas tun!
Ist auch Bequemlichkeit
die große Gegenkraft,
unseren Handlungswillen kann
sie nicht brechen!

Wir wollen etwas tun und tun etwas,
wir müssen Energie loswerden,
und wenn wir sie verschleudern,
und wenn es Aktionismus ist,
und wenn es blindwütige Aggression ist.
Etwas drängt und treibt
zum Entschluß und zur Tat.

Lausbubenstück!
Warum nur?
Keine Frage für Mars –
es war ein kleines Abenteuer.

Das war riskant!
Es mußte getan werden!
Warum nur?
Keine Frage für Mars.

♃

Jupiter ist wie Sonne und Mars eine aktive, feurige Kraft. Die Sonne ist das Erlebnis unseres Seins, der Mars das Erlebnis der inneren, drängenden Impulse. Das ist Jupiter nicht genug. Er sucht das Optimale, das Günstigste, Sinnvollste. In uns steckt ein Bedürfnis, unser Selbst (Sonne) und unser Handeln (Mars) bestmöglich zur Geltung zu bringen, das Optimale herauszuholen, so daß wir sagen können: Jetzt haben wir sinnvoll gehandelt. Glücks- und Erfolgserlebnisse erstreben wir.

Ist dieses Streben in der Jugend noch relativ leicht zu befriedigen, so wird das mit zunehmendem Alter immer schwieriger, denn Jupiter ist unaufhörlich Expansion.

Wir geben uns nie zufrieden,
wir wollen immer mehr,
mehr Wohlstand, mehr Erfolg;
die Karriere muß weitergehen.
Nur kein Zurück – kein Stillstand.
Wachstum!

Doch es stellt sich die Sinnfrage.
Wertekonflikte löst sie aus.
Was ist erstrebenswert?

Wir hatten Erfolg –
warum stellt sich kein Glücksgefühl ein?
Suchen wir nach anderen Werten?
Wo liegt der Sinn unseres Seins und Handelns?

Noch habe ich Ansprüche,
die wollen befriedigt sein.
Hätte ich sie nicht,
woher nähme ich meinen Antrieb?
Ist das meine Existenz-Berechtigung,
brauche ich denn eine solche?

♄

Mond und Venus bestimmen weitgehend die Fähigkeit zum Erleben, Er-Leben. Saturn ist das, was uns innerlich daran hindert, unbegrenzt Erlebnis auszukosten. Er zeigt sich in Schuldgefühlen und Ängsten. Auch setzt er unserem Lebensdrang und unserer Suche nach Selbstbestätigung (Sonne) Grenzen durch unsere eigene Kritikfähigkeit; er weist unseren Aktionsdrang (Mars) in die Schranken durch menschliche Gesetze; er vertieft das Sinnstreben (Jupiter) durch Pflichtgefühle. Saturn ist die Stimme des Gewissens.

Die Entwicklung des Saturn-Prinzips geht bis ins hohe Alter. Es verlangt, Verantwortung zu übernehmen, sich selbst zu beschränken und die Realität hinzunehmen, auch wenn sie hart ist.

Wir wollen,
aber wir dürfen nicht;
wir lassen uns treiben,
doch wir haben Pflichten;
wir gehen darauf zu,
aber wir ängstigen uns;
wir haben etwas getan,
nun drückt uns Schuld;
wir unterlassen etwas,
unser Gewissen mahnt;
wir erlebten Freude,
doch wir haben sie nicht verdient;
wir wollen nicht mehr – es reicht!
machen alles falsch – sind traurig.
Doch wir müssen! Wir haben keine Wahl!

Alt sind wir geworden,
wo ist der jugendliche Elan geblieben?
Die tägliche Bürde hat ihn genommen;
es ist ja doch nicht gekommen,
wie wir einst glaubten;
reich sind wir nicht geworden
– oder doch? Reich an Erfahrung;
aber was bringt's? Reife?
Von wem wird sie geschätzt?
Das braucht es nicht!
Der Wert liegt in sich selbst.

Die Transsaturnier

Das dargelegte Siebener-Spektrum der sogenannten klassischen Planeten erfaßt den Menschen in seinen fundamentalen Zügen. Doch es gibt noch einen überpersönlichen Bereich, der durch Uranus, Neptun und Pluto charakterisiert wird.

Diese Planeten verbinden mit dem Kollektiv, mit großen menschlichen Zusammenhängen und Gemeinschaften.

♅

Das Uranus-Prinzip erleben wir als plötzliche Einfälle, Ideen, neue Gedanken, die das Leben verändern können. Uranus symbolisiert die innere Freiheit, die es erlaubt, das Irrationale zu denken, das Ungewöhnliche – außerhalb der Norm liegende – zu tun; etwas Überpersönliches steckt in uns. Diese Kraft erweist sich bei gut ausgebildeter Integrationsfähigkeit (Saturn) als sehr konstruktiv.

Vor allem beim jungen Menschen zeigt sich Uranus häufig in Unberechenbarkeiten – nicht nur anderen, auch sich selbst gegenüber.

Weltverbesserer, Revolutionär.
Wir alle sind ein bißchen genialisch,
haben die beste Idee, die Lösung.
Nur war es eine Utopie;
wir haben die Pläne
ohne den Menschen gemacht,
ohne die Menschen mit ihren unnötigen
Emotionen und Ängsten,
ihren Lüsten und Trieben, ihrem Egoismus.
Wo bleibt das Überpersönliche?
Wo steckt der Genius des Menschen?

♆

Neptun ist nicht wesentlich, um das tägliche Leben zu bewältigen. Das neptunische Prinzip führt aus dem Alltag heraus in eine andere Welt, eine Welt ohne Grenzen, die des Traums, der Vorstellung, der ausgedachten Inhalte. Er gibt uns die Möglichkeit, uns mit Filmfiguren, Romanhelden und Opernheroinnen zu identifizieren. Er läßt uns eintauchen in die Wirklichkeit der Phantasie. Er symbolisiert die Kraft der Hoffnung und Idealisierung. Er überschreitet die Welt der körperlichen, irdischen Räumlichkeiten und gibt der Seelenwelt ihre wahre Existenz. Er verbindet Menschen über eine universale Liebe, eine Art All-Liebe.

Der alte Mensch vermag Neptun auf den Boden einer langen Lebenserfahrung zu stellen. Junge Menschen dagegen halten oft das erträumte Ideal für tatsächlich realisierbar. Daß daran Abstriche gemacht werden müssen, lernen sie erst im Laufe der Zeit, leider oft verbunden mit Enttäuschung und Frustration. Selten gelingt es, Neptun als selbstloses, überpersönliches Prinzip schätzen zu lernen.

Neptun, wir alle lieben dich;
wir alle leiden unter dir,
daß du nicht ausführen kannst,
was im Traum so nah –
warum ist die Welt so schlecht und hart?
Warum leben wir überhaupt?
Wir suchen doch nur das Heil,
Erlösung von all den irdischen Qualen.
Wir suchen die Welt,
wo Raum und Zeit vergessen sind,
wo sich Seelen selbstlos lieben.

♇

Das Pluto-Prinzip steht für die Fähigkeit des Menschen, sich zu wandeln: seinen Eigenwert umzudeuten (Sonne), und in die übergeordnete soziale Gemeinschaft einzubinden; sich von instinktiven Bindungen (Mond) abzunabeln; nicht mehr selbstbezogen zu denken (Merkur). Pluto bedeutet Sterben: Tod dem selbstsüchtigen Ich. Sein Prinzip ist vor allem im mittleren Lebensalter von außerordentlicher Bedeutung. Wenn das egozentrische Erfolgsstreben (Jupiter), die aktiven Bestrebungen (Mars) und die besitzergreifenden, auf Genuß bezogenen Liebesgefühle (Venus), wenn die alten Sicherheiten und Prinzipien (Saturn) sich als zum Scheitern verurteilt erweisen, dann läßt Pluto sterben und gibt die Möglichkeit zur Umwertung.

Dem jungen Menschen gibt Pluto die Idee, zu überpersönlichen, großen Aufgaben geboren zu sein; damit legitimiert er Machtansprüche. Transformiert ist Pluto die Erkenntnis, daß das

Ich im großen selbstlosen Zusammenhang des Ganzen gesehen werden muß.

Ungeheuerlichkeiten, Extreme
nach allen Seiten,
Fanatismen,
blindwütige Rechtsansprüche
für heilige Ziele.
»Der Zweck heiligt die Mittel.«
Skrupellos das Große durchsetzen.
Sich sogar opfern – Kamikaze.
Ich bin so wichtig, brauche die Macht
für das Große!

Ich bin so unwichtig,
bin nur Werkzeug zum Großen.
Was bin ich, was will ich,
was brauche ich?
Alles und Nichts!
Für mich brauche ich nichts,
für mein großes Ziel alles.
Doch bin ich nicht das Ziel,
ist das Ziel nicht Ich?
Warum habe ich dieses Ziel
und kein anderes?
Brauche ich dieses Ziel,
oder braucht das Ziel mich?

War alles eine falsche Fixierung?
Waren es nur Egoismus, Machthunger, Besitzgier?
War es wirklich die große Aufgabe?
War ich wirklich nur Werkzeug?
O schmerzhafte Selbstkenntnis,
Selbstzerstörung, Selbstzerfleischung.
Ich bin mein eigenes Opfer.
Meine inneren Zwänge bringen mich um!
Warum sterben die inneren Zwänge so langsam?

Analogien der Planeten zu den verschiedenen Ebenen der menschlichen Existenz

Die Planeten in einem Geburts-Horoskop stehen in Beziehung zu den verschiedenen Ebenen der menschlichen Existenz. Das reicht vom stofflichen Aufbau und den organischen Funktionen des menschlichen Körpers über die Gefühlsebene, die teilweise eng mit organischen Abläufen korrespondiert, bis hin zum Denken. Die Planeten, nicht die Tierkreiszeichen, symbolisieren die eigentlichen »Kräfte«.

Mit den Trans-Saturniern Uranus (Wassermann), Neptun (Fische) und Pluto (Skorpion) werden vor allem auf der geistigen Ebene Dimensionen angesprochen, die beim Durschnittsmenschen nicht zur eigenständigen Geltung gelangen. Die Zeichen Wassermann, Fische und Skorpion färben zwar Planeten in spezifischer Art und Weise, aber die Repräsentanten Uranus, Neptun und Pluto sind Symbole für den transpersonalen geistigen Bereich des Menschen. Nach dem Studium der folgenden Tabelle wird das für die geistig-seelische Ebene klar werden. Im organischen Bereich können Gehirn und Nerven (Uranus, Wassermann) auch den anderen Planeten zugeteilt werden, nämlich Merkur = Feinmotorik, Sprache; Mars = Grobmotorik; Venus = Sinne; Sonne = Leben, Mond = Gehirnmasse, Denkfluß usw.

Plutonisch sind bestimmte Schleimhäute, die auch Krebs-Analogie haben, und Sexualabläufe, die man Mars und Venus zuordnen könnte.

Neptun bezieht sich unter anderem auf den Gleichgewichtssinn und das Gehör. Sie können auch der Venus zugeordnet werden (Stier und Waage). Alle Körperorgane, die einem Schlaf-Wach-Rhythmus unterliegen und die im Schlafzustand Neptun-Tendenz haben, gehören zu den jeweiligen Prinzipien. Der Schlaf an sich hat im Bewußtsein der wenigsten Menschen eine eigenständige Bedeutung. Viele sehen ihn lediglich als Zustand völliger Passivität an. Daß der Schlaf eine wichtige Rolle bei der Regeneration spielt, ist jedoch unbestritten. Viele Rätsel gibt uns das Phänomen des Schlafs auf, mit seinen Träumen und seiner Unbewußtheit.

ENTSPRECHUNGEN DER PLANETEN IM STOFFLICH-ORGANISCHEN BEREICH
körperliche Funktionen

☉	♌	Wärme, Licht	Herz- und Kreislaufsystem	Lebenskraft, Haltung
☽	♋	Wasser	Flüssigkeitshaushalt	Lymphe, Schleimhäute, Milchdrüsen, Säfte von Magen, Bauchspeicheldrüse u. a., Gehirnmasse
☿	♊	Luft	Atmungsfunktion	Lunge, Bewegungsnerven, Feinmotorik, Gehirnteile (Sprache)
	♍	Nahrungsstoffe	Bausteine des Körpers	Aufschließen der Nahrung, Dünndarm
♀	♉	Gewebesubstanz	Reizentfaltung (Figur, Stimme, Haar)	Sinnesorgane, Sinnesempfindung
	♎	Osmotischer Druckausgleich	Ausscheidungsorgane wie Haut, Niere	
♂	♈	Eisen, Sauerstoff	Verbrennung, Blut	Muskelfunktion, Grobmotorik
♃	♐	Molekulare Entwicklung, Zucker	Stoffwechsel, Leber,	Wachstum und dafür verantwortliche Drüsen
♄	♑	Kalkstoffwechsel	Skelett, Zähne, Haut, Horn, Knorpel	Formbildung
♇	♏	Bakterien	Darmflora, innere Abläufe in den Sexualorganen	Keimdrüsen, Menstruation, Blase, Dickdarm
♅	♒	Elektrische Ladung und Leitung	Gehirn, Rückenmark, Nervenbahnen	Reizleitung und Reaktion
♆	♓	Schlaf, «Astralleib»	Organe zur Raumorientierung	Gehör, Kinästhetischer Sinn

In dem Kapitel »Der Mensch im Tierkreis« Seite 166 wurde der Mensch bildlich in den Tierkreis hineingelegt. Dabei wurde beispielsweise dem Widder der Kopf zugeordnet. Jetzt aber sprechen wir beim Widder-Mars-Prinzip von Blut und Verbrennungsprozessen. Zwei unterschiedliche Betrachtungsweisen kommen darin zum Ausdruck. »Der Mensch im Tierkreis« beschreibt die menschliche Gestalt von außen mit ihren typischen Sektoren. Bei den Planeten richten wir den Blick auf Funktionen im menschlichen Körper. Der energische Widder-Mars-Sektor ist der Kopf (»mit dem Kopf voraus«), alle Verbrennungsprozesse aber gehören funktionell zum Mars.

PSYCHISCHE ENTSPRECHUNGEN VON DER TRIEBEBENE BIS ZUR GEISTIGEN EBENE

☉	♌	Vitalität	Begeisterungs- fähigkeit	Selbstvertrauen	Bewußtsein vom eigenen Selbst
☾	♋	Instinkte	Gemüt	Assoziationen Erinnerung	Phantasie
☿	♊	Neugier	Interesse	Wissensdrang Auffassungsgabe	Sprache Intellekt
	♍	Ordnungs- bedürfnis	Anpassung Genügsamkeit	Nüchternheit Analyse	sachlich-metho- disches Denken
♀	♉	Sinnlichkeit	Eros	bildhaftes, na- türliches Denken	Anschaulichkeit im Denken
	♎	Harmonie- streben	Geschmack	Schönheitssinn	Ästhetik
♂	♈	Sexualtrieb	Aggression	Tat-, Entschluß-, Durchsetzungs- kraft	Unterschei- dungs-, Ent- scheidungs- fähigkeit
♃	♐	Expansions- drang	Glücksstreben Glücksgefühle	Synthese	Wert- und Sinnfrage
♄	♑	Sicherheits- bedürfnis	Urängste Zeitgefühl	Verantwortung Pflicht Konsequenz	Konzentrations- fähigkeit, Logik
♇	♏	Tiefe, seelische Schichten verdeckte Triebe	destruktive und suggestive Kräfte	Zweifel	Wandlungs- fähigkeit
♅	♒	Drang nach Unabhängigkeit und Freiheit	Faszinations- bereitschaft	abstraktes Denken	Idee Intuition
♆	♓	Überwindung räumlicher Begrenzungen	Hoffnung	Lebensideale All-Liebe	Meditative Erfahrung außersinnliche Wahrnehmung

Bedürfnisse und Triebe sind eng mit der körperlichen Ebene verbunden. Im seelisch-geistigen Bereich beeinflussen sie unsere Motivationen. Die Prinzipien führen schließlich zu einem geistigen Vermögen; auf noch höherer Stufe käme man von jedem Prinzip aus zu einer Komponente der Weisheit, als da sind: sicheres Urteil (Mars, Merkur, Mond), Vollbewußtheit (Sonne), Ausgewogenheit (Venus), Ernst (Saturn), tiefer Sinn (Jupiter) und überpersönliche Ausrichtung (Pluto, Uranus, Neptun).

WERKELEMENTE DER KÜNSTE

	MUSIK	MALEREI	PLASTIK
♈	*Rhythmus* aus sich selbst strömender Fluß	*Kontur* lineare Bewegtheit	*Wurf* einheitlich durchpulster Aufriß
♉	*Ton* akustisch tragendes Element	*Farbe* dekorativer Farbwert	*Masse* Blockcharakter des Materials
♊	*Takt* logisiertes Zeitmaß	*Verteilung* Hell-Dunkel- Gruppierung	*Gliederung* Differenzierung der Masseneinheit
♋	*Melodie* erlebte Tonfolge	*Vision* erschauter Weltausschnitt	*Gestalt* imaginiertes Raumganzes
♌	*Polyphonie* mehrstimmige Einheit	*Polychromie* entfaltete Schaulust	*Polymorphie* gruppierte Vielgestalt
♍	*Themadurchführung* methodischer Satzbau	*Motivschilderung* beschreibende Wiedergabe	*Vergegenständlichung* empirisches Detail
♎	*Harmonie* Maßeinheit des Zusammenklangs	*Symmetrie* Flächen- Abgewogenheit	*Statik* Ruhelage zum Standort
♏	*Intervall* Tonschnitt-Spannung	*Kontrastierung* Farben-Flächen- Spannung	*Zwischenräume* Durchblicke, Einkerbungen
♐	*Ausdruck* Phrasierung, Vortrag	*Duktus* Pinselführung, Strichlage	*Gebärde* Ausgriff in den Umraum
♑	*Form* Bezug aller Teile aufeinander	*Bildgefüge* strukturelle Überschneidungen	*Bildegesetz* Achsen-Grenz- flächen-Verhältnis
♒	*Komposition* ideelles Gebautsein	*Ordnungsidee* ideelle Gesamtausrichtung	*Ideoplastik* eingekörperte Idee
♓	*Klangfarbe* Instrumentierung	*Schmelz* Übergänge Lasuren, Stimmung	*Tastreiz* Oberflächen- bearbeitung

Meine große Verehrung gilt dem Philosophen, Astrologen und vor allem auch Künstler Thomas Ring[5], der 1983 im Alter von 91 Jahren starb. Ihn durfte ich noch persönlich kennenlernen. Ring hat die sogenannte »revidierte « Astrologie begründet. Die klassische Astrologie, ein über Jahrtausende entstandenes Erfahrungswissen, hat er von Fatalismus und starrem Prädestinationsglauben gereinigt und auf eine psychologische Grundlage gestellt. Seiner Denkweise verdanke ich viele Einsichten.

Ring war nicht nur Denker, er war auch Künstler, was sich in seiner ganzen Anschauungweise niederschlägt. Sein letztes Werk *Das Grundgefüge – die Stellung des Menschen in Natur und Kosmos,* kurz vor seinem Ableben fertiggestellt und nach seinem Tode erschienen, kann als sein philosophisch-astrologisches Testament angesehen werden. In ihm hat er auch seine astrologische Psychologie, eine »ganzheitliche transpersonale Strukturpsychologie« nochmals zusammenfaßt. Ring hebt in diesem Werk auch die Bedeutung der Kunst hervor; er spricht der Kunst, insbesondere der Dichtung, die Fähigkeit der psychologischen Differenzierung und Typisierung zu, die wissenschaftliche Betrachtungen übertreffen können. Ring erinnert an die Charakterisierung der darstellenden Personen in den großen literarischen Werken unserer Kulturgeschichte, ob bei Homer, Dostojewski oder Dante. In dem Kapitel »Zwischen Bild und Begriff« aus *Das Grundgefüge* schreibt Ring: Es »wird der künsterlischen Schau gemeinhin von seiten der Wissenschaft ein maßgebliches Urteil über *objektive Wirklichkeit* abgesprochen. Sie sei nur *subjektiver Spiegelung* fähig . . . allerdings . . . bekommt Einfühlungsgabe die Möglichkeit, einen Zuwachs an Tatsachenwissen, Einblicke und Erkenntnisse charakterologischer Art – dem psychologischen Wissen der Epoche überlegen – zu erlangen. Darüberhinaus wirkt in der Beteiligung des Beobachters, der ja kein Photoapparat ist, sich eine Gestaltungskraft höheren Grades aus, eindringlicher, als sie jeder Mensch schon braucht, um sich den Mitmenschen vorzustellen, wie er ist. Lebendige Einfühlung übersteigt die kalte Feststellung von Wahrheit oder Trug. Kein gewissenhafter Psychologe kann dieses imaginativ-introspektiven Vorgehens entraten, sein Wissen warnt ihn nur, wo Abwege drohen. Ohne seelisches *Nachschaffen* des fremden Charakters wäre seine Erkenntnis unmöglich ... Verglichen mit solcher Fülle unmittelbarer oder mittelbarer Seelenäußerungen, ist die Psychologie – trotz Vielfalt der Schulen, des Aufwands der Untersuchungsweisen und trotz begrifflicher Distanzierung – ein wenig karg in der Ausbeute und unsicher im methodischen Ansatz.«

Daran anschließend möchte ich nochmals an den Ausgangspunkt meines Buches erinnern. Für die astrologische Deutungskunst geht es darum, kreativ künstlerische Fähigkeiten zu entwickeln, Beobachtung und Einfühlung zu schulen und darüber hinaus zu lernen, abstrakte Symbole in Vorgänge des Lebens zu übersetzen, zunächst vielleicht in gefühlten oder gedachten »Bildern«, dann aber auch in Worte gekleidet, in Sprache übertragen. Wir müssen Sinn für das außerhalb unseres Ichs Liegende wecken, müssen uns einfühlen lernen in Andersartiges, anderes als das, das wir selbst sind oder das wir zu sein meinen.

Einfühlung ist zu jedem mitmenschlichen Verständnis notwendig. Der Fehler, der dabei meist zwangsläufig geschieht, ist der, daß wir den anderen durch unser Ich erfühlen. In das Bild, das wir subjektiv von ihm erfahren, versuchen wir uns hineinzudenken. Die Astrologie lehrt uns, wie individuell (Horoskop) unser eigenes Fühlen und Denken ist. Sie kann helfen, uns objektiver zu sehen. *Unsere* inneren Maßstäbe – für viel und wenig Sensibilität, für viel und wenig Energie, für zuverlässig, sauber, fleißig oder konsequent – oder unsere Erfahrungen sind keine objektiven, allgemeinen, sie sind typisch für unser eigenes Ich. Sie haben sich entwickelt im Wechselspiel von eigener Veranlagung und Lebensmilieu. Die eigene astrologische Konstellation bestimmt, wie wir die Umwelt erleben, was wir aus ihr herausfiltern, wie wir wahrnehmen, »wahr«-nehmen, wenn auch die reale Umwelt darin nicht sichtbar ist.

Doch im Erfühlen einer anderen Persönlichkeit müssen wir uns von dem subjektiven Maßstab weitgehend freimachen. Was uns im Leben wichtig ist, wie wir mit bestimmten Eindrücken umgehen, muß nicht für den anderen gelten. Wollen wir das berücksichtigen und beherzigen, müssen wir gleichsam in uns selbst den anderen Menschen nachschaffen. Wir müssen unser Ich völlig hintanstellen, müssen uns einem anderen Sein öffnen. Wie selbstvergessen können wir Fremdes in uns nacherleben.

Ähnliches geschieht auch im künstlerischen Erleben, ob beim Hören oder Interpretieren von Musik, während der tiefen Versenkung in ein Gemälde oder im Miterleben der Freuden und Leiden der verschiedenen Personen in einem Roman. Noch viel intensiver muß dies beim gestaltenden Künstler selbst sein. Wir verlieren wenigstens für gewisse Zeit die Ich-Fixierung und lassen in uns andere Gefühlsabläufe und Gedankengänge aufkeimen. So gelangen wir gerade durch die Kunst zu unmittelbarer Objektivität im seelischen Erfassen des außerhalb unserer eigenen Physis Seienden – mehr als dies über den begrifflichen Umweg der Wissenschaften möglich ist.

Bei der Meditation geht der Mensch den gleichen Weg, um zu unmittelbarer Anschauung zu gelangen. Wir verbinden uns mit dem Außen, wir überwinden die strenge Subjekt-Objekt-Scheidung, in unserer Seele erwacht die Fähigkeit zur Universalität. Wir erkennen uns als kosmisches Wesen, in dessen Seele die ganze Welt verborgen liegt. Wir können sie in uns aufleben lassen; das geschieht auch, wenn wir tief versunken dem Fließen eines Baches zuschauen, wenn wir beim Zuhören eines Vogellieds selbst zum munteren singenden Vogel werden – oder wenn ich versonnen den farbigen Sonnenstrahlen zuschaue, die sich am frühen Morgen durch die Spalten des Fensterladens zu mir hineinwagen.

ANMERKUNGEN

[1] Claudius Ptolemäus lebte von etwa 100 bis 160 nach Christus in Griechenland. Im Mittelpunkt seines Wirkens standen die kosmischen Vorgänge in astronomischer und astrologischer Hinsicht. In *Tetrabiblos* hat er die Bedeutungen der Gestirn-Konstellationen für irdische Vorgänge und im individuellen Menschenleben dargestellt (siehe dazu auch: Pfaff, J.W.: *Claudius Ptolemäus' astrologisches System*, 1. u. 2. Buch, Erlangen, 1822, 3. u. 4. Buch, Erlangen, 1823).

[2] Die Franzosen Michel und Françoise Gauquelin wiesen in jahrzehntelanger Forschungsarbeit signifikante Planeten-Effekte statistisch nach. Sie sammelten rund 5 000 Biographien von Prominenten aus verschiedenen Berufen (darunter Sportler, Schauspieler, Wissenschaftler, Ärzte, Künstler), deren Geburtsdaten sie gesichert hatten. Der Vergleich von Planetenstellungen mit Berufszugehörigkeit und berufstypischen Charakterzügen brachte positive Resultate.
Fünf Planeten (Mars, Jupiter, Mond, Venus, Saturn) in markanten Stellungen konnten sie statistisch nachweisen. Der Nachweis von Tierkreiszeichen gelang dagegen nicht. Aus ihrer wissenschaftlichen Einstellung heraus rückten sie von den Deutungsmethoden der klassischen Astrologie konsequenterweise ab, nachdem ihnen deren Verifizierung mißlungen war.
Ihr umfangreiches Werk haben die Gauquelins weitgehend im Selbstverlag veröffentlicht (Gauquelin, Michel u. Françoise: *Scientific Documents*, 10 Bände). In deutscher Sprache sind unter anderem folgende Werke erschienen: Gauquelin, Michel: *Kosmische Einflüsse auf menschliches Verhalten*, Freiburg/Berlin 1975; *Die Wahrheit der Astrologie*, Freiburg 1987; Gauquelin, Françoise: *Die Psychologie der Planeten*, Freiburg 1984.

[3] Johannes Kepler (1571 – 1630) wurde durch die nach ihm benannten drei »Kepler'schen Gesetze« einer der bedeutendsten Astronomen. Ursprünglich war er Theologe, konnte aber mit der Kirche nicht konform gehen. Aus der Philosophie heraus interessierte er sich für die Mathematik, Astronomie und Astrologie, die seinerzeit noch eine Einheit bildeten.
In seinen astrologischen Ausführungen hat er immer wieder darauf hingewiesen, daß Lebensereignisse nicht prognostizierbar seien. Die konkreten Verhältnisse sowie die Handlungsweise der Menschen müßten mitberücksichtigt werden. Astrologie könne und dürfe nicht ohne »philosophia« betrieben werden. Siehe H.A. Strauss und S. Strauss-Kloebe: *Die Astrologie des Johannes Kepler*, München und Berlin 1926, 2. Auflage Fellbach 1981.

Erklärungen der Astrologie und vor allem ihr Zusammenhang mit der Geometrie und Musiklehre, was bei den Planeten-Winkelbildungen (Aspekte) eine Rolle spielt, beschäftigten Kepler zeitlebens. Seine astronomschen Entdeckungen entsprangen einer philosophischen Motivation, siehe auch *Harmonice mundi*, verkürzt abgedruckt in Johannes Kepler, *Zusammenklänge*, Dr. Franz Strunz (Hrsg), Jena 1918.

[4] Dr. med. Herbert Freiherr von Klöckler hat versucht, Astrologie ohne Mystizismus zu betrachten. Er forderte objektive Beobachtung.
Astrologie als Erfahrungswissenschaft, Leipzig 1927
Berufsbegabung und Berufsschicksal, Leipzig 1928
Kursus der Astrologie, 3 Bände: Band 1: *Lehrbuch der astrologischen Technik,* Freiburg, 6. Auflage 1981; Band 2: *Grundlagen der astrologischen Deutung,* Freiburg, 5. Auflage 1978; Band 3: *Solar-Horoskop, Transite und aktuelle Konstellationen,* Freiburg, 4. Auflage 1978

[5] Thomas Ring (1892 – 1983) kann als einer der wenigen Astrologen angesehen werden, deren Werke den Tod ihres Verfassers überleben. Ring hat ein fundamentales Lebenswerk hinterlassen, das gekennzeichnet ist von der Gedankentiefe eines Philosophen und der Einfühlungskraft eines Künstlers. Er war Maler und hat außerdem auch poetische Werke verfaßt, zum Beispiel Gedichte. Zu seinen wichtigsten astrologischen Werken zählen:
Die Überwindung des Schicksals durch Astrologie, Berlin 1925
Das Sonnensystem – ein Organismus, Stuttgart 1939
Das Lebewesen im Rhythmus des Weltraums, Stuttgart 1939
Astrologie ohne Aberglauben, Düsseldorf 1972

Im letztgenannten Buch zeigt Ring unter anderem auf, welche direkten Wirkungen den Gestirnen, zum Beispiel dem Mond, zugeschrieben werden können und welche astrologischen Aussagen durch solche Einflüsse nicht erklärbar sind.

Rings *Astrologische Menschenkunde* ist inzwischen ein Standardwerk der Astrologie geworden. Sie umfaßt vier Bände, deren Titel Rings Auffassung von den astrologischen Faktoren deutlich machen:
Band 1: *Kräfte und Kräftebeziehungen,* Freiburg 1956. (unter »Kräften« versteht Ring die Planeten)
Band 2: *Ausdruck und Richtung der Kräfte*, Freiburg 1969 (Der »Ausdruck« der Planeten wird durch die Tierkreiszeichen bestimmt, ihre »Richtung« durch die sogenannten Häuser).
Band 3: *Kombinationslehre*, Freiburg 1969. (Aufgrund der Vielzahl der Faktoren – zehn Planeten, zwölf Tierkreiszeichen, Winkelverhältnisse, Häuser – gibt es in der Astrologie unendlich viele Kombinationsmöglichkeiten, die nur über eine gute Kombinationsfähigkeit zu erfassen sind.)
Band 4: *Das lebende Modell*, Freiburg 1973 (Der Mensch stellt ein »lebendes Modell« einer bestimmten Konstellation dar; astrologische Strukturen müssen am »lebenden Modell« erfaßt werden, will man lernen, wie sich das »Kräfte-Diagramm« – so nennt Ring zuweilen das Horoskop – im Lebendigen äußern kann.
Existenz und Wesen in kosmologischer Sicht, Freiburg 1975
Astrologie neu gesehen – der Kosmos in uns, Freiburg 1977
Genius und Dämon – Strukturbilder schöpferischer Menschen, Freiburg 1980

Das Grundgefüge – die Stellung des Menschen in Natur und Kosmos, Freiburg 1986 (Dieses Werk ist nach Rings Tod erschienen; darin faßt er seine Sichtweise nochmals zusammen).

6 Carl-Gustav Jung (1875 – 1961) hat das »kollektive Unbewußte« vom persönlichen Unbewußten unterschieden. In jedem von uns stecken nach seiner Auffassung »Archetypische Vorstellungen«, die der Menschheit gemeinsam sind. Die »Archetypen« sind Urmuster oder Struktur- und Prägungs-Elemente, die den Planetenkräften vergleichbar sind. Zu seinen Hauptwerken zählen:
Psychologische Typen (1921), *Die Beziehungen zwischen dem Ich und dem Unbewußten* (1928), *Psychologie und Religion* (1940), *Psychologie und Erziehung* (1946), *Gestaltungen des Unbewußten* (1950), *Von den Wurzeln des Bewußtseins* (1954), *Synchronizität als Prinzip akausaler Zusammenhänge* (1952); siehe *Gesammelte Werke*, Olten/Freiburg.

7 Der britische Biologe Rupert Sheldrake hat 1981 das Buch *A new science of live* veröffentlicht, in deutscher Übersetzung *Das schöpferische Universum*, München, 1983. Darin stellt er seine Theorie zur Erklärung der Morphogenese vor. Um dem ungelösten Problem der Formbildung in der Natur näher zu kommen, spricht er von »morphogenetischen Feldern«, die frei von Materie und Energie seien und eine Art kollektives Gedächtnis darstellten, in dem bereits früher vorhandene Formen gespeichert seien. Über das Resonanz-Prinzip verlaufe die Selektion einer bestimmten Form durch »Frequenz«. Da die Struktur der DNS in allen Zellen eines Körpers die gleiche ist, stellt sich die Frage, woran es liegt, daß sich die eine Zelle beispielsweise auf die Bildung eines Fingernagels spezialisiert, während sich eine andere zu einer Leberzelle entwickelt. Diesem Problem versucht Sheldrake durch seine Theorie näherzukommen.

8 Rudolf Steiner (1861 – 1925) ist Begründer der Anthroposophie, auf die unter anderem die Waldorfschulen und der biologisch-dynamische Anbau zurückgehen. Dr. Rudolf Steiner hat sich fast zu allen Gebieten des Geisteslebens geäußert. Er unterscheidet deutlich die Geistigkeit des menschlichen Wesens von dessen seelischem Leben. Seine Kosmosophie geht davon aus, daß Sterne nur kleine, sichtbare Teile von geistigen Wesenheiten seien. Auch hat er sich in vielen seiner Werke darüber ausgelassen, daß Sternenkräfte auf das irdische Leben anders wirkten als etwa auf das rein geistige.
Steiner hat über 350 Werke hinterlassen, zum Teil als mitgeschriebene Vortrags-Zyklen. Siehe *Gesamtwerke-Verzeichnis,* Rudolf-Steiner-Verlag, Dornach/Schweiz; *Einführung in die Anthroposophie – Ausgewählte Texte von Rudolf Steiner*, herausgegeben und kommentiert von Walter Kugler, Dornach.

9 Texte Rudolf Steiners zu Gestirnbewegungen und zur Kosmosophie hat Dr. Ernst Hagemann zusammengestellt in *Himmelskunde*, Freiburg, 1. Auflage 1972. Dieses »Arbeitsmaterial zum Studium der Geisteswissenschaften« setzt eine intensive Beschäftigung mit der Anthroposophie voraus.
Die Astronomie aus anthroposophischer Sicht hat Joachim Schultz verständlich dargestellt in *Rhythmen der Sterne,* Dornach 1963.

10 Hans-Joachim Eichstaedt (1912 – 1982); *Der lebendige Kosmos*, Freiburg

1987. Durch ganz nüchterne Beobachtungen, frei von Mystik, und eher aus technischen Überlegungen heraus gelangt der Autor zu der Hypothese eines lebendigen Kosmos mit Sternen als Einzelwesen. Auch hält er eine Kommunikation zwischen den Gestirnen für möglich.

[11] Der Vergleich von Musik und Astrologie oder genauer gesagt von Schwingungsverhältnissen und Planetenbewegungen und -abständen hat sehr alte Wurzeln; er findet sich schon in Platos »Sphären-Musik«, was Kepler später aufgegriffen hat. Modernere Werke in dieser Richtung beruhen im Grunde auf Keplers Beobachtungen, so etwa Joachim-Ernst Berendt: *Nada Brahma – Die Welt ist Klang,* Frankfurt 1983; oder Cousto: *Die kosmische Oktave – Der Weg zum universellen Einklang*, Essen 1984.

[12] Alfons Rosenberg: *Durchbruch zur Zukunft – Der Mensch im Wassermann-Zeitalter,* Bietigheim, 2. Auflage 1971.

[13] Günther Wachsmuth: *Kosmische Aspekte von Geburt und Tod – Beiträge zur Karma-Forschung,* Dornach, 3. Auflage 1989.

[14] Roberto Sicuteri, *Astrologia e Mito,* Rom 1978. In deutscher Übersetzung *Astrologie und Mythos – Mythen und Symbole des Tierkreises im Spiegel der Tiefen-Psychologie,* Freiburg 1983.

[15] Günter Altner / Carl Amery / Robert Jungk / Jürgen Schneider: *Lebens-Elemente,* 1986. Ausgehend vom naturwissenschaftlichen Denken kommen die vier Autoren zu einem von tiefer Einsicht geprägten Vorstellung über die Elemente.

[16] Heinrich Cornelius Agrippa von Nettesheim (1486 – 1535): Er verfügte über eine umfangreiche klassische Bildung. Darüber hinaus kannte er fast alle Werke über geheime Wissenschaften, die damals aufzutreiben waren. Seine *Magischen Werke* umfassen fünf Bände, die einen gründlichen und vollständigen Überblick über die damalige »geheime Philosophie« geben. Alle späteren Autoren griffen auf sein Werk als Hauptquelle zurück, aus dem oft ganze Abschnitte wörtlich zitiert wurden (Faksimile gedruckt bei Anton Hain KG, Meisenheim/Glan, o.J.).

[17] Johann Wolfgang von Goethe (1749 – 1832): *Farbenlehre,* 3 Bände. Band 1: *Entwurf einer Farbenlehre,* Band 2: *Vorarbeiten und Nachträge zur Farbenlehre,* Band 3: *Enthüllung der Theorie Newtons,* mit Einleitungen und Kommentaren von Rudolf Steiner, herausgegeben von Gerhard Ott und Heinrich O. Proskauer; ungekürzte Ausgabe, Stuttgart, 3. Auflage 1984.
Die Farbenlehre hat Goethe selbst als sein bedeutsamstes Lebenswerk angesehen; vierzig Jahre arbeitete er daran. In der Farbenlehre gibt es auch heute noch viele ungeklärte Phänomene, die Goethe schon damals aufzuklären versuchte. Leider sind viele Versuche Goethes unbeachtet geblieben. Die Kommentare Steiners sowie der Herausgeber machen die Bücher leicht verständlich; sie verbinden Goethes Anschauungen mit anthroposophischen Überlegungen wie auch Ergebnissen moderner Forschungen (Optik, Physik, Chemie, Psychologie, Physiologie). Rudolf Steiner hat Goethes Versuche wiederholt und später, darauf aufbauend,

seine eigene Farbenlehre entwickelt. Drei Vorträge dazu sind besonders aufschlußreich, und zwar die vom 5., 6. und 7. Mai 1921. Sie wurden abgedruckt in eier dreibändigen Farbenlehre mit verschiedenen Vorträgen Steiners, herausgegeben von Marie Steiner: *Rudolf Steiners Farbenlehre* Band I: *Das Wesen der Farben* (Vorträge vom 5., 6., 7. Mai 1921), Dornach 1929; Band II: *Das Wesen der Farbe in Licht und Finsternis – Maß, Zahl und Gewicht,* Dornach 1930, Band III: *Die schöpferische Welt der Farbe,* Dornach 1931.

18 Neuerdings sind eine ganze Reihe von Büchern über Edelsteine und ihre Heilkräfte erschienen. Anhand der geschilderten Wirkungen sind astrologische Zuordnungen möglich, die sich mit den Entsprechungen zu den Farben decken. Allerdings ordnen einige Autoren Farben den Tierkreiszeichen anders zu als im vorliegenden Werk. Das liegt nicht zuletzt daran, daß die Astrologie kein Arbeitschwerpunkt der Autoren ist, die über Edelsteine geschrieben haben. Um nur eine kleine Auswahl anzuführen:
Katrina Raphaell: *Wissende Kristalle,* Interlaken 1988;
Uma Silbey: *Heilkraft der Kristalle,* München 1988
Dr. Gottfried Hertzka / Dr. Wighardt Strehlow: *Die Edelstein-Medizin der heiligen Hildegard*, Freiburg 1985.

19 Stanislaus Klemm: *Sternensplitter – Meditationen mit Steinen,* München 1989. Dieses Buch befaßt sich auch mit den »gewöhnlichen« Steinen, die meist unbeachtet bleiben.

20 Heinz Fidelsberger: *Sterne und Leben,* Wien 1974.

21 Mellie Uyldert: *Verborgen krachten der edelstenen* (niederländischer Original-Titel), deutsche Ausgabe: *Verborgene Kräfte der Edelsteine,* München 1983. Darin zieht die Autorin unter anderem esoterische Vergleiche der Edelsteine mit den »Augen der Erde«. Die Zuordnungen der Edelsteine stimmen mit anderen Überlieferungen nicht immer überein. Manche Edelsteinwirkungen und Fraben können aus astrologischer Sicht auch anders als in Uylderts Werk beurteilt werden. Dennoch schildert Mellie Uyldert den kosmischen Zusammenhang der Edelsteine mit viel Feingefühl. Das gilt auch für ihr Buch *Verborgene Kräfte der Pflanzen,* München 1984.

SACHREGISTER

Ähre 34, 139, 144f., 180
Äquator 31, 39
Äquinox 31
Aggregatzustand 53, 68, 103
aktiv (Polarität) 28f., 47f., 84, 112, 116, 160, 191ff., 231
Alchemie 11, 47
Anthroposophie 28f., 33, 249
anthroposophische Medizin 33
applikativ (Aspekt) 73, 119
Archetypen 21, 226, 249
Aspekt 14, 30, 59, 118ff., 147, 156
  analytisch 118, 121f.
  applikativ 73, 119
  separativ 73, 119
  synthetisch 118, 122
Astrologie 15ff., 58, 102, 166, 225f., 244, 247
  abendländische 16, 18, 110
  chinesische 18
  indische 18
  individuelle 16, 33, 37, 78, 225
  klassische 18, 85, 243, 247
  mundane 18
  revidierte 19, 136, 243
  Sonnenstands- 79
  spirituelle 29, 58
  spiritualistische 29
  traditionelle 62
  Vulgär- 78
  astrologische Aussagemöglichkeiten 19f.
  astrologische Erfahrung 32
Astronomie 28, 247, 249
Astrosophie 33
Aszendent 156

Bewegung 44, 48, 53ff., 62, 124, 128, 140
  -sform 45, 53ff., 60, 66, 76, 122, 124, 128, 172
  -srichtung 39, 124
  -sverhältnis 40, 44
  -szustand 55
Bewußtes 104
bewußt 77, 136
Bewußtsein 50, 57f., 75ff., 104ff., 129, 161, 227
  Ich- 78
  Selbst- 78, 227
  Wach- 76, 104
Bildekraft 19ff.
Biquintil 121f., 147
Bogenminute 32, 35
Breite 37

Ceres (Planetoid) 141
Charakter 15, 33, 101, 186, 226
  charakterologisch 18
Chemie 49, 62
Christus 34
Computer 38

Determinismus, s.a. Fatalismus, Prädestinationsglaube 18
Detrimentation 128, 183
dissonant 66, 79
Domination 128
Domizil 60, 85, 92, 111, 122, 128f., 174ff.
  -Achse, s.a. Unbunt-Achse 111f., 189, 194ff.
  Nebendomizil 60, 122, 129
Doppelkörperlichkeit (Tierkreiszeichen) 130

Drachenkopf (nördl. Mondknoten) 37
Drachenschwanz (südl. Mondknoten) 37
Drehung 31

Ebene 21f., 26, 31, 39, 49ff., 68, 237ff., 240
Edelstein 206ff., 209ff., 251
Eineinhalbquadrat 121, 147
Eklipse 37
Ekliptik 31f., 37, 39f., 110, 156
  -Nordpol 43
Elektrizität 206f.
  Piezo- 206f.
  Pyro- 207
elektromagnetisch 20, 34, 106, 185, 191
Element 45ff., 50, 53, 73, 76, 102, 129f., 172, 250
Energie 20f., 25, 44f., 56f., 72, 172, 198
  -brechung 45, 56
  -feld 56
  -spektrum 38
Entschlüsselungsebene 172
Entschlüsselungsfeld 57
Entwicklung 34, 166
  -s-Stufe 104
Ephemeride 38, 156
Erde (Element) 46ff., 50f., 55, 87, 100, 103f., 112ff., 117, 122, 129, 132, 140, 159, 187, 199, 240
  Erdzeichen 46, 55f., 68, 102, 111, 120, 122, 137, 140
  erden 54, 125, 145, 194, 198
Erde (Planet) 15f., 19ff., 27f., 31, 50, 53, 56, 78, 85, 87, 100, 103f., 112, 114, 117, 119, 136, 144, 172, 199, 206
Erd
  -Achse 31f., 39ff., 44, 110
  -enleben 56
  -(en)sicht 30
  -ort 39f.
  -Trabant 15, 29, 85
  -umlaufbahn 31
erdspezifisch, s.a. irdisch 29, 33, 45, 57, 172, 185f.
Erhöhung 154, 173ff.
  erhöht 62, 126, 128
Evolution 23, 25, 104, 107
Ewigkeit 55, 103
  ewig 55, 76
Exaltation 154
Existenz 19, 29, 50ff., 55, 96, 172, 226, 237
  -form 47
Expansion 34, 150, 231

Fähigkeit 11ff., 17, 165, 225f., 244f.
Fall (Zeichen eines Planeten) 125, 128, 154, 173ff.
Farbe 14, 35, 44f., 55f., 78, 80,. 109, 125, 128, 145, 173, 185ff., 192ff., 198, 200, 207, 215, 242
färben 39, 45, 63, 79, 101, 207
Fatalismus, s. a. Determinismus
  Prädestinationsglaube 19, 243
fest 51, 73, 105, 198, 206
Feuer 46f., 50ff., 63, 66, 76, 81f., 87, 100, 104, 117, 129, 141ff., 158, 187ff., 207, 240
  -zeichen 46, 56, 61, 68, 74, 102f., 120, 122, 132, 137, 150, 191
feurig 51f., 54, 76ff., 149, 231
Fische 32f., 34, 47, 54, 110f., 129f., 158ff., 169, 184, 190, 192ff., 200, 223, 237, 241
  -zeitalter 32, 35, 110
fix 44, 53ff., 60, 62, 77, 87, 106, 111, 113, 116f., 122, 132, 145, 155
Form 22, 47, 50, 53, 55f., 73, 106, 137, 242, 249
Frau 117, 138, 141
fremd (Zeichenstand des Planeten) 182ff.
Frequenz 20, 188, 249
  Ton- 44
Frühlings-
  anfang 31ff., 36, 39f., 127
  punkt 32f., 110

gasförmig 51, 124, 130
Gefühlsebene 51, 237
Gegenwart 55
Geist 22, 24ff., 29f., 52, 125, 136, 172, 210f., 240

Geistestätigkeit 52, 136
Geistigkeit 56, 76, 104, 107, 249
geistig 23ff., 29, 50ff., 56ff., 77f., 122, 237
geozentrisch 27, 57
geradlinig 87, 97
Gesamtorganismus 38, 136
Gestalt 25, 242
Gewissen 232f.
-sbildung 77
-sstimme 97
Glaube 25, 150
Grad 32, 35, 37, 118
gradgenau 118
Gravitation, s.a. Schwerkraft 125

Halbquadrat 121, 147
Halbsextil 121, 147
Halbsumme 147f.
Harmonie 73, 118f., 122, 125ff., 212, 242
-verhältnis 60
Haus (astrologisch) 59
Helligkeit 48, 67, 187f.
Hemisphäre 31, 39, 127
Herbstanfang 36, 39
Herr (Planet) 34, 57, 91, 106, 112
-schaft 155, 174ff.
-schaftsbereich 84, 194
Horizont 156
Horizontale 124
Horoskop 15, 17, 60, 156f., 226, 237, 244, 248
Hüter der Schwelle 97

Ich 35, 52, 58, 77, 226f., 235f., 244
-Bewußtsein 78
Information 23, 57, 172, 198
-sgehalt 57, 172, 198
-sübertragung 22ff., 107
Inkarnation s.a. Reinkarnation 58
irdisch, s.a. erdspezifisch 29f., 45, 52, 55ff., 59, 75, 81, 115, 122, 150, 189, 234,
Isis 124

Jahr 31, 41f., 110
-eslauf 15
-eszeit 31, 39
Jahrtausend 15, 32, 110, 243
Janus 97
Jesus 35
Jungfrau 34, 47, 54, 56, 111, 129, 137ff., 145f., 155, 160, 168, 180f., 184, 191f., 199f., 219f., 229, 241f.
Juno (Planetoid) 141
Jupiter 15, 27ff., 129, 141, 150, 159, 160f., 174ff., 180, 194, 203, 231f., 235, 238ff.

Kalender 31, 36
kardinal 39, 44, 53ff., 62, 66ff., 73, 82, 95, 111, 116f., 122ff., 145
karmisch 17, 84
kausal-mechanistisch 22
Komet 27
Konflikt 66, 156
Konjunktion 118ff., 156, 229
Konstellation 18f., 38, 57, 128, 147, 156f., 166, 199, 244
kosmisch 12, 22, 25, 33, 38, 59, 84, 166, 194, 198f., 245
-e Bildekraft 19ff., 26, 28, 225
-es Denken 166
-e Energie 20, 44f., 57, 185
-e Schwingung 44
Kosmos 16, 19f., 22ff., 28, 44f., 52, 198, 250
Krebs 34f., 39f., 47, 54, 60, 67ff., 72, 82ff., 91f., 109, 111f., 124, 132, 137, 154, 168, 184, 188ff., 192f., 217f., 237, 241f.
Kreis 30, 32, 40, 43, 118, 120f.
-abschnitt 30
Kreiselbewegung 32, 110
kreisläufig 55, 78
Kreuz 30, 111, 129
kreuzförmig 66
Kristall 95, 99, 106, 187, 198, 206
Kulturgeschichte 125, 243
Kunst 11f., 125, 136, 230, 240ff.

Leben 19f., 26, 28, 44f., 49, 51, 58, 62, 66, 73, 76ff., 81, 104, 106, 114f., 117, 140, 142, 182, 206, 227, 244
Leiblichkeit 50, 115, 173
Lemniskate 28
Löwe 34f., 46f., 50f., 53f., 56, 60,

73ff., 82, 91, 104, 106, 111f., 117, 124, 128, 137, 155, 168, 182, 184, 188ff., 192f., 199, 206, 219, 241f.
Luft 46ff., 50, 51, 73, 87, 104, 106f., 114, 122ff., 129ff., 142, 159, 187, 238, 240
luftig 51, 54, 104, 204
Luftzeichen 46f., 55f., 68, 105, 120, 122, 131, 137, 191

Magnetfeld 29
Mann 116f., 138
männlich 28, 47, 83, 117, 137f., 230
Mars 15, 27, 29f., 38, 60, 63, 72, 82, 85, 100f., 116f., 126, 136ff., 141, 145ff., 156, 160f., 174ff., 184, 189, 194, 199f., 202, 230ff., 235, 237ff.
Materialist 52
Materialität 50, 185
Materie 23ff., 29f., 31, 45, 47, 49, 52ff., 55, 58, 68, 103f., 106, 111f., 114, 119, 130, 161, 187f., 191f., 193f.
materiell 23f., 26, 30, 50, 66, 76, 122, 240
medium coeli 156
Medizin 11, 17
anthroposophische 33
Mensch 12, 19, 21ff., 49f., 57, 76, 165ff., 173, 225ff., 233ff.
menschliches Zeichen 34
Merkur 15, 27, 29f., 38, 56, 112, 119f., 129, 132ff., 137ff., 140ff., 144ff., 160f., 174ff., 180, 194, 202, 228f., 235, 237ff.
-verbrannt 229
Meßkreis 35f.
Metall 198ff., 206
Milchstraße 27
Milieu 18
Mineral(ien) 14, 76, 101, 198ff., 206
Minus-Pol 28, 68
-Zeichen 46f., 68, 92, 187, 191ff.
Mond, s.a. Neumond, Vollmond 15, 20, 27ff., 30, 33, 35f., 60, 68f., 73f., 82ff., 109, 116, 125, 135, 137f., 146, 155, 161, 163, 174ff., 199, 202, 227f., 232, 235, 237ff.
abnehmender 37
zunehmender 37
-bahn 36f., 84
-finsternis 37
-phase 84
-seite 36f., 92
Mondknoten 37, 84
-absteigender 36
-aufsteigender 37
moralisch 24f., 77, 129
mundan 18, 101
Mundanastrologie 37
Musik 30, 136, 161, 165, 240ff., 245, 250
Mythologie 21, 101

nachtodlich s.a. Tod 29
Nachtseite 40
Natur 13, 39, 25, 47, 49, 56f., 59, 66, 71f., 92, 104, 114ff., 123, 128f., 136, 165, 198, 215, 249
-erkenntnis 57, 65
-psychologie 57
-wissenschaft 23ff.
Nebendomizil 60, 122, 129
negativ (Polarität) 28, 46f., 68, 85, 92, 137, 140
Neptun 15, 27, 30, 158ff., 174, 181, 203, 233ff., 237ff.
Neumond 36f., 84
nördlich 31, 39f.
Nordpol 40

Offenbarung 57, 73
Opposition 92, 118, 120, 147
Orbis 92, 118ff., 147
Ost 40

Pallas (Planetoid) 141
paranormal, s.a. übersinnlich 160
passiv (Polarität) 28f., 46ff., 60, 68, 112, 116, 140, 159f., 191ff., 200
Pendeln (Erdachse) 39, 41
Pentagramm 121
peregrin 182
Persönlichkeit 65f., 78, 225, 244
Pfeil 34
Pflanze 19, 33, 49, 57, 72, 76ff., 114, 117, 140, 144f., 214ff.
-nreich 62, 76
-nwelt 33, 144

Pionier- 215
Philosophie 26, 225, 247, 250
Planet 12, 27ff., 35, 38, 50, 57, 118, 128, 136, 172ff., 187, 194, 237ff.
äußerer 27, 112
innerer 27, 112, 119f., 229
-ensphäre 29
-stand 57, 128
Planetoid 141
Plus-Pol 28, 68, 106
-Seite 29
-Zeichen 46f., 187, 191ff.
Pluto 15, 20, 27, 30, 87, 100ff., 124, 126, 135, 160f., 174, 182, 203, 233, 235ff.
Polarität 46f., 60, 92, 112, 137, 191
Position, s.a. Stellung 35, 156, 182
positiv (Polarität) 28, 46f., 84, 191
Prädestinationsglaube, s.a. Determinismus, Fatalismus 243
Präzession 32, 110
Prognose 16, 157
Projektion 21
Psychologie 57, 186, 225f., 243f.

Quadrat 54, 60, 66, 84, 118, 120ff., 128, 147, 156
quadratisch 54, 66, 85
Qualität der Zeit 101, 166
quantitativ 56, 188
Quincunx 122
Quintil 121f., 147

Raum 29, 50, 55ff., 132, 150, 159, 161f., 235
Räumlichkeit 159, 234
Reaktion 46, 49, 53, 73, 76, 84, 114
Reife 96, 233
Reinkarnation, s.a. Inkarnation 17
Relativitätstheorie 55
Religion 26, 166
religiös 21, 25, 136, 166
Resonanzraum 165
revidierte Astrologie 19, 136, 243
Rezeption 155f.
Rhythmus 242
Richtung 44, 53, 129, 149
-sänderungs-Punkt 44
-sverhältnis 44
Rotation 31, 39, 42, 44, 53, 124
Rückläufigkeit 38
rückläufig 119
Ruhe 48, 76, 106, 114, 119, 124, 138, 140, 145
-zustand 53

Saturn 15, 27, 29f., 55, 90ff., 100ff., 106, 135, 137, 145f., 156, 161f., 168, 174ff., 194, 199, 203, 206, 232ff., 238ff.
Schärfe 48, 118, 127, 184, 194
Schaltjahr 31
Schatten 37, 78, 185, 188
Schicksal 19, 157
Schlaf 104, 161, 172, 210, 237f.
Schmuckstein 206ff.
Schnittpunkt 147
Schütze 34, 46, 53f., 111, 129f., 149ff., 168f., 180, 184, 189, 192ff., 204, 214, 222, 241
Schwäche, ohne (Planet in einem Tierkreiszeichen) 128, 173ff., 182ff.
Schwerkraft, s.a. Gravitation 45, 108, 124f.
Schwingung 44, 110, 148
Seele 30, 68, 77, 90, 104, 125, 161, 172, 225, 228, 235, 245
Sein 12, 52, 104, 150, 166, 227
-sebene 50f.
sensitiver Punkt 37
separativ (Aspekt) 73, 119
Sextil 120ff., 147
Sichel 30, 34, 139
siderisch 36
Sinn (des Lebens) 160, 166, 232
Sinn 114ff., 161, 229
-esorgan 162, 238
-eswahrnehmung 58
Skorpion 34, 47, 54, 60, 85ff., 111, 117, 122, 124, 137, 168, 181, 184, 190, 192ff., 199, 202, 220f., 237, 241f.
solar 20, 28, 36, 56, 188, 227
Sommeranfang 36, 39
Sonne 15, 20, 27ff., 30f., 35, 39f., 56, 60, 75ff., 82ff., 116, 119f., 125, 128, 135, 137f., 146, 153, 156, 161ff., 174, 188ff., 206, 227, 229, 231f., 235

Sonnen
-bahn 31
-finsternis 37
-flecken 20
-sphäre 59
-stand 36, 79
-stands-Astrologie 79
-system 15, 20f., 27f., 31, 45, 75, 92, 172
-umlaufbahn 31, 39
-wind 20
-zeichen 36, 199
Spannung 60, 66, 106, 119, 128, 157
Spektral-Analyse 191
-farbe 45, 187, 191
Spektrum 186
Spiegelung 59, 243
Spiritualist 52
Spiritualität 97
spirituelle Astrologie 29, 58
spiritualistische Astrologie 29
Stabilität 96, 98
Statistik 16
Steinbock 34, 36, 39f., 47, 54f., 68, 91f., 100, 104, 111, 124, 137, 145, 150, 154, 168, 184, 188ff., 192ff., 199f., 206, 222f., 241f.
Stellung, s.a. Position 35, 37
Sternbild 32, 110, 187
-er-Kreis 32f., 110
Stier 34f., 47, 54, 111ff., 114ff., 122, 124, 132, 137, 145, 155, 166f., 184, 190, 192f., 197, 199, 214, 216, 230, 237, 240
Stille 88, 108, 165
Stillstand 38
Stoff 46f., 49ff., 53, 198f.
stofflich 76, 78, 104, 237, 240
Strahlung 20, 25, 137, 185, 188, 191
südlich 31, 39, 127
Südpol 40
Symbol 12, 30, 34, 55, 110, 117, 244
-sprache 59
symbolisch 30, 136
Symmetrie 177, 242
symmetrisch 46, 194
Synchronizität 22, 166
synodisch 36
synthetischer Aspekt 118

Tag 31, 227
Tantalus-Aspekt 122, 230
Temperament 74
Tier 19, 33, 49f., 57, 76ff., 115, 143f., 157, 214ff.
-reich 76
Tierkreis 31ff., 45, 54, 56f., 102f., 110, 116, 137, 156, 166ff., 185ff., 191ff.
-zeichenfolge 38, 178
Tod 29, 88f., 91, 227, 235
tödlich 150
tot 64f., 100
nachtodlich 29, 172
Trabant 28
Erdtrabant 15, 29, 85
Tradition 18, 45, 198
Transformation 87
transpersonal 237, 243
Transpluto 124
Transsaturnier 27, 29, 59, 92, 160, 173, 176ff., 233ff., 237ff., 240
Trigon 46, 73, 84f., 111, 118, 120, 147
trigonal 46, 85, 111
Trockenheit 88, 93
trocken 48

überpersönlich 29, 233ff.
übersinnlich, s.a. paranormal 160
ultraviolett 186ff.
-es Licht 108
Umlaufbahn 27, 37ff., 112
Umwelt 19, 59, 72, 77, 80, 88, 128f., 157, 165, 225, 244
unbelebt 76, 92, 104
Unbeweglichkeit 95
unbewußt 104, 161, 228, 249
kollektives Unbewußtes 21, 249
Unbewußtheit 104, 237
Unbunt 190, 193
-Achse 189f., 194
Unendlichkeit 103
Unterbewußtsein 161
Untergang 65, 89
Uranus 15, 27, 30, 92, 102, 106ff., 126, 136f., 146ff., 160, 174, 181, 203, 233f., 237ff.
Urvertrauen 84

Vakuum 32, 35
variabel 34, 44, 53ff., 62, 111, 129ff., 145f., 158ff.
Venus 15, 27, 29f., 38, 111f., 116ff., 137f., 145ff., 160f., 174f., 182f., 194, 196f., 202, 229f., 232, 235, 237ff., 240
Verantwortung 97, 211
Verbrennung 48, 61
-sprozeß 46, 49, 78, 166
-sreaktion 63, 76
verbrannt (Merkur) 229
Vergangenheit 12, 55, 72
Vernichtung (Planet in einem Tierkreiszeichen) 174ff.
vernichtet 126, 128
Verstand 52, 58, 77, 132, 146
-esebene 51f.
vertikal 21f.
Vesta (Planetoid) 141
Vollmond 36f., 84
vorwärtsläufig (Planet) 119
Vulgärastrologie 78

Waage 24, 34, 36, 39f., 47, 54, 111f., 117, 122ff., 137f., 154, 168, 182ff., 189ff., 192f., 204, 220, 230, 237, 240ff.
waagerecht 125
Wärme 48, 62, 73, 76, 80ff., 108, 113, 124, 128, 137, 191, 238
Wandlung 88, 210
Wasser 31, 46ff., 51, 68ff., 85, 104, 122, 129, 132, 142, 159f., 187, 238, 240
-zeichen 46f., 68ff., 85, 104, 114, 120, 122, 137
wäßrig 49, 51, 68ff., 73, 77
Wassermann 32, 34, 47, 54, 57, 91f., 102, 104ff., 109, 111, 117, 124, 128, 137, 155, 168, 181, 184, 188ff., 192ff., 204, 206. 223. 237, 241
-zeitalter 111
weiblich 28f., 47, 68, 83, 116f., 137f., 141
Wendekreis 31, 40
Wendepunkt 39
West 40
westlich 40
Wetter 15, 188
Widder 31ff., 34, 36, 39f., 46f., 53f., 61ff., 73, 85ff., 111, 116f., 119, 122, 124, 128, 137, 154, 160, 166f., 184, 189ff., 192ff., 208, 214f., 241f.
Wille 57, 82, 88, 107, 173
Winkel 57, 59f., 66, 73, 92, 118ff., 128, 156
-verhältnis 60
Winter 31
-anfang 36
Wissenschaft 11, 22, 136, 186, 240, 243, 245
wissenschaftlich 11, 16, 23, 182
naturwissenschaftlich 11, 16f., 20, 24
Wohltäter 180
Wollen 52, 83, 96
Würde (Stellung eines Planeten) 128, 173ff.
-nlehre 128
würdelos 182

Yin & Yang 28, 34, 83, 112

Zeichen 34f., 44f., 54, 66, 111, 191
menschliches 33
Minus- 46f., 68, 92, 187, 191ff.
Plus- 46f., 187, 191ff.
Zeit 16, 54ff., 101, 157, 160f., 235
-betonung 55
-bewußtsein 55
-empfinden 55
zeitgebunden 55f.
-kontinuum 56
-lichkeit 55f.
-losigkeit 55
zeitlos 55f.
-strecke 55
Zeitalter 110f.
-lehre 110f.
Zeitenwende 31, 33
Zodiak(us) 101f.
Zufall 101
Zukunft 55, 160, 173
Zwillinge 34, 47, 54, 56, 111, 129ff., 136ff., 154, 168, 180ff., 184, 189f., 192f., 204, 217, 228, 241f.

Astrologie bei Aurum

Ulrike Voltmer

Lebendige Astrologie

Raum und Umwelt in den zwölf Horoskopfeldern

363 Seiten mit 54 Abbildungen
ISBN 3-591-08295-3

Was meint ein Astrologe, wenn er von Feldern oder Häusern im Horoskop spricht, die etwa die Beziehung zum Partner, zur Familie oder die berufliche Stellung betreffen sollen? Wie kommen solche Deutungen zustande?
Lebendige Astrologie interpretiert die einzelnen astrologischen Häuser als natürliche Gegebenheiten der irdischen Räumlichkeit, in die ein Mensch durch seine Geburt eintritt. Um alle Möglichkeiten zu erfassen, wie das Individuum im Laufe seines Lebens mit seiner Umwelt in Beziehung treten kann, braucht der Astrologe in erster Linie Phantasie. Über Bilder, Gleichnisse und die Schilderung eigener Beobachtungen gelingt es der Autorin, eben diese Phantasie im Leser zu wecken und ihm damit einen kreativ-künstlerischen Weg zur Deutung eines Horoskops zu erschließen. Das Buch wendet sich an Anfänger ebenso wie an versierte Astrologen, die ihre eigene Methode hinterfragen möchten.

AURUM VERLAG · BRAUNSCHWEIG